The Simple Path to Wealth

简单致富

实现财务自由与富足人生的路线图

YOUR ROAD MAP TO FINANCIAL INDEPENDENCE
AND A RICH, FREE LIFE

[美] J.L. 柯林斯（J.L. Collins）————著 刘建位————译

中信出版集团 | 北京

图书在版编目（CIP）数据

简单致富：实现财务自由与富足人生的路线图 /（美）J. L. 柯林斯著；刘建位译 . -- 北京：中信出版社，2025.1. -- ISBN 978-7-5217-6982-1

Ⅰ . F830.59-49

中国国家版本馆 CIP 数据核字第 2024L39E47 号

THE SIMPLE PATH TO WEALTH by JL Collins
Copyright © 2016 by JL Collins
All rights reserved.
Simplified Chinese translation copyright © 2025 by CITIC Press Corporation
ALL RIGHTS RESERVED
本书仅限中国大陆地区发行销售

简单致富——实现财务自由与富足人生的路线图
著者：　　［美］J. L. 柯林斯
译者：　　刘建位
出版发行：中信出版集团股份有限公司
　　　　　（北京市朝阳区东三环北路 27 号嘉铭中心　邮编　100020）
承印者：　北京通州皇家印刷厂

开本：880mm×1230mm 1/32　　印张：12　　字数：271 千字
版次：2025 年 1 月第 1 版　　印次：2025 年 1 月第 1 次印刷
京权图字：01–2024–1678　　书号：ISBN 978–7–5217–6982–1
定价：69.00 元

版权所有·侵权必究
如有印刷、装订问题，本公司负责调换。
服务热线：400–600–8099
投稿邮箱：author@citicpub.com

本书要献给我的女儿杰西卡，它就是专门为她写的，也正是她激励我去写本书的。

本书也要献给我个人网站的读者。这些年来是这些读者的问题和评论，帮助我全面深入地理解渴望在财务上获得独立和自由的人想要知道的是什么，而他们需要知道的又是什么。

《简单致富》导读

刘建位

如果我要给女儿三句人生忠告，我应该说什么呢？

查理·芒格经常说：反过来想，反过来想，反过来想。

有什么东西，如果没有了，就绝对无法正常生活，人生就绝对无法幸福？

那就是钱。

人必须一辈子打交道的东西就是钱。只有处理好钱的问题，才能保证一生独立、自由和幸福。以下是我的三句人生忠告。

一、不借债、不欠人钱，以保证你的人身自由。

二、不乱花钱，要多存钱，以保证你的工作自由。

三、不乱投资，只买一到两只全市场指数基金，并一直持有到退休，以保证你晚年生活的自由。

这三句忠告正是这本书的作者吉姆·柯林斯总结的自己工作后投资理财30多年里做得最好也是最重要的三件事（开篇第三个故事）。

吉姆觉得这三句忠告太重要了，那是2011年6月，19岁的女儿就要上大学，他给女儿写了一封长信，把这三句忠告细化为20多条建议（精华内容见这本书开篇第一个故事），结果这些内容被全网疯传。他的文章传播得越来越广，吉姆也越来越火，甚至有人称其为财务独立教父。

后来吉姆在这些文章的基础上创作了这本《简单致富》，相当于践行这三句忠告的详细操作指南。

你在阅读这本书时，会有以下三个主要问题。

第一问：这本书讲的对吗？

作者的观点跟巴菲特的投资理念非常一致。

第一条，不借债。巴菲特在伯克希尔公司股东手册中制定了13条经营投资基本原则，第七条就是借债要非常慎重。宁愿少赚钱也不要多负债。"我不会为了多赚一点儿小钱而让自己冒很大的风险，大到晚上睡不着觉。我不会用我家人、朋友所拥有和所需要的东西去冒险，以得到他们原本没有也并不需要的东西。"巴菲特在个人生活中从不借债，唯一的负债是1956年用3.15万美元购买一套房子时借了房贷，但是占比不到他当时个人资产的1/10。

第二条，要节俭，多存钱。这是他的家庭传统，是他的人生信条，甚至是他的车牌（THRIFT）。巴菲特节俭是出了名的，他平时不洗车，等到下雨天开车转一圈让老天爷免费洗车，他只买过期杂志，等等。

第三条，多投资股市。巴菲特本人说他任何一年的个人资产，投资股市的比例没有低于过80%。巴菲特，这位全世界最成功的选股大师，在过去20多年里十几次公开推荐只管买入一只追踪整个股市的全市场指数基金并长期持有。特别是在1996年致股东的信中，他说："绝大多数投资者，包括机构投资者和个人投资者，迟早会发现，投资持有股票的最佳方式是购买成本低廉的指数基金。通过长期投资持有指数基金，在扣除管理费和其他费用之后，你能获得的净投资收益率，长期下来肯定能够战胜基金经理等绝大多数投资专业人士。"巴菲特是这么说的，也是这么做的。他给太太的遗嘱限定所有遗产只能买入一只全市场指数基金，即先锋标普500指数基金。

个人投资者如何按照巴菲特这个建议买入指数基金呢？这本书可以说是巴菲特这个投资建议的详细操作指南。

第二问：中国人和美国人的生活方式、理财工具、股票市场有相当大的差异，我们中国投资者无法完全照搬这本书讲的操作方式，该怎么办？你是怎么做的？

我过去十几年也是这样只管买入一只中国全市场指数基金，我读了这本书后更加坚定要继续这么做，还要结合这本书的方法，同时买入美国全市场指数基金。

第三问：这本书有30多章，怎么读才能更明白这三句忠告具体如何操作和应用？

你说得对，这本书正文分成32章，再加上开篇三个故事和尾声三个忠告等，其实有近40章，让人感觉确实有些多、有些乱，我来给你梳理一下全书脉络，给你一个阅读路线图，带你概览这本书开篇、四大部分、尾声的核心要点，好让你读起来思路更加清楚。

开篇：人生最重要的目标是独立自由

以终为始，人生最重要的目标，是实现独立自由。而要确保你的人生独立自由，你需要积累资本——有资本有自由，无资本无自由。有了足够多的资本你才能获得足够大的自由，才能选择自己更喜欢的工作和生活。

第一部分：实现独立自由最重要的三件事

要事第一。如何积累足够多的资本以保证你的人生足够独立自由？最重要的就是三件事：一不借债，二多存钱，三多投资股市。而全市场股票指数基金是长期积累财富的最强大有力的投资工具。这就是第一部分讲的内容。

可是股市经常大涨大跌、变幻莫测，我要是错过牛市怎么办？要是熊市买入，被大幅套牢又怎么办？

第二部分：如何投资股市积累财富？

这本书第二部分详细回答了这个问题，也是这本书最主要的内容。这部分告诉你了一条最简单的股市投资致富之路：在你的积累财富阶段，只管买入一只全市场指数基金，并一直持有，以追求高收益；在你的保住财富阶段，配置适当比例的全市场债券指数基金，以降低组合的波动性。只有两个阶段、两只指数基金，有了余钱就只管买入，然后一直持有，就是这么简单。

第三部分：如何避免上当受骗？

但是投资理财市场水太深了，总有些投资理财机构想告诉你怎么更快赚钱，怎么更快赚大钱，你可千万别上当。不要偏离第三条忠告，只管买入一只全市场股票指数基金。

第四部分：养老金如何提现才能花到老？

你这样长期持有一只全市场指数基金40年左右，你退休了，也有钱了，这些钱该怎么花，以保证你靠这些指数基金积累的养老金能让你活到老、花到老？这正是第四部分要回答的问题。

每年卖出基金、提现多少比例才合适？平均每年提现4%，能保证你退休后25年的生活开支。作者本人更加灵活：股市涨得多，当年就多提现一些；股市跌得多，当年就少提现一些；下限3%，上限7%。

尾声：呼应开篇三个故事，给出三个忠告

一是给女儿大学毕业后、工作前10年的32条投资理财建议，值得年轻人一读再读。

二是塔希提岛酒店老板给出的投资理财忠告：要追求财务独立和生活自由，非得勇敢行动才行。

三是作者给所有读者的人生忠告：人生坎坷路不平，股市波动更大、更不平稳。一生只买一只全市场指数基金，只管勇敢买入、买入再买入，只有主动承受一般人恐惧的股市短期大幅波动风险，才配得到一般人得不到的股市长期超高收益率。

这本书能让你有勇气走上一生只买一只全市场指数基金的最简单的投资理财之路，通过长期持有以持续不断地积累财富。沿着这条路勇敢前行，你终将获得财务独立和自由，享有更加幸福的晚年生活。

目 录

作者声明 —— XI

推荐序 —— XIII

开　篇　三个故事

　　第一个故事　我女儿和本书的故事 —— 003

　　第二个故事　穷和尚与富大臣的故事 —— 008

　　第三个故事　我的故事：投资股票从来都不是为了

　　　　　　　　早日退休 —— 009

　　两条重要声明 —— 018

第一部分　入门指南

　　1　债务：不能接受的负担 —— 025

　　2　你为什么需要独立自由保证金？ —— 039

　　3　人人都能在退休时成为百万富翁吗？ —— 042

　　4　如何看待钱？ —— 049

　　5　如何在牛市和熊市中投资？ —— 060

第二部分　如何使用世界上最强大的财富积累工具？

6 重大股灾即将来临!!! 即使最著名的投资专家也救不了你 — 073

7 股票市场总是会上涨的 — 083

8 为什么大多数人在股票投资上都是亏钱的？ — 093

9 大坏事肯定会一件接一件发生 — 101

10 只考虑三大投资要素，只使用三大投资工具 — 108

11 指数基金真的只是适合懒人的投资神器吗？ — 115

12 债券 — 124

13 积累财富和保住财富的投资组合配置建议 — 135

14 确定好你的资产配置比例 — 144

15 国际基金 — 155

16 投资养老目标基金：最简单的财富积累方法 — 159

17 如果你买不了先锋全市场股票指数基金怎么办？ — 165

18 为什么我只买先锋领航集团的指数基金？ — 172

19 五个篮子：401（k）企业年金养老投资计划账户、403（b）职业年金养老投资计划账户、节俭储蓄计划账户、个人养老金账户和罗斯账户 — 180

20 最低强制领取金额——彩虹尽头的"惊喜" — 198

21 健康储蓄账户——不只是支付医疗费的方式 — 206

22 实战案例：实践你学到的简单致富方法 — 212

23 我为什么不喜欢投资顾问？ — 228

第三部分　魔豆

24 约翰·博格与指数基金遭受的非议 —— 241

25 为什么我选不到能跑赢市场的股票，你也根本选不到？ —— 246

26 我为什么不喜欢定投策略？ —— 254

27 如何成为能上电视的股市专家？ —— 260

28 你也可能会上当受骗 —— 264

第四部分　在实现了财务自由后，你该怎么做？

29 取现比例：我退休后究竟每年能花多少钱？ —— 275

30 我退休后每年如何取现4%？ —— 288

31 社保：我该什么时候领社保？ —— 302

32 如何像亿万富翁一样做慈善？ —— 315

尾　声　三个忠告

33 我给女儿的忠告：追求财务自由之路，第一个10年怎么走？ —— 325

34 塔希提岛酒店老板给我的忠告：追求财务自由，就要勇于活出自我 —— 331

35 风险始终存在，放下恐惧、勇往直前 —— 337

致谢 —— 343

本书所获赞誉 —— 353

作者声明

我在本书中讲的投资理财想法、理念等都只是我个人的看法，都是我自己在投资理财实践中摸索出来的，有些是对我个人有用的经验，有些则是我个人获得的痛苦教训。有些可能对我来说会继续有效，但是对你来说未必有效。

我发自内心地希望本书能够解答你的一些投资理财问题，给你提供有价值的投资理财指导。但是，要治病得对症下药才行。我们互不相识，各位读者的个人情况和实际需要千差万别，我根本不可能完全知道每一个细节。理论联系实际，具体问题具体分析，还得靠你自己才行。

作为本书作者，我根本不能保证本书中出现的任何信息的准确性、完整性、适时性、适合性或有效性，而且对于本书中任何信息的错误、疏漏、过时，以及由其引发的任何损失、损伤、损坏，本人均不承担任何责任。本书提供的所有信息均以本书写作时的状况为基础。

对于你自己的选择，你当然要自己承担所有责任，本书绝对不会提供任何保证。

推荐序

钱胡子先生

在这个世界上,你真的应该好好学一学的重要技能有的是,而且有关这些重要技能的书也有的是。你希望得到的所有知识都早已经写成一本又一本书了,正等着你来读。有的主题相关的书多得能塞满一个大书架。关于投资这个主题的书更是特别多,要是汇集到一起,能迅速塞满你家楼下的地下停车场,你好不容易从这一大堆书里爬回地面,却发现还有更多的投资新书一卡车一卡车不断地运过来往地上倒。

问题不是投资理财书太多,问题是这些投资理财书都不好读。大多数的投资理财书读起来都好无聊,最后的结果往往是,你随手读了二三十页,就扔在一边了,然后再也不会回头碰这本书了。就算这本书的作者初心再好,书里写的投资原理、投资规律再高明,书里讲的投资分析技术、投资方法再重要,你也会把它扔到一边,再也不愿意读下去。

我发现,那些投资理财书的大部分作者似乎就是讲不到点子上。不是写得又臭又长,就是写出的语言太枯燥,知识点太密集,让你对着一段话读了一遍又一遍。半个小时过去了,你还是没有读懂,你就开始走神了,心思早已转向更有意思的东西了。

J.L. 柯林斯完全抛弃了传统投资书的写作风格。我们人类的大脑天生不适合思考股票这么理性、抽象的东西，柯林斯有创意，会用你愿意听的方式向你讲解关于股票的内容。柯林斯不是像很多投资专家那样列出有好多字母、符号的方程式，大谈股票的什么阿尔法系数，什么贝塔系数，而是用人类大脑喜欢的类比方式来解释股票投资的事。比如，他把整个股市的定价机制比作往一个大杯子里倒啤酒，上市公司盈利的基本面就是下面实实在在的啤酒，而上面就是导致股价忽高忽低的短期交易形成的泡沫。柯林斯向我们说明了，为什么尽管短线投机的价格泡沫是真是假、是多是少，以及杯中到底有多少啤酒，我们根本看不准，甚至这个啤酒杯也不是完全透明的，但通过全市场股票指数基金来买下整个股市这个巨大的啤酒杯，还是值得的。

阅读柯林斯分享的内容就如同和柯林斯一起野外露营，他捡来很多木头，生起篝火，开始讲故事。这些故事讲的正好是你一听就想要继续听下去的事情，也正是你人生中需要好好学习的事情。你一边开心地听着他讲故事，一边在无意中学到了一些新的投资理财知识。

这就是几年前真实发生的事。那时，柯林斯开始在他的个人网站上撰写一系列博客文章，专门讲如何做好投资。

它们写得太好了，所以我忍不住将其介绍给自己博客的读者。我的读者读了，又开始向他们的朋友推荐。柯林斯这个股票投资系列的文章阅读人次越来越多，从几千人次达到了几十万人次。

几年下来，直到如今，柯林斯的股票投资系列文章还在被广泛自发传播，因为这些文章确实让人愿意读，这些故事背后的东西确实很实用。当然啦，柯林斯确实有真本事，不是空谈，以他的亲身经历为证。但是读者一读再读，不是因为他们沉浸于学习那些具体的操作技能，而是因为他们喜欢在篝火旁听柯林斯讲故事，讲那些让人特别喜欢听的好故事。

我想正是读者如此惊人的热烈反响激励着柯林斯重新改写股票投资系列的文章，将其拓展成这本内容更多、故事更好、更加系统的书。这本书可以说是股票投资领域的一本革命性图书，从更宽广的金融投资范围来说也是一本好书，因为你会真的愿意读、喜欢读，你读了之后就能马上把书里讲的方法用起来，用你自己攒的钱赚到更多的钱。

这本书讲的方法你一听整个人就完全放松了，因为你知道了，你只要买一只先锋全市场指数基金，每个月发了工资就多攒钱、多投资买入一些，然后一直持有到退休，你这一辈子就能够积累相当多的财富，实现财务自由。

当然啦，如果你愿意的话，你可以再用用别的投资策略，搞得更加花哨一些，更加复杂一些，但是，用这本书讲的方法——只买一只全市场股票指数基金，简单到无法再简单，你并不会少赚钱，甚至往往比自己瞎折腾赚得还多。

虽然只有极少数人会真正沿着这条极简投资之路向前走，但我发现，通往富裕生活的道路就是简单、易行的。所以，讲述这条简单致富之路的书应该也具有相同的特点。确实如此。

于美国科罗拉多州

2016年6月

开 篇

三个故事

伸手摘星,即使徒劳无功,亦不至满手污泥。

李奥·贝纳

第一个故事

我女儿和本书的故事

本书起源于我博客上的股票投资系列文章。而我博客上的股票投资系列文章,又起源于我给女儿写的一系列长信。我通过这些信向她讲述如何过好这一生,讲的话题各种各样,其中大多数是关于金钱与投资的,我女儿当时只有十来岁,年龄太小,还听不大懂呢。

行走人世之间,没钱寸步难行。人类创建的世界非常庞大、复杂,单独来看,金钱是人世间最有力的工具。理解金钱,才能用好金钱,才能顺利地生存和发展,所以这至关重要。如果你选择努力正确地理解金钱,掌握如何运用金钱,那么金钱就会成为你的仆人,为你提供最棒的服务。要是你不这么做,金钱就会成为你的主人,你就会变成金钱的奴隶,一生为钱奔忙。

我那十来岁的小女儿有一次这么对我说:"我知道,钱很重要,我只是不想浪费生命去考虑那么多钱的事。"

一听此言,我豁然开朗。我喜欢处理和钱有关的事,但大多数人未必想把人生宝贵的时间用在考虑和钱有关的事情上,而是想把它用在对自己的人生来说更加重要的事情上。他们要去造桥,去寻医治病,去协商合同,去攀登高山,去创造新技术,去教育小孩,去创办企业、开拓业务……

不幸的是，你不理财，财不理你，还会妨碍你去做自己人生中那些最重要的事。你无意间忽略了投资理财的事，你在投资理财上就成了能力明显很弱的小绵羊，那些销售投资理财产品和服务的骗子，就会像狐狸一样盯上你。那些狐狸把投资理财产品和服务搞得无比复杂，因为越复杂，他们就越能多收费，让客户多花钱，让他们自己多赚钱，迫使小绵羊主动送上门来，落入他们设下的圈套。

这就是投资理财世界最重要的事实真相：那些人之所以创设并营销那些复杂的投资理财产品，就是为了从中获利、赚大钱。那些复杂的投资理财产品，不光会让投资者付出更高的成本，而且效果不佳，并不能让投资者获得更高的收益。

下面我列出了19条投资理财指导原则，它们非常重要，值得你认真思考和执行。

（1）花的钱不能比赚的多，用盈余投资，避免负债。

（2）只要照上面这条去做，你就会变得很富有，而且不只是在金钱上富有。

（3）背着一身债，就像全身爬满吸血虫，它们会吸干你的血，你的下场也会一样惨。

（4）拿出你最锋利的一把刀，开始刮掉身上这些债务吸血虫。

（5）要是你的生活方式是挣多少就花多少，甚至花的比你挣的还要多，那么你只不过是表面有钱、其实没钱的奴隶而已。

（6）远离那些消费大手大脚、花钱根本没有节制的人。这些人在财务收支上对自己根本不负责任，绝对不要和这种人结婚，绝对不要让这种人用你一分钱。

（7）远离投资理财顾问。太多投资理财顾问一心只想着自己的利益，而不是客户的利益。等到你对投资理财懂得足够多了，能够挑选出来一个投资理财好顾问了，你自己其实已经可以打理好自己的财务了。那些可是你自己的血汗钱，没有人会比你更在乎你自己的钱。

（8）你占有着你占有的那些东西，反过来，你占有的那些东西也占有着你。

（9）金钱可以买来很多东西，但没有什么比自由更宝贵。

（10）生活中做出的选择，未必都和金钱有关，但是你应该总是清楚地知道，你需要为你做出的选择付出多大的金钱代价。

（11）正确又稳健的投资之道，其实并不复杂。

（12）不管是你赚来的收入，还是其他什么收入，绝对不能都花光，必须拿出一部分攒下来。

（13）在你的收入中，你攒下来的比例越高，用于投资的比例越高，你就能越快拥有独立自由保证金（F-You Money）。

（14）试着拿出你 50% 的收入攒下来，然后去投资。你不欠人钱，就完全做得到。

（15）多存钱有双重好处：既能让你学会如何花更少的钱去生活，又能让你积累更多的资本去投资。

（16）股票市场是积累财富的强大工具，你应该把钱投入股市。不过，你要知道，股市有时会大跌，这会导致你持有的股票市值随之大跌。这太正常了，完全在预料之中。遇到股市大跌，你要忽视它，逆向买入更多股票。

（17）股市大跌，你却逆向买入，这件事要比你想的难得多。你周围的人都很恐慌，新闻媒体都吓得大叫：卖出！卖出！卖出！

（18）没有人能够预测什么时候股市会下跌，即使是那些声称自己能够预测股市的媒体也根本预测不到。那些声称自己能够预测股市的人，要么是在骗你，要么是想要向你推销东西，赚你的钱，或者是既要骗你，又要赚你的钱。不要理会那些股市预测。

（19）当你每年用投资总额的4%就能正常生活时，你就实现财务独立了。

上面这些投资理财的基本原则，现在看起来简单明了，再清楚不过了，却是我吃尽苦头、花了好几十年才摸索出来的。一开始，我是把自己折腾几十年得来的这些投资理财经验、教训，写成致我女儿的一系列长信，后来我把它们发表在我的个人网站上，现在我把它们汇集到本书中。我分享的这些内容全都是我的心里话。我真心实意地想要告诉我的女儿，在投资理财中,哪些做法有用,哪些地方是雷区,投资理财其实可以很简单,而且本来就该很简单。我希望我女儿看了之后,在她人生的投资理财之路上能走得更顺利一些,走错路的次数更少一些,为此付出的痛苦和眼泪更少一些,能更早实现财务独立。

现在,你读到了我写的这本书,我对你的期望和我对自己女儿的期望完全一样。上面列出来的这些投资理财基本原则,我下面会一一讨论分析。那么就让我们一起开始吧。

我们来听第二个故事。

第二个故事

穷和尚与富大臣的故事

两个男孩,从小一起长大,一直是铁哥们儿。长大之后,他们各自选择了不同的人生道路。一个出家成了默默无闻的扫地僧,另一个入世成了皇帝身边有权有势的大臣。

多年之后,两个好友终于再相见。肥胖的大臣,身穿精美的礼服,看到儿时的好友变成了扫地僧,人又黑又瘦,穿着破旧的僧袍,内心充满同情,一心想要帮好朋友一把。于是,这位大臣说道:

"老弟,你知道吗?要是你学会讨好皇帝,他一高兴,重重有赏,你就再也不需要天天吃米饭和黄豆了。"

僧人一听,摇头答道:

"要是你学会只吃米饭和黄豆就能过日子,就不需要讨好皇帝了。"

一个极端是完全靠别人,另一个极端是完全靠自己,我们大多数人都处在两个极端中间的某个位置。至于我,我更喜欢学习那位僧人。

第三个故事

我的故事：投资股票从来都不是为了早日退休

对我来说，追求财务自由从来都不是为了早日退休。我很喜欢工作，而且很享受自己的职业生涯。追求财务自由是为了能有多种不同的选择，也是为了能够不为五斗米折腰，在面对不平之事、不平之人时能够从容说"不"。

我13岁就开始工作赚钱了。如果说，我小时候为了攒点儿零钱，夏天挨家挨户卖苍蝇拍，在路边捡饮料瓶、卖废品，也算是工作赚钱的话，我开始工作的时间就更早了。大部分时间，我都很喜欢工作。我一直喜欢干好活、拿到钱的那种感觉。

从我一开始工作赚钱，我就自然而然地爱攒钱。看到自己攒的钱越来越多，那种成就感真让我陶醉。我一直不确定我是怎么开始攒钱的，可能我天生爱攒钱，也可能是因为我妈妈小时候是这样哄我的——"儿子，你看这辆红色敞篷跑车多酷，只要你一直攒钱，到你16岁能领驾照时，就有足够的钱买下这辆车了……"但是最后我攒钱买跑车的梦想并没有成真。

因为在我16岁生日之前，我父亲的身体健康状况急剧恶化，不久之后，他公司的经营状况也急转直下。我攒的买车钱，只能拿来给自己付大学学费了。这让我明白了，财务上没保障，我的日子就过不安稳。敞篷车的事，以后再说。直到现在，看到新闻报道说，有个中年人失业了，干了20多年的工作没了，几乎马上就破产了，无法继续正常生活了，我还是会震惊。怎么会有人让这种事发生在自己身上，工作这么多年就没有一些积蓄吗？这就是没能掌握金钱、用好金钱的严重后果。

多年之前，当第一次听说独立自由保证金的说法时，我就知道我想要拥有一份独立自由保证金。要是我记得准确的话，独立自由保证金一词最早出自詹姆斯·克拉威尔写的小说《豪门》(*Noble House*)。从看到独立自由保证金这个词那一刻开始，我攒钱的目标就有了一个非常具体的形式，还有了一个令人难忘的名字。

詹姆斯·克拉威尔在《豪门》中刻画了一位努力追求积攒出来一份独立自由保证金的年轻女士。按照她自己的想法，有了这么一份独立自由保证金，她就有了足够的资本，完全可以不再被迫听从别人的命令，自己的人生想怎么活就怎么活，自己的时间想做什么就做什么。这位年轻女士的目标是攒够1 000万美元，有这么多钱能实现的可就远远不只是财务自由了。至少，对我来说，这确实有道理，积蓄一些资本才能有独立和自由。我心中还是有些向往那位僧人的生活方式的，追求独立自由，不用依赖别人，不用看人脸色。

我立刻领悟到的另一件事，就是要实现财务自由，生活支出就要适度，不爱慕虚荣、过度消费，就像第二个故事里的僧人说的那样。

《豪门》里的女主角觉得攒够千万财富才行，我可不一样。对我来说，独立自由保证金并不一定是很大一笔钱，够我活上一辈子才行。有时候，独立自由保证金只要能够让我撑上一段时间、休整一下，就足够了。

攒到25岁，我第一次攒够了一笔大钱——5 000美元。我当时工作一年才能赚到10 000美元，我攒了两年才攒下这5 000美元。

那可是我的第一份"正式"工作，而且我大学毕业后两年都没有找到正式工作，足足打了两年只能拿到最低小时工资的零工，后来好不容易才找到这份正式工作。但我想要去旅行，想要花上几个月的时间在欧洲四处转转，随意看看。我去找我的主管，要求休上4个月的无薪假期。那个年代的人还从来没有听说过无薪假期这种事。主管一听就说："不行。"

那个时候我还不知道员工和公司的工作关系其实是可以相互协商的，我以为只能是公司说了算。你问过了，公司决定了，给你回复了，这事就只能这样了。

我回到家里，整整想了一个星期。最后，我下定决心，非去旅行不可。虽然我非常喜欢这份正式工作，而且我知道要再找到这样一份正式工作也很困难，但我还是要辞职去旅行，世界那么大，我一定要去看看。我提出辞职之后，有趣的事发生了，我的主管说："你千万别冲动。我去找老板帮你再谈谈。"

尘埃落定，我们协商下来的结果是给我6个星期的假期。我在这个假期里骑着单车畅游了爱尔兰与威尔士。

虽然我一开始并不知道休假这种事还可以和公司商量，但是我学得很快。第二年我又提出休假要求，公司批准我休一个月的年假。这让我去了一趟希腊。事实最能教育人，这让我顿悟，独立自由保证金不只能够帮我支付旅行费用，还能够给我和公司谈判的底气和空间。我再也不是只能被迫听从公司命令的打工奴隶了。

从那之后，我又先后4次主动辞去工作，有一次还被公司炒了鱿鱼，彻底靠边站了。我退出工作、待在场边休息的时间，最短的只有3个月，最长的有5年。我用这4段休整的时间转换职业发展方向，专注寻找一家合适的企业来收购，长途旅行，有时也做些我本来不情愿做的事，反正做这些事完全顺其自然，事前完全没有任何计划。我最后一次辞去工作是在2011年，我打算在这次的休整中保持退休状态。但是我还会再找一份工作吗？谁知道呢？我喜欢干好活、拿到钱的那种感觉。

就是在我其中一次这样主动辞职、在家休整的时间段里，我女儿出生了。生孩子这种事，你知道的，在你有大把空闲时间的时候，自然而然地就生了。现在我女儿已长成大人。20多年来，我看着女儿长大，女儿也看到我的成长和转变，看到我原来一天工作18小时，而且经常出差，后来睡到大天亮才起床，起床后随意溜达却不用上班。不过我女儿一直知道，我正在做的事，在大多数情况下，都是当时我自己想要做的事。

我很高兴地看到，身教胜过言传。女儿亲眼看到我的这些人生经历，使她体会到，积蓄一些金钱、有更多的自由去选择，有多么重大的价值，以及在你并非打工奴隶的情况下做自己想做的工作，又有多么重大的价值。

女儿两岁的时候，她妈妈又回到大学读书。这一阶段我正好辞职在家，准备寻找机会，收购一家合适的企业，空余时间多得很。孩子妈妈晚上在大学用功读书的时候，我陪女儿一遍又一遍地看电影《狮子王》。我看《狮子王》的次数应该超过了我看其他所有电影的次数总和。我和女儿现在回忆起我们用茶杯一层层叠起来的高塔，还有我们用林肯原木玩具搭建的小木屋时，还会哈哈大笑。我们之间深厚的感情基础让我们后来建立了良好的父女关系，互相珍惜，互相关心。

虽然孩子两岁时，我辞去工作，没有固定工资收入，但我们还是决定，我妻子也应该辞去工作，成为全职妈妈，在家照顾孩子。尽管我妻子很喜欢这个想法，但这对她来说依旧是一个艰难的抉择。妻子和我一样，从小到大一直工作，而且热爱工作。我妻子觉得，要是不工作，就没有贡献，也就没有价值。

我跟妻子说："我们已经有一份独立自由保证金了，我们又不在乎买什么豪车、豪宅。你继续工作赚到更多的钱，能买来什么好东西？这些东西会比在家陪伴女儿更有价值吗？"

用这样的思维框架一想，选择就容易多了，我妻子辞去了工作。妻子在家陪女儿长大的三年时间，毫无疑问是我们至今做过的最佳"投资"。当然，选择必有代价，两个人都辞职在家，也就意味着我们没有任何固定工资收入，但是在我们两人都辞职在家、没有工作的那三年里，我们的家庭财富不但没有减少，还实现了增长。我们人没在赚钱，但我们的投资在赚钱。这是我们第一次完全体会到，我们积攒的财富已经超越了只有一份独立自由保证金的初级阶段。我们已经实现了财务独立。

我找来找去也没有找到一家适合收购的企业，却在无意中逐渐转向了咨询工作。做了几年个人咨询，有个客户雇用了我，给我的工资相当高，比我几年前主动辞掉的那份工作的收入高很多。这就是在美国失业的代价。

在我们搬到新罕布什尔州时，我女儿上了中学，我妻子到她就读的中学图书馆做志愿者。这样一来，女儿上学、放学的时间和我妻子上班、下班的时间完美重合。妻子在图书馆做了几年志愿者之后，学校给了她一份有薪资的工作，她便从义工变成正式工了，工资不高，但是工作时间比较灵活。这不像我妻子过去在公司里做过很多年的那种工作，但是工作轻松，完全没有压力，还充满了乐趣。从此我妻子就一直在学校里工作，再也没有去公司工作。

在我们结婚这34年里，大部分时间我们两人至少有一个人在工作。另一个人虽然不工作，但作为家属可以享受配偶工作连带的医保，这就轻松解决了相当棘手的医疗保险问题。在20世纪90年代早期，我们夫妻两个都没有工作，也就没法享受工作相关的医疗保险，只好自己买价格极高的个人医疗保险。那都是很久之前的事了，细节我都记不清楚了，可能现在的医疗保险具体规定不同了。不过，我们还得搞清楚，在我们年满65

岁、能够参加美国老年人医疗保险之前，我妻子是否要暂停个人医疗保险缴费，如果需要这么做，又应该在什么时候停止缴费比较好。至于现在，她挺喜欢在我女儿原来就读的那个中学的图书馆工作的，天天和孩子们在一起挺开心的，每年还有寒暑假，我们一家人因此可以一起出去旅游。

我在本书后续的章节中会进一步解释，正如本书书名所表示的那样，我们建议的投资方案，其精髓就是简单。

读到现在，各位读者也能看得出来，我并不是鼓吹那种"打造多重收入来源"的投资门派。我写这本书，追求的就是越简单越好。所以，本书建议的投资选择只有一个，不会建议你去投资养牛、买黄金、买年金保险、买专利使用权等。

在我2011年辞掉工作的时候，我们已经完全实现财务独立了，但我们还有两三笔早期投资需要处理掉。这是我这些年犯下的很多投资错误造成的历史遗留问题。既然我现在要提前退休了，我们需要现金，我首先要做的就是处理掉这些历史遗留问题。之所以会留下这些问题，都是因为当时我年轻气盛，不是真懂投资，认为我能够自己选出几只大牛股、战胜市场。我花了好多年才接受事实：想要自己选股战胜市场，这太难了，我根本不可能做到。还好我做对了三件事，拯救了我们的投资。

（1）所有收入必须拿出来50%储蓄。
（2）避免欠债。我们从不贷款，甚至买车也不贷款。

（3）我们最终完全接受了约翰·博格的指数投资理念。约翰·博格是先锋领航集团的创始人，在我写作本书时，他提出指数投资理念已经整整40年了。

回首过去，让我震惊的是，一路走来，我在投资理财上竟然犯下了这么多错误。然而，做对这简单的三件事，还是让我们实现了我们的投资理财目标。你要是也做出了糟糕的投资理财决策，现在想要做出改变，听到我们这几十年的曲折经历，应该会受到鼓舞。

我开始走上追求财务独立之路的时候，从来没有见过任何一个人走这条路。我根本不知道路在哪里，最终我会走向何方。我没有遇到一个明白的过来人，告诉我个人选股这件事容易让人受骗、亏大钱，告诉我其实并不是非得奋力一搏、取得惊天动地的大成功、大赚一笔，才能实现财务独立。要是知道后面这一点，当初我就不会冒险投资5万美元去买"马利亚国际"那家金矿开采企业的股票了。我总想着从困境中逆袭，靠这一笔投资成为百万富翁，结果却是公司业绩让人一再失望，股价一再下跌，最后我那5万美元的本金都赔光了。

所以我现在能够（再次）提前退休，感觉太棒了。我喜欢现在这样不用按时上下班的日子。我需要的话，可以熬到凌晨4点再上床睡觉，一直睡到中午才起床。我愿意的话，也可以凌晨4点半就起床去看日出。只要天气好，或者有朋友召唤，我可以立马跳上自己的摩托车出发兜风。我可以天天在我现在安家的新罕布什尔州逛来逛去，静静欣赏我家附近的风景，也可以突然消失好几个月，跑到南美洲欣赏远方奇异的风光。一来灵感，我就可以写成文章发到我的博客上，甚至还能再写上一两本新书。我也可以只是静静坐在门边，一边喝咖啡，一边慢慢品读别人的杰作。

回首往事，有那么几件事让我特别后悔，其中一件就是我花了太多时间忧虑我想干的事到底能不能干成，真是太浪费了，但这也没办法，我天生就容易过度忧虑。你可千万别这样，只管去做。

我年纪越大，越觉得当下的每一天都非常宝贵，也越来越能无情地"断舍离"。看看我周围的那些东西、我的那些行为、我认识的那些人，如果不能够给我的人生增加价值，我就果断地"断舍离"；如果能够给我的人生增加价值，我就果断地追求到手，而且多多益善。

世界那么大，我想多看看；人生那么美，我想多品味。金钱只是你世界中的一小部分而已，但是一份独立自由保证金可以为你买来自由、资源、时间，让你可以按照自己的方式探索世界。有了这笔独立自由保证金，你可以选择继续工作赚钱，也可以选择退休在家。这样你就能享受你的人生旅程了。

不过，按照本书所说的方法开始追寻你的财务独立之路之前，你首先务必要仔细阅读下面列出的两条重要声明。

两条重要声明

第一条
世事多变，过去不代表未来

在本书的某些章节，我会引用各种不同的法律法规，还会引用具体的数据，比如公募基金的费率、个人所得税的税级、投资账户的缴费上限等。这些内容，在我把它们写入本书时，都已经过确认，是准确无误的。但是就跟世界上的很多事情一样，情况注定会发生变化。我每改写出一个新版本，就发现我不得不根据最新的法律法规，及时更新这些内容。

等到各位看到本书的时候，书中引用的相关法律法规，有些肯定已经过时了，但是我引用它们是为了阐述我要讲的更加宏大的投资理财基本理念，所以它们是不是最新的，对各位阅读和理解本书影响不大。不过，要是各位读者需要把本书讲的投资理财基本理论和自己的情况结合起来进行分析，或者是纯粹出于自己的好奇心想要搞清楚它们，那么你自己务必要投入时间和精力来查阅、核对最新的法律法规，以及适用于你个人具体情况的最新的准确数据。

第二条
本书中所列出的预测与计算，只是假设，
并不代表对于未来的准确预测

在本书的第3、6、13、19、22、23这6章里，各位会看到各种各样

的情景分析。

为了创设出这样的情景分析,我必须选择某个具体的计算器,然后输入一些参数。从本质上讲,做这些情景分析只是为了形成一个观点,或者证明一个观点。虽然输入的数据、输入的顺序和过程都是正确的,但最后的结果只是按照公式推算出来的数据而已,并不是也根本不可能是对未来会如何的准确预测。

做这些情景分析的时候,我在相关的计算器网页上设定的是:

◯ 选择"红利再投资",因为投资者在积累个人财富的时候通常都会(也应该)把红利再投资。

◯ 忽略通货膨胀(因为它太难预测了),忽略税负(因为个体之间差异太大了),忽略基金费率(也是因为个体之间差异太大了,如果你选择我推荐的指数基金,费率就是最低的)。

如果各位想要看看包含上述这些变量的投资业绩数据,我鼓励各位自己访问相关的计算器网页,输入符合你个人在这些方面的具体情况的相关数据,得出自己的结果。

我做这些投资情景分析的时候,经常选择的投资期限是1975年1月到2015年1月这40年,主要原因如下:

◯ 这是一个很好的、稳定的40年时期,而本书倡导的就是长期投资。

◯ 正是在1975年,约翰·博格推出了全球第一只被人们所熟知的指数基金,而本书倡导的就是投资指数基金。

○ 1975年正好是我开始投资的那一年，它对你来说未必重要，但是对我来说，是我的投资元年，非常重要。

在这整整40年间，选择我上面设定的投资选项，计算出来的年化平均收益率是11.9%。各位继续读下去就会发现，这40年间任何一个年度股市的真实收益率，其实都是上下浮动、大起大落的，很少落在11.9%的总体平均水平上。不过，经过漫长的40年，尘埃落定，股市的年收益率整体平均值，就是11.9%。

这么高的年化收益率，真是让人大吃一惊，简直不敢相信。

我已经听到了，有人极力反对，大声咆哮，提出反对意见：在2000年1月到2009年1月这9年间，美国股市年平均收益率水平可远远不到11.9%。事实确实如此。按照"红利再投资"的设定计算出来的美国股市这9年的年化收益率是-3.8%，实在让人难堪。不过，过去100年里，2000年1月到2009年1月那9年正好是美国股市表现最糟糕的时期。

1982年1月到2000年1月，是最美好的时段之一，18年间年化平均收益率远远超过11.9%，达到18.5%左右。时间再拉近一些，自2009年1月到2015年1月，6年间的年化平均收益率为17.7%。

其实，无论哪一年，正好达到某个特定的收益率的情况都非常罕见。而且，市场长期平均收益率本身，也会随着你选择衡量的时期变化而出现极大的变化。

我过去实实在在投资指数基金这40年获得的实际年化平均收益率是

11.9%。不过，我首先一定要把事情讲清楚，这只是我过去40年投资的历史平均收益率，绝对不能用作你未来投资的预期年化收益率。

我绝对没有暗示你在未来投资股市时可以按照11.9%的年化收益率进行规划。

想到别人看到我讲自己过去40年的股市投资收益率会怎么想，我不禁停下来，严肃认真地思考怎么办更好。

所以我考虑设置不同的投资期限，但沿用上述的那些变量——红利再投资、通货膨胀、个人所得税、基金费率，这样算出来的预期年化收益率同样根本不可能在未来长期保持。

运用相同的40年投资期限，但选择不同的变量，也是一个选择。这样计算出来的40年年化平均收益率结果会是下面这样：

○ 不选择红利再投资：8.7%
○ 不选择红利再投资，考虑通货膨胀：4.7%
○ 选择红利再投资，考虑通货膨胀：7.8%

不过，基于上面所有的理由，这些数字看起来不那么有用，甚至也不那么令人震撼。

我一度考虑随便挑个看起来相当合理的年化收益率，比如8%，就行了。真的，各位会看到，我有两三次举例说明用的年化收益率就是8%。大家普遍认为美国股市长期投资年化收益率区间为8%~12%，而我举例说明用的年化收益率是区间下限，看起来再合理不过了，但是这仍然只不过是随便抓取的一个数据。哪个数据是"合理的",谁又能说了算呢?

最终,各位在本书中也会看到,我大多数情况下用的还是那个惊人的年化收益率11.9%。就像大家经常说的那样,实事求是。但是,我要再次严肃声明:

我绝对没有暗示你在未来投资股市时可以按照11.9%的年化收益率进行规划。

我们只是在本书中做一点儿"如果-那么"的未来情景分析,探索未来可能出现的情景。要是你觉得11.9%的预期年化收益率太高了,或是太低了,你可以根据你的个人具体情况选择对你来说最合理的预期投资收益率以及投资期限来进行计算。

无论你选择哪个股市预期年化收益率数据,将来股市肯定不会年年如此,就算这是你根据过去好几十年的实际收益率数据正确计算出来的年化收益率也不行。没有人能够精确地预测未来,任何时候你发现自己在这样推算未来的投资收益结果时,都要牢记这一点。

第一部分

入门指南

"浪很高,但是我能搞定。"

"金发美女"
乐队

1
债务：不能接受的负担

大学毕业几年后，我申请到了人生第一张信用卡。那个年代要申请到信用卡可难了，不像现在，就连我那只没有工作的宠物狗，也能拿到自己的信用卡。

我用上信用卡的第一个月，累积下来的账单有300美元左右。银行的对账单寄过来了，一笔一笔按照商户和消费金额列得清清楚楚，最下方则是消费总额。账单右上角有一个方框，里面有个＄符号，旁边留着空白来填数字。在方框下方有一行粗体字十分醒目——"每月最低还款金额：10美元"。

我简直不敢相信我的眼睛。我买了总价大约300美元的东西，银行却只要求我每月还款10美元？而且我还可以借更多钱，买更多东西？哇！天底下还有这样的好事，简直太好了！

不过，我耳旁响起了老爸经常说的那句话："要是听起来好得简直不像真的，就肯定不是真的。"我老爸说的不是"可能不是真的"或"也许不是真的"，而是"肯定不是真的"。确实如此。

幸好，我姐姐当时就坐在我旁边。她伸手指了指账单下面那些用很小的字印刷的具体条款，上面写着，对于希望我不还的剩下那部分钱，银行会向我收取 18% 的年化贷款利率。什么？这些发放信用卡的银行把我当白痴吗？

事实上，银行还真是这样的。这并不只是针对我一个人。这些发卡银行觉得我们这些信用卡个人用户都一样，根本没有脑子。不幸的是，很多时候，它们并没有错。

你先放下手中这本书一会儿，好好看看你周围的人，那些你能看到的、想到的、活生生的人。

你只要稍微下点儿功夫了解一下，就会经常看到，你周围大多数人不加质疑就盲目接受了对积累个人财富来说最危险的障碍：债务。

对市场营销人员来说，消费信用贷款是个强有力的促销工具，它让他们能够更轻易地销售产品与服务，赚更多钱。要是没有消费信用贷款，这些可无法实现。

你想想看，要是没有能如此轻易地拿到的消费贷款，说服客户购买平均售价 32 000 美元的新车得有多难？要是没有只要申请就能轻易得到的学生贷款，说服客户支付高达 10 万美元的大学学费得有多难？

毫不意外，那些贷款银行把借债宣传为生活中完全正常、合理的一个选择，大多数人也接受了这种说法。

的确，很难说借债并没有变成一般人生活中的"正常"事。就在我写本书的时候，美国人背负的债务总额是 12 万亿美元，其中包括：

- 8万亿美元购房贷款。

- 1万亿美元学费贷款。

- 3万亿美元消费贷款，包括信用卡贷款、汽车贷款等。

在你看到本书的时候，这些数字无疑只会上涨得更高了。更加令人不安的是，你认识的人中几乎没有一个人认为这些个人贷款是问题。其实，大多数人会把购房贷款、学费贷款、消费贷款看成是通向"美好生活"的门票。

我写这本书是想指引你走上财务自由之路。它讲的是如何积攒一些资本，获得财务自由，帮助你变成有更多财富的人，掌控自己的财务命运。

看看你身边的那些人。大多数人根本无法获得财务自由，最主要的一个原因就是他们甘愿接受债务负担。

你要是真心想要获得财务自由，就必须用不同的方式思考。一开始你就要认识到，根本不能把借债看成正常、合理的事。你应该把债务负担当成会摧毁你的财富积累潜力的、有毒的、邪恶的事。你这一辈子要做好投资理财，就不要允许自己欠债。

很多人（其实是绝大多数人）看起来很乐意让自己深深陷入债务陷阱，这一点我实在难以理解，也很难想象，债务负担的坏处用得着解释吗？不过，我这里还是列出债务负担的七宗罪。

第一宗罪：你的生活方式会受到限制。你背着那么多债务，就别提什么实现财务自由的雄心壮志了。即使你的目标是过上最大限度的高消费生活，你背的债务越多，你的收入被贷款和贷款利息吃掉的也越多。你的收入还没拿到手，为了还贷款和利息就得先扣掉一块（有时会是一大块）。

第二宗罪：背上债务之后，你实际上就得成为工作的奴隶了。因为你欠银行的债务必须得按时还本付息才行，所以在你想要选择符合自己价值观和人生长期目标的工作时，你的选择余地就严重受限了。

第三宗罪：随着债务逐步增多，你承受的压力也会逐步加大。你感觉自己整个人就像被债务活埋了一样。债务重压给你带来的情绪影响与心理影响很真实，也很危险。

第四宗罪：你不得不忍受那些有成瘾问题的人也在忍受的负面情绪：羞耻感、罪恶感、孤单感，还有最严重的那种无助感。这是你自己给自己建造的监牢，这让一切变得更加艰难。

第五宗罪：你的选择余地压缩到几乎没有，你的压力水平高到要爆表，你可能会转向自我毁灭模式，而这只会进一步加大你对花钱消愁的依赖。你也可能会喝酒消愁、抽烟消愁。讽刺的是，购物消愁只会让你花更多的钱。这就成了一个持续不断的恶性循环，后果很严重。

第六宗罪：你的债务负担往往会让你承受很大的心理负担，你不停地思考过去、现在和将来，并且只看到最坏的那一面。你越来越偏执，只能想到过去犯的错误、现在承受的痛苦以及未来即将到来的失败。

第七宗罪：债务负担越积越大，压力大到了一定程度，你的脑袋承受不了，一想到这些复杂难办的问题，就会自动关机，不再思考。"我不想了，不去尝试了，说不定过上一段时间，天降好运，奇迹发生，这些债务问题一下子就自动解决了。"就这样背着债务向前走，这种消极、堕落的态度就成了你的投资理财态度、习惯和价值观。

好，我听你的劝告，我得积极想办法来消除我的债务负担，可是我该怎么做才好？

尽管我一直说，投资理财的第一大戒律就是"无论如何，决不欠债"，但要是你已经借了债，就得先解决债务问题，你要好好想一想提前还清债务是不是你运用自己手上资本的最佳策略。

面对当今的利率环境，我认为原则上应该根据利率水平分类处理。

第一类：低利率债务。当年利率小于3%时，就慢慢还掉，用这笔贷款资金去投资，以获得更高的投资回报。

第二类：中利率债务。当年利率介于3%~5%时，你觉得怎么做心里舒服，就怎么来，还掉债务也行，拿这笔钱去投资也行。

第三类：高利率债务。当年利率高于5%时，尽最大可能快速还清债务。

不过，这不只是看利率数字大小的事。要让人生道路走得更轻松，我们还有好多事情要注意，好多问题要解决。特别是当你不能把债务负担控制在可承受范围内时，你更是有好多事情要做。

好的，我想明白了，我要还清债务，从此摆脱债务负担！那我现在该怎么办？

关于如何摆脱债务，已经有成千上万的书和文章了，我就不在此说太多了。读完这一章之后，要是你觉得你需要更多的指导和帮助，找些靠谱的书和文章读就行了。但是，要注意，不要只把时间花在研究什么路线最好走上，结果耽误了真正的走路前行。真相是没有一条路是轻松的。但是摆脱债务的办法其实很简单。

想要摆脱债务，我建议这样分6步走。

第一步：列清单。逐一列出你欠的所有债务。

第二步：砍支出。砍掉所有非必要的支出，全部砍掉，一个都不能放过。比如，你已经养成习惯了，早上喝一杯5美元的咖啡，晚上再花12美元喝点儿小酒，等等。诸如此类的消费支出，其实只是锦上添花，你得先救急，砍掉这些并非必不可少的支出，就能省出来更多的钱还债。那些债务负担如同大火正在烧毁你的人生，只有现金才能扑灭债务之火。你省下来的此类支出越多，债务之火就能越快停止燃烧。

第三步：债务分类。按照利率水平从高到低，把所有债务依次排列。

第四步：保证最低还款。对于各项债务，每月保证支付最低还款金额，不然银行就会惩罚你，向你收取非常高的罚金。然后集中精力，把可用来还款的钱集中到一起，先还借款利率排名第一的那笔债务，能还多少就还多少。

第五步：逐一偿还债务。解决掉利率排名第一的那笔债务之后，就集中资金力量解决利率排名第二的那笔债务。就这样一个一个来，分批解决所有债务。

第六步：庆祝自己从此不再是债奴。还清所有债务之后，你从此就不再是债奴了。一定要写封信告诉我这个好消息，我会倒上一杯好酒，向你致敬，不容易，干得好！

要还清债务，确实不容易，以下是我肯定不会做的三件事。

第一，我不会花钱求助，咨询别人。这样只会让你多花钱，而这种信贷理财规划咨询服务也没有用，根本没有什么神奇的公式或者神奇的做法，能够让你的还债过程少些痛苦。谁也不能帮你还债，你只能靠自己。

第二，有的银行建议，你可以把所有贷款集中到一家银行，方便以后集中还款，我根本不会考虑这种做法。就算在一家银行集中贷款后利率整体水平更低，我也根本不会考虑。你只管快速还款，越快越好，还得越多越好。等你还掉所有银行贷款之后，你的贷款是零，你的贷款利息就是零。这才是你的目标，而不只是把贷款利率从18%降到12%。集中所有时间和精力，只管努力还清所有贷款，不要浪费时间和精力要那些小聪明，那样解决不了根本问题。

第三，我不会为了鼓舞自己而先还掉一笔小额贷款。我知道，不止一种流行的理财策略把这种做法作为关键的一步。要是这样先还掉一笔小额贷款，能够使你在清理债务负担的路上更加坚定，就这样去做，有用就行。不过，等到你再往下多读一些本书的内容，你就会发现我不喜欢搞这些心理上的小把戏。我觉得更好的做法是用数据说话，根据客观事实和真实数据采取合理的策略，而不只是根据在心理上想要达到多么舒服的水平来调整策略。

总之，别搞那些花里胡哨、没有用的东西，该做什么就赶紧去做好了。只管去做，完成就是完美。

彻底摆脱债务负担，这件事做起来不会轻松。简单，确实很简单。轻松，肯定不会轻松。

这要求你必须大幅度地调整自己的生活方式和消费支出，然后节省出来更多的钱去还贷款。

你需要有一套非常严格的纪律，才能够坚持上好几个月。你甚至可能需要坚持上好几年才能够完全还清贷款，从此彻底摆脱债务负担。

不过，养成攒钱的好习惯会给你带来好处，而且是非常大的好处。

你开始践行低消费、高储蓄的生活方式，把节余的资金拿去偿还贷款。在形成稳固的习惯后，你就开始走上正确的投资理财之路了，你为自己打造了一个投资理财的平台，而这就是你开始积累财富、追求财务独立所需要的平台。

等到债务还完之后，你的低消费、高储蓄习惯还在，你的财富积累平台还在，你只需要将平时节余的资金从还款转成投资就行了。

以前你天天享受的快乐是看着欠银行的债务一天比一天少，现在你天天享受的快乐是看着自己的财富一天比一天多。

不要浪费时间，赶紧还债，能还多快就还多快。要是你现在有债务负担，还清债务就是你第一重要的事情，其他事情都没有这件事重要。

再看看你周围那些人，天天背着债务负担，都习惯成自然了。对大多数人来说，债务已经成了他们生活的一部分。但是你并不是非得这样活。

你又不是天生就是奴隶。有债务就是奴隶。无债务，方独立。

不要轻信有所谓的"好债务"

你偶尔会听到，有人说有些债务是"好债务"，能够给你带来好处。千万别轻信这种话，要是你想借这些所谓的"好债务"，一定要非常谨慎小心。我们来简要地分析一下最常见的三种所谓的"好债务"。

◎ 商业贷款

有些企业（但不是所有企业）会经常贷款，原因多种多样：筹资购买机器设备等固定资产，筹资增加存货等流动资产，筹资开新店、办新厂以扩大业务。要是这些商业贷款运用得当，就能够加快企业发展，创造更多盈利回报。

不过，债务总是危险的，它能帮助企业，也能杀死企业。在商业历史上，由于过度负债而走向毁灭的企业数不胜数。

企业如何精明地用好银行贷款，既促进业务发展，又不让债务负担一时过大而压垮企业,这已经超过了本书的讨论范围。我只能说,那些将银行贷款用得非常成功的人都十分谨慎。

◎ 住房抵押贷款

贷款买房可以说是最经典的"好债务",但是也不要如此肯定,有时未必是这样。

在买房时向银行申请抵押贷款很容易,这会引诱很多人贷款买房,甚至买过大、过贵的房子,其价格大大超出个人的财务实力。最可恨的是那些房地产中介,为了多赚手续费,他们往往会鼓励你贷更多款,买更大、更贵的房子。

如果你追求的目标是财务独立,那么你背负的债务负担越小越好。这也就意味着你买的房子要尽量小,尽量便宜,只要负担得起就行。

你一定要明白,你买的房子越大,你买房花的钱就越多。不仅仅是每个月要还的住房抵押贷款会增多,而且相关的费用支出也会随之增加,比如房地产税、房屋保险、水电费、物业费、维修费、保养费、园艺绿化景观费、设计费、装修费、内部装潢费等等。同时,你也无法再用这些钱去做股票投资了,这增加了你的投资机会成本。

房子越大,也就意味着你需要买更多的东西,来布置和填充房子。你就得让更多东西进入你的生活,也就需要为此付出更多的时间、精力和金钱。

房子是非常昂贵的消费品,并不是投资品。如果时机成熟了,你也有足够的财务实力了，买房也是可以的。我自己也买了几套房子。但是不要盲目相信那些流传很广的说法，比如，拥有一套自有房产是必需的，自购一套房子在财务上肯定是对的，住房抵押贷款肯定是一笔"好债务"。你要具体问题具体分析，根据个人财务情况谨慎决策。

◎ 学生贷款

我是1968年到1972年在伊利诺伊大学读的本科。每年的花销总共是1 200美元。这1 200美元涵盖了上学期间所有的费用：学费、书本费、宿舍租金、餐费，甚至还有一点点娱乐费用。

学校每年有12个星期的暑假。每年暑假我都会去打工。工作内容就是把那些生病枯死的榆树砍掉。每天工资20美元，一星期工作6天，就能挣120美元。我能省就省，一个星期就能攒下来100美元。等到秋季开学的时候，每年要花的1 200美元就有了。

当然了，吃和住的条件就不能太讲究了。我住的宿舍又老又破，早就应该被拆掉了。一周总得有两三个晚上，只能吃白米饭加番茄酱。

光阴似箭，2010年到2014年，我女儿也上大学了。她读的是罗得岛大学，所有费用加在一起，平均一年要花4万美元。罗得岛大学还是一所公办的州立大学，如果是纽约大学这样的私立大学（它当时是我女儿的第二选择），一年就得花6万美元。我的一位前同事曾跟我说，一年6万美元学费相当于每年买一辆全新的宝马汽车，开上一年就扔掉，然后第二年再买辆全新的，就这样重复4年。

大学学费上涨，当然也有涨的理由。通货膨胀当然就是其中一个。按照美国的居民消费价格指数（CPI）变化情况，1970年我读大学时花1美元能买到的东西，到2014年我女儿读大学的时候，就要花6.19美元才能买到，物价水平差不多是44年前的6倍。

同样也是这44年间，州立大学的学费从4 800美元上涨到16万美元，2014年大约是1970年的33倍。

别担心，2014年的学费反而更好办了。因为这时学生很容易拿到助学贷款，银行抢着涌向各大院校。

大学一直在忙着不断盖楼。学费这么高，你得高得有理由，硬件设施水平也得跟上。

大学教师和行政人员的工资也涨了很多。1970年，我读大学的时候，一个大学校长每年的薪水是2.53万~3万美元。现在大学校长的年薪平均在50万美元左右，高的能有好几百万美元。

这些不仅推高了大学生上学期间所有相关的费用开支，实际上还消除了更便宜的其他选择。

比如我当年住的那个破破烂烂的宿舍楼，条件确实很差，但是住宿费也确实很便宜。现在还想住？旧楼早已经推倒了，腾出更多空间，建了非常豪华的新宿舍楼。

吃饭想省钱，白米饭加番茄酱？这不是太丢人了吗？不用担心，我的那些大学同学都和我一样，大家都穷。我省钱交学费，省钱多买书，起码内心有那么一点儿骄傲。现在再这么做就有点儿尴尬了，因为你那些同班同学，尽管家里和你一样穷，但都拿了很多学生助学贷款，跑出去吃日本料理了。

上大学的费用和与之相对应的大学生贷款一起大幅上涨，造成了很多非常可怕的后果，其中之一就是扭曲的高等教育基本理念。过去的大学教育追求的是学习更多知识和提高文化素质。现在的大学教育则开始追求工作技能训练，努力确保你能够找到一份好工作，好让你觉得交这么高的学费、借这么高的贷款来读大学是合理的。

即使这样的大学教育模式成功了，这么高的学费也如同锁链一般把年轻人牢牢地绑在了工作上。他们追求知识的欲望早早就衰退了，追求真理的激情也早早就消散了。大学时代的年轻人本来应该去冒险、去探索，拓展视野，结果目光只锁定在找工作上，让工作锁链捆住了手脚。

尽管所有贷款都是坏东西，会榨干你的血汗，但是学生贷款与其他贷款不同，一旦借款，你就永远无法摆脱掉。这是学生贷款最烦人的地方。

你破产了，其他银行贷款归零，但是学生贷款还得还。学生贷款会追着你，一直到你进坟墓。你的工资收入，甚至是社保，也会被强制扣除，用来还学生贷款。难怪那些银行都争着抢着要发放这种贷款。

我坚定地认为，借债要还，天经地义，你自己完全独立自主地借债，当然应该忠实诚信地还债。但是，从道义上讲，这些要进入大学的孩子，只有十七八岁，刚刚成年，根本不懂什么投资理财，面对这么高的大学学费,在金融机构和教育体系的联手积极鼓励之下,几乎可以说是自动接受了这种主动送上门来的学生贷款,从此背上了沉重的债务负担。这让我不禁陷入了长久的思考。

我们这样做是在创造新一代的债务奴隶。金融机构和大学这么积极地发放学生贷款,很难说它们有什么良心、道德,这么做对整个社会也没有什么真正的好处。

2
你为什么需要独立自由保证金？

"9·11"恐怖袭击事件发生后没过多久，公司就把我踢出门了。

就在6个月之前，我们部门的总监还专门请我吃了一顿大餐，庆祝我们团队当年的业绩打破历史纪录。那一年业务爆炸性增长，利润多得你简直都不好意思跟别人说。我们部门总监特别点了一瓶很贵的年份老酒，一边喝，一边和我讨论了我的光明前景。

那份工作绝对是我做过的最好的一份工作。我们的团队超级棒，团队领导人也很好，工作趣味十足，我赚的钱也非常多，领到的年终奖也是我工作以来最多的一次。

世事无常，这么好的一份工作，一下子就没了。

不知不觉一年就过去了，有一天，我和我的宝贝女儿坐在沙发上看新闻。这些新闻记者一向忧国忧民，拍摄的画面是一群人正在排队领免费发放的食品，看起来和美国经济大萧条时期很多人排队领面包的情景一样。记者说，这些人是新增加的贫困人口，因为失业，难以维持温饱，这都是经济不景气造成的。而我当时依然没有出去工作，还在家里一边带娃，一边"舔舐伤口"。

第一部分　入门指南

当时我女儿才8岁，她看了一会儿新闻，对我说道："我们也是穷人吗？"小朋友的表情看起来非常担心。

我回答女儿说："不，我们不是穷人，我们还好。"

女儿说："可是你也没工作……"我知道，女儿心里想的是，像刚才电视里排队领食物的人一样，我老爸也没有工作。我从来没有想过8岁的小丫头懂不懂工作是什么意思。

"宝贝，不要担心，我们家绝对没有问题。我们有一笔钱，天天为我们工作赚钱。"

这是我当时说的话，但其实我心里想的是：这就是为什么过去这些年来我工作这么努力，一定要确保自己攒够了一笔独立自由保证金。

其实我是工作了好多年之后才听说独立自由保证金这种说法的，它俗称"去你的"保证金。

最初我并不知道这笔保证金叫什么，但我知道这笔保证金是干什么用的，为什么至关重要。金钱可以买到很多东西，其中最宝贵的就是自由。有了这笔钱，我心里就有底了，我就能自由地做选择了，只做我想做的工作，只为自己敬重的上级工作。

那些必须找到工作、领到工资，才有钱吃饭的人，就是工作的奴隶。那些背着债务负担的人，不但要通过工作挣钱吃饭，还要还债，他们是身上锁链更粗、更重的工作奴隶。绝对不要以为，这些工作奴隶的主人根本不知道这一点。

我前面已经讲过了，我在大学毕业后找了两年工作，才找到第一份正式工作。我在工作的头两年就一直努力攒钱，攒够了一笔独立自由保证金，不算多，但也够用了。到了1989年，这笔保证金规模大幅增长，能够给我提供的自由时间长度也大幅增长。尽管它还不足以让我提前退休，但是完全能够让我在需要的时候，对手上的工作说一声：去你的，我不干了。

时机正好，我也真是幸运。那时我想专门拿出来一些时间，寻找一家适合收购的企业。有一天早上，我居然和我们部门领导在办公室走廊里面对面互相大吼，这让我觉得，用金钱换自由的时机到了。

我并没有奔驰那样的豪车，但是我有自由。我可以选择何时离开工作，也可以在被迫离开工作时安之若素。

独立自由，真好。

多亏我积攒了这么一笔独立自由保证金，在"9·11"事件发生、我被公司解雇之后，我才有了三年不工作、在家带娃的自由。我这个人真的很不擅长找工作。

3
人人都能在退休时成为百万富翁吗？

"我在想，人人退休时都能成为百万富翁，这真的有可能实现吗？"

好几年前，有人在我的博客上发了这个非常有争议的问题，从此之后，它就一直在我的脑子里盘旋。

简短地回答一声"能！"，也没毛病。从理论上讲，每一个中产阶级打工人退休时都成为百万富翁，这是有可能的。但实际上，每个中产阶级打工人退休时都成为百万富翁，这只是社会理想，永远不可能成为现实。但是原因并不是这个数字无法实现。

根据数据推算的结果表明，在长期复利的神力加持之下，投资一笔小钱，就能增值到100万美元。从1975年1月到2015年1月这40年间，股市增值加上红利再投资的年化平均收益率是11.9%（要是你一直把持有股票每年分配的红利都花掉，不做红利再投资，那么年化平均收益率就是8.7%）。依照11.9%的年化平均收益率计算，只要在1975年1月用1.2万美元投资，买入代表美国股市的标准普尔500指数基金，那么到2015年1月，它就能增值到1 077 485美元，让你成为百万富翁。

刚刚工作，手上没有1.2万美元的闲钱？没关系，每个月发了工资，就定期定额投资代表美国股市的标普500指数基金也行。你从1975年1月开始投资，每个月定期定额投入130美元（1年累计投入1560美元），这样定投40年，到了2015年1月，你就会有985 102美元。是的，还没到100万美元，但只差这么一点儿，你称自己为百万富翁也不为过。

不行，我退休时非要积累财富超过百万美元不可！多劳多得，多投也多得，你只要每个月多投一点儿就行了。每个月多投入20美元，把每月投资金额从130美元增加到150美元，1年下来就是1 800美元，这样定投标普500指数基金40年，就可以积累到1 136 656美元。你不光实现了在退休时成为百万富翁的梦想，手里还多出来十好几万美元，足够你买一辆全新的特斯拉电动车，再买一辆雪佛兰克尔维特跑车了。

可是你仔细一想，这40年间，发生过多少像超级大地震一样的金融大事件，比如1987年的黑色星期一、2000年的互联网泡沫破裂、2008年的金融危机等。尽管如此，你每个月只在指数基金上投资150美元，40年后还是能成为百万富翁，这简直是奇迹。

不过，最重要的是，你要知道，你需要多年时间才能看到复利带来的奇迹，所以你要是年轻时就早早开始投资，你就会更快、更早地成为百万富翁。

当然，100万美元只是大家都喜欢随口说说的财富积累目标而已，并不适用于所有人。也许这样问才更加合适：人人都能获得财务自由吗？

在一些理财博客的博文里，各位会看到无数普通的工薪一族，靠着一方面尽量节约生活开支，另一方面尽量增加储蓄，只用了相当短的时间就攒够了养老金，提前退休了。比如，要是你能做到像《极早退休》(Early Retirement Extreme)一书的作者那样，过着每年只花费7 000美元的生活，还感觉很满足，那么，你只要存够17.5万美元就可以提前退休了。用这笔钱去长期投资，每年提领4%，就足够你退休后每年的生活开支了（详见第29章）。

不过，也有完全相反的例子。我还记得，1995年圣诞节前几天，我和一位朋友共进午餐，他刚刚拿到了他的年终奖：80万美元。可是我们吃午餐时，他从头到尾都在抱怨，80万美元的年终奖，实在太少了，根本不够他一年的开销。

我一听，惊呆了，这不可能吧？

这位朋友就把他的开支一项一项讲给我听，我大致一算，他说得还真没错，平均下来他三个月烧掉的钱就超过了17.5万美元。对这样的高消费人士来说，财务自由只能是一个遥远的梦。

钱多钱少是一种相对的说法。现在我钱包里有100美元，对一个百万富翁来说，只不过是其财富的万分之一。然而，对有上亿美元的超级富豪来说，1万美元在他们财富中的占比，就相当于100美元在百万富翁财富中的占比。但是你不能只和少数富人比，对世界上的极贫人口来说，他们辛辛苦苦工作整整一年的收入可能还不到100美元。

想要实现财务独立，开源和节流同等重要。限制自己的消费需求与努力工作、尽量多赚钱一样重要。财务独立与你每年能赚多少钱没有太大关系。很多人收入低却也达成了财务独立的目标,而不少人收入高却照样陷入了破产的境地。更重要的是你看重什么。金钱可以买到很多东西,但什么东西都比不上你的财务独立。

下面就是人生实现财务独立的三要素法则:

花的钱不能比赚的多。

用盈余投资。

避免债务。

我们在前文中讲过了,仅凭这三条,你一直坚持不动摇,最后肯定能成为百万富翁。而且你不只会在金钱上变富有,你在精神上也会变得非常富有。但是,要是你生活中过度追求高消费,花的钱超过赚的钱,你实现财务独立的希望就彻底破灭了。

举个例子,假设你每年能赚2.5万美元,你下定决心一定要努力实现财务独立。运用前面提到的那些博客提倡的生活技巧,你把每年的消费开支降到1.25万美元。这样一来,财务独立三要素,你就马上具备了其中两大要素。一是你降低了消费需求,花的钱没有超过赚的钱;二是这样一来你就可以用盈余投资了。

现在我们来推演一下你实现财务独立的几种情景。

假设你每年花销只有 2.5 万美元年收入的一半，也就是 1.25 万美元，按照每年提取 4% 来算，那么要实现财务独立，你需要攒够的金额是 31.25 万美元（312 500 美元 ×4%=12 500 美元）。用你每年节余的 1.25 万美元去投资，我们会建议你投资先锋全市场股票指数基金。假设过去 40 年美国股市年化平均收益率未来会继续保持在 11.9%，那么这样坚持投资 11 年半，你就能攒够 317 175 美元，实现你追求财务独立的目标。

终于实现财务独立了，这时，你可能会说："好了，一直少花钱、多存钱，这种抠抠搜搜的日子，我已经受够了，从今以后，每年工资收入的 2.5 万美元，我要全部花光。不过，我肯定不会动我那 31.25 万美元养老金。"

短短 10 年之后，就算你再也不追加投资一分钱，按照过去 40 年美国股市整体 11.9% 的年化平均收益率推算，这笔养老金也会增值到 961 946 美元。这笔钱接近 100 万美元，每年提取 4% 意味着每年提取接近 4 万美元，准确地说是 38 478 美元。现在你不只是可以辞掉工作、不上班了，而且年收入还高了很多，这相当于你自己给自己加薪，而且加薪的幅度相当大，超过了 50%。

为了简化计算，我在上面的例子中做了好几个简单的假设。第一，我忽略掉了税务的问题；第二，我假设这 21 年半你每年的工资收入一直不变，没有增长一点点；第三，我假设你攒的钱全部只投资买入先锋全市场股票指数基金；第四，每年提取比率只限于 4%。别担心，我们后面会

——更加深入地研究。目前,我们只是先简单地分析,"如果这样的话,结果会是……",你看过后就会明白,原来你的钱不只能够用来购物,它还能买到比物质商品有价值得多的东西。

不幸的是,只有少数人明白,财务独立,也是我们能用金钱买到的很多东西之一。现在,市场营销无处不在,影响力极其强大,让我们误以为金钱只能购买各种各样的商品,却不能用来购买个人的财务独立。各种各样的市场营销广告,持续不断地轰炸着我们,让我们相信我们需要最新推出的产品(都是些不值钱的小玩意儿),让我们相信我们一定要拥有当下最流行的网红产品(其实不过是垃圾)。这些营销广告告诉我们:手上没钱?没关系,信用卡一刷,发了工资再还就行。

这些广告营销怂恿消费者活在当下,有钱就花,没钱也要花。这种思维造成很多人根本攒不下钱,成了月光族。这些人很难想到,光是用自己从一年2.5万美元的工资收入中节省下来的钱投资,几十年后自己退休时就能积累到百万美元养老金。这倒不是因为有什么邪恶势力故意搞破坏,纯粹就是因为市场经济。商家宣传只是为了追求销售利润最大化而已,你要是真信了,有钱就买,没钱贷款也要买,你成功积累百万美元财富的机会就不复存在了。

现代市场营销广告说服人的艺术太高超了,还有非常深入的科学研究作支持,而且背后还有很大的金钱利益关系网。这些营销广告会刻意模糊真实的基本需要和个人贪婪的欲望之间的界限。

第一部分 入门指南

多年以前,我有个朋友买了一台最新款的摄像机,那可是名牌中的名牌。他把自己儿子幼年生活的每时每刻都给录了下来。这家伙简直狂热到了极点,有一次对我大发感慨:"吉姆,你知道吗?要是没有这么好的摄像机,你根本不可能养好小孩!"

我的天,这真是胡说八道!事实上,你肯定可以。摄像机才发明出来不过上百年,之前人类的历史有几百万年,多少孩子没被拍过视频,也顺利长大了。说出来可能会让你震惊,其实现代也有很多小孩从未被拍过视频,包括我自己的小孩。

你不需要去问很多人,就能轻松找到这样的人,他们会告诉你,要是没有某样东西就活不了了。不过,你如果想要逐步积累财富,实现财务独立,就既需要控制消费需求,又需要投资使资产增值。因此,你要不断反思与质疑,那些家伙说的是真的吗?没有那个东西就真的不能活了?

4

如何看待钱?

第一阶段：钱不只是用来花的

拿出一张崭新、挺括的百元大钞，放到桌上，正对着自己，好好想想，这张百元大钞对你来说意味着什么。

比方说……

（1）你想的可能是现在你能用这张百元大钞来买什么。100美元能让你和女朋友两个人在一家高档餐厅里美美地吃上一顿。100美元能买一双超酷的球鞋。100美元能给你的大屁股皮卡的超大油箱加满油。100美元能让你在超市买上几大袋子吃的和生活用品。100美元也许还能买一件漂亮的毛衣？我不知道。我平常很少买东西，所以，我很难说清楚100美元到底能买到什么东西。我刚刚花了199美元给我们家的小狗买了一张L.L.Bean牌子的床。但这笔钱会回来的。因为我的小狗不识货，怎么也不肯睡在这张名牌床上，我只能退货了。

（2）你可能会想，我可以拿这100美元去投资。从历史来看，美国股市过去100年平均年化收益率在8%~12%之间，我可以每年只花掉这8%~12%的盈利，把100美元本金留在股市里不动，让它以后继续为我赚更多的钱。

（3）你可能会想，通货膨胀与股市下跌都令人担忧。我会把这100美元拿去投资美国股市，但每年只从中提取4%，而其余投资盈利和股票现金分红会继续再投到股市中，所以我那100美元投资本金会持续升值，每年的升值速度可以跟得上通货膨胀率的上升幅度，这样我那100美元本金就能维持最初的购买力了。

（4）你可能会想，我要把这100美元拿去投资美国股市，每年赚到的钱一分也不花，继续投资到美国股市。这样过了很多年之后，复利就能展现神奇的魔力，小钱就能变成大钱，到那时我再想怎么花这一大笔钱。

你可能已经想出了其他多种多样的方法来用好这100美元，不过，你简单比较一下就可以看出来：选择第一种用钱方式，即把钱全部花光，你只会一直穷下去；选择第二种用钱方式，即继续用本金投资，盈利全部花光，能让你成功进入中产阶级；选择第三种用钱方式，即继续用本金投资，只花盈利的一小部分，可以让你比中产阶级更上一层楼；选择第四种用钱方式，即把本金和盈利全部再投资，能让你长期下来积累一大笔财富。

◎ 想想拳王迈克·泰森

泰森可以说是有史以来最可怕的拳击手了。就拳击这门"甜蜜的科学"而言，世界上很少有人能够超过泰森的水平。但在经济这门"沉闷的科学"方面，泰森的水平就差劲多了，不是一般的差劲，而是相当的差劲。泰森靠打拳击比赛就赚到了接近3亿美元，后来居然落到了破产的境地。泰森生活奢靡是出了名的，每个月的花销高达40万美元，这对他积累财富可没有什么帮助。那些突然暴富却不会谨慎打理钱财的人，最后总会落到同样的悲惨下场。我怀疑好多"鲨鱼"早就围在泰森身边，就等着找到机会大口大口撕咬泰森的财富肥肉了。不过，归根结底，问题的根源在于泰森根本不懂金钱的本质是什么，他只知道金钱能拿来买东西。

我并不是故意要批评拳王泰森。（我可绝对不是爱胡乱贬损别人的那种人。）用这种态度对待金钱，以为金钱只能用来购物的人多得很，并不是只有拳王泰森一个。世界上有很多和泰森一样能赚大钱的人，但是他们的钱财哗啦啦进来，又马上哗啦啦地出去，落入别人的口袋。不少球员、艺人、律师、医生、企业高管等，都是这一类人。在某种意义上，他们其实根本没有可能留住钱财，因为这些人从来没有学会如何正确思考金钱的意义。

这其实并不困难。不要再想你的钱能买到什么东西，而要去想你的钱能赚到什么样的投资收益。然后，再想想你赚来的钱又能赚到什么样的投资收益。一旦你开始从投资赚钱的角度思考金钱的用处，你就会开始明白，你花钱的时候，不但这笔钱从此永远消失不见了，而且作为本金，这笔钱能够赚到的收益和所有的复利也跟着从此永远消失不见了。

先说清楚，我说这番话，意思绝对不是我们应该永远不花钱。我说这番话的意思是，你花钱的时候应该全面深入地思考你这笔钱花得值不值。买一辆豪车，2万美元，这样烧钱值得吗？

即使对投资理财最懵懂无知的人，应该也知道，一旦你买下来这辆豪车，你那2万美元就再也回不来了。我希望你至少还是有这种消费和理财的基本常识的。

然而，令人忧心的是，似乎大多数买车的人都不明白，贷款买车，其实就等于说："去你的，我可不想只花2万美元买这辆豪车，我想花得更多。价钱越贵，花得越多，我越高兴。"

第二阶段：考虑花钱的投资机会成本

各位可能从来没有想过一件事，而我希望大家现在好好想想这件事，那就是就算你全款支付，一辆豪车让你付出的成本也远远超过2万美元。这种成本就是机会成本，买了车，你就再也没有机会用这笔本钱去做其他投资，获得更高的收益了。"机会成本"就是你因为用钱来购买某个东西（比如一辆车）而不是其他东西（比如一只指数基金）而放弃的收益，而且机会成本很容易量化。

要计算机会成本，你要做的事很简单，只要选择一个替代选项就行了。也就是说，如果你不用这笔钱去买东西享受，而是用这笔钱去投资，

简单致富

你会获得多少收益。由于我在本书后面会一直讲，你最好的股票投资选择是先锋全市场股票指数基金，我也会解释为什么，因此我们接下来就用先锋全市场股票指数基金说明如何计算你花一笔钱的机会成本。

现在你只需要知道一点，先锋全市场股票指数基金是追踪美国股市所有股票的指数基金，因此，该指数基金的收益率与代表整个美国股市的指数年化收益率一模一样，平均在8%~12%的区间之内。这样一来，我们就能得到一个确切的收益率数字区间，并可以用它来计算我们每年要付出的机会成本。我们就选择投资收益率区间最低的那一端，即8%，以它为基准来计算机会成本。

按照8%的年化投资收益率计算，投入2万美元，一年后，你可以赚得1 600美元。也就是说，你花2万美元买车，其实相当于损失掉了一年之后可以赚到1 600美元的机会，这辆车实际花费了你2.16万美元。不过，机会成本不止于此，因为这只是第一年而已，你每年都要承受少赚1 600美元这样的机会成本损失。你这辆豪车也许能开上10年，它是比便宜的车开着爽多了，有面子多了，但是你每年都要为此丧失赚到1 600美元的机会，10年下来就少赚了1.6万美元。加上最初的本金，现在你这辆车的机会成本已经累计到了3.6万美元。

不过，我现在还只是在用单利算机会成本，没有用复利。你知道的，复利就是利滚利，每年赚到的那1 600美元可以作为本金继续投资，第二年也能为你创造8%的盈利，这些新增的盈利又可以追加投资，进一步扩大你的投资规模，为你赚到更多的收益。这样钱生钱，钱又生钱。

要是我说到这里，还不足以让你为花2万美元买车而懊悔，那么请你记得，这2万美元从你口袋里永远消失了，而且你的损失不止于此，你还损失了年复一年赚钱的机会，本来你有机会年年赚到1600美元，永不停息。按照这样的机会成本一算，你为买这辆车付出的代价简直太大了。

你可能听说过"复利的魔力"。简言之，复利就是利滚利，钱生钱。长期投资的复利效应就像滚雪球，雪球一开始很小，不过只要一直滚下去，时间长了，规模增长的速度会越来越快，最后雪球会大得惊人。这真是非常美妙的事。

所以各位要好好思考机会成本，它就像是复利的邪恶孪生兄弟。

财务独立最大的好处之一是你手上有足够多的金钱，复利创造的投资收益已超过了你用这些钱去消费的机会成本。等到你攒够一笔足以支撑自己生活的独立自由保证金之后，你只需要确保自己一直追加投资，并且能让收益率超越通货膨胀率，同时花的不要比自己投资赚的多就行了。

要是你还没有达到财务独立的阶段，并且把攒钱实现财务独立看成非常吸引自己的目标，那么你可以从机会成本的角度来好好看看自己花的钱值不值。

第三阶段：如何思考自己的投资才对？

沃伦·巴菲特经常被人引用的名言是：

第一条：永远不要亏钱。

第二条：永远不要忘记第一条。

遗憾的是，很多人只是从字面意思来理解巴菲特先生说的这段话，就自以为是地得出结论：巴菲特能成为股神，肯定是找到了某个神奇的股票交易秘诀，让他能够在市场上快进快出，低买高卖，避开我们都觉得根本不可避开的股市下跌。这样想根本不对。事实上，巴菲特在致股东的信里写得明明白白，他对想这样快进快出、频繁交易的傻瓜说："道琼斯指数在1900年初是66点，到1999年底是11 400点，100年上涨超过170倍。在这样一个超级大牛市里买股票，怎么可能会亏钱？但其实很多人都亏钱了，因为他们想要快进快出、低买高卖。"

虽然巴菲特被称为股神，但是其实他也"亏钱"，有时还会"亏大钱"。在2008年到2009年，金融危机导致美国股市大崩盘，伯克希尔的股价也跟着下跌了40%，导致巴菲特持股缩水250亿美元，让他的个人财富从620亿美元下降到370亿美元。（巴菲特亏了40%，竟然还剩370亿美元。所以那段时间我经常说："我真希望我也能够亏掉250亿美元！"估计这把我那些也因为股市大跌而亏得很惨的朋友都给惹毛了。）

巴菲特和我们一样，也无法预测股市走势。而且巴菲特知道，只有傻瓜才会去预测股市，巴菲特连试都不会试。

但是和其他大部分投资人不同，巴菲特根本不会因为熊市大跌、非常恐慌而全部卖出。巴菲特知道，股市大跌这种事很正常，早在预料之中。事实上，大熊市这样短期急剧大幅下跌，往往提供了价格合算的投资买入的好机会，巴菲特反而会持续投资买入。当市场从底部大幅反弹的时候，巴菲特的个人财富也会跟着大幅反弹。所有坚定持有股票的人，其个人财富也都会跟着大幅上涨。这也是为什么我会在前面把"亏钱"加上引号。

当然了，巴菲特在看到自己的财富一下子少了250亿美元，而且未来这笔钱能够带来的潜在收益也随之消失无踪时，并没有万分恐慌，这可能有很多原因。其中一个重要原因就是他手上还有370亿美元。不过，他如何看待他所投资的钱，也是一个重要原因。

作为当代最成功的投资大师、价值投资领域最杰出的代表人物，巴菲特经常说，买股票就是买企业，投资股票就是投资企业。他有时候是持有一家企业的一部分股权，即从二级市场买入流通股票，有时候则是整体收购一家企业。巴菲特持股的某家企业股价下跌的时候，他内心深处完全知道，自己持有那家企业的股权比例还是一样，根本没有变化。也就是说，只要这家企业的长期盈利创造的内在价值不变，他持有的这部分股权对应的长期投资价值也不会变。因此，只要这家公司经营稳健，其股价短期的波动根本没有什么实质性影响。股价短期会起起落落，但高质量企业会一直持续为股东赚进实实在在的盈利，盈利持续增长，长期下来就会推动公司内在市值持续增长，也会推动公司股票市值持续增长。

我们可以学习巴菲特的投资思维。接下来，我们可以再次用先锋全市场股票指数基金来探索"买股票就是买企业"的价值投资理念。

假如你昨天说:"持有先锋全市场股票指数基金,我觉得挺适合,我打算买一些指数基金。"这样说了之后,你就拿出来1万美元,从先锋领航集团购买了先锋全市场股票指数基金这只基金。昨天先锋全市场股票指数基金收盘时的净值是53.67美元,你这1万美元可以买入186.323 830 8份基金份额。

要是先锋全市场股票指数基金的市场价格上涨了,过了一周之后,基金份额的单位净值是56美元,你就会说:"我那1万美元现在升值到了10 434美元。耶!柯林斯先生做基金投资还真是厉害。"

不过,要是一周之后的基金份额单位净值下跌到了52美元,你就会说:"哎!我的1万美元现在成了9 689美元。那个叫柯林斯的做基金投资真是差劲!"

一般投资者就是这样看待自己投资持有的基金的,非常势利眼,唯市场价格论。在电报时代,股价是一条条纸带上显示的数字;在这个数字时代,股价是传送过来的几个字节的更精确的数据,它们的变化代表着市场价值的上涨或下跌。要是真的眼里只有市场价格,那么会有那么一天,股价大跌,你会非常非常害怕。

不过,还有一种衡量你投资持有的股票和基金价值的方式,它更好、更精确,而且能让你赚更多钱。先花一点儿时间,好好了解一下你持有的指数基金本质上究竟是什么。

第一部分 入门指南

无论一只基金的单位净值是56美元还是52美元,你持有的先锋全市场股票指数基金的基金份额都是一样的,都是186.323 830 8份。这代表你持有美国所有上市公司的一小份股权,你是美国所有上市公司的股东,根据我写作本书时查阅的数据,美国约有3 700家上市公司。

一旦你真正明白了这一点,你就会开始认识到,你持有先锋全市场股票指数基金,也就代表你持有美国股市所有上市公司的股票,你是美国所有上市公司的股东,你这是把自己财务上的未来发展同美国所有上市公司构成的业务非常多元化的大型企业集团联系在一起。这样投资所有上市公司,其实就是在赌国运,你赌的是这个星球上非常富有、强大、有影响力的国家的国运。这些公司里有很多辛勤工作的员工,一心一意想要在变化的世界中变得更富有、更强大,同时,他们也在应对世界变化引发的种种不确定性。

某些公司会破产,它们的股票市值会完全化为乌有。其实,它们甚至不需要走到破产那一步就会从股票市场指数中完全消失。一只股票的市值规模只要下跌到某个门槛水平以下,就要从市场指数成分股中被除名了。

那些失败的公司退出市场指数成分股之后,取而代之的是更年轻、更有活力的企业,它们对于经济发展更加重要。其中有些新兴企业的业务将会增长2倍、3倍、10倍、100倍,甚至更多倍。企业成长空间完全没有上限。有些星辰会衰落、失去光芒,但是永远会有新星升起、大放光芒。新兴企业不断替代衰落企业,成为新的指数成分股,我愿称此为"自我净化"，这就是全市场股票指数基业长青的根本原因，而先锋全市场股票指数基金复制、模仿的就是代表整个股票市场的指数。

我要是想追求绝对的财务安全，就会用百分之百的资金买入先锋全市场股票指数基金，每年的消费支出只限制在这只基金每年2%的现金分红之内。

没有什么投资方式是绝对安全可靠的，但我想不出比投资全市场股票指数基金更加安全可靠的投资方式。

我们生活的世界非常复杂多变，而要在世界航行，你就需要有工具相助，最有用、最强大的工具就是金钱。学习如何运用金钱至关重要。而这要从学习如何看待金钱开始。只要开始就行，永远不会太晚。

对了，哪位好心人帮帮忙，把我写的这本书送给拳王泰森。尽管泰森已经破产很多年了，但是现在开始学习，对他来说也不算太晚。

5
如何在牛市和熊市中投资？

2009年3月标普500指数跌到677点，此后一路大涨，到2015年1月涨到了2 059点，是原来的3倍以上。这就是典型的疯狂大牛市。无论你是认为股市会继续上涨，因而考虑把一笔新到手的资金追加投入股市，还是觉得股市已经涨得太高了，面临反转，所以想要卖出股票、耐心观望一阵子再说，牛市大涨到高位这样的时刻，都在考验你的核心投资原则与投资信念。

以下是我的一些想法：

• 根本不可能通过预测市场短期涨跌来选择买卖时机，不管是财经频道上那些名头很大的专业人士，还是其他那些自称能够预测股市的人，都不可能做到。历史上从来没有人能够做到，将来也肯定不可能有人做到。

• 从长期的人类历史来看，股票市场是最强大的财富积累工具。

• 股票市场总是起伏不定，永远不会沿着一条直线平稳向前。

• 既然我们根本无法预测股市的这些大起大落，而且我们知道长期投资股市能给我们创造巨大的财富，那么我们只需要坚定信心，坚持长期投资不动摇就好了。

- 我希望我的钱能尽可能快地变得越来越多。

对一个股市投资新手来说,回头看看股市过去几年、几十年的大起大落,肯定会忍不住这么想:要是我能……要是我能够在那个最低点买进,要是我能够在那最高点卖出……

但现实是从长期历史来看,没有一个人能够持续做到。

我在2011年创办了我的个人官网,当时美国股市摆脱了2008年金融危机带来的大崩盘,进入了一轮疯狂大牛市。我在网站上经常收到和下面的例子类似的问题和留言,数量相当多:

"现在是进入股市的好时机吗?会不会再过不久就又出现股市大崩盘?"

"……很多人似乎都觉得股市大崩盘即将来临。"

"我很害怕自己在错误的时机高位入市。"

"我担心我刚刚投资买入,没过多久股市就开始大跌……"

"我因为害怕而犹豫不决了好几个月,我觉得这让我错过了一波大涨。"

"我只想要选择好的时机进场买入,而不是在糟糕的时机进场买入。"

"也许我应该再多等等,等到大跌之后再说,这样我就不会亏损一大笔钱。"

"我是不是应该先观望一段时间,等到股市暴跌之后再抄底买入,这样我就能赚到最多?"

"我真的很害怕,因为我是股市新手,根本没有经验……"

要是股市正好进入了周期性的熊市阶段,这些问题和焦虑,基本上都一样,只不过方向和大牛市相反:

"是不是应该等到股市完全见底之后再投资买入?"

这些问题和心理归纳起来就是两点:恐惧和贪婪。它们是驱动投资者行为的两大情绪。

恐惧、害怕,这我们完全可以理解。没有人愿意亏钱。不过,在你能够掌控恐惧情绪之前,它将成为阻碍你长期积累财富的致命伤。你没开始投资的时候,恐惧情绪会阻止你进入股市。而你进入股市之后,恐惧情绪会让你在每次股市大跌时非常恐慌、卖出股票、赶紧逃离,把本来应该继续持有的股票也卖出了。股市永远波动起伏,大跌、回调、反转,都非常正常。不管是大跌、小跌、转跌,都不是世界末日,甚至也不是股市长期持续上涨大趋势的终结。大跌、小跌、转跌,都在预料之中,都是股市变化必不可少的一部分。

正如我们将在第二部分所讨论的,将来股市一定会出现大跌,而且大跌不可避免地会一再出现。在你一生投资股市的几十年岁月里,肯定也会出现无数次的小幅回调和修正。股市的现实情况就是如此。接受现实，承认现实，适应现实，是股票投资长期制胜的关键所在。成功的投资当然是长期投资。任何短期投资从本质上讲都是投机。

所以，要是我们知道一场股市暴跌即将来临，为什么不等到暴跌之后再去低位买入？或者为什么不先卖掉现在手上持有的这些股票，等大跌之后再低位买回来？答案很简单，因为我们根本不知道股市暴跌什么时候会发生，什么时候会结束。没有一个人能知道。

不相信吗？你觉得你自己能做到？

你可能听到过很多人说股市暴跌即将来临。肯定是的。但与此同时，也有很多看法完全相反，他们认为股市大涨即将来临，我们现在正处在一波大牛市的起点，我们再也不会看到股票指数回到这样的低点。每一天都会有很多非常有名气、有分量的投资专家预测股市将会大跌。同时，也有很多同样非常有名气、有分量的投资专家预测股市将会大涨。两方看法完全相反，谁对谁错？这真是难倒我了，双方都在预测股市未来走势，但是从来没有一个人能够持续稳定地准确预测股市的未来走势。

既然事实证明根本没有人能够准确预测股市的未来走势，为什么还会有这么多人在努力预测？因为大涨大跌令人非常兴奋！要是你预测成真了，你就可以一举成名，成为华尔街或电视上的名人！预测股市是电视节目收视率的保证，预测越极端，收视率越高。预测道琼斯指数能涨到25 000点，或者预测它会跌到5 000点，观众一听就会被吸引过来，节目收视率一下子就上来了。收视率高了，那些出场的大师和电视节目本身就能够赚大钱。

不过，对严肃认真的投资者来说，这些股市趋势预测都是噪声，根本没有用，只会分散注意力。更糟糕的是，把注意力放在股市预测上，不仅会破坏你的财富长期积累进程，还会损害你的心理健康。

回顾历史能够帮助我们看清事实，但只有将视野放得很远才看得出历史大趋势。图5.1是美国股市道琼斯工业平均指数从1900年到2012年112年间的走势图。你一眼就能看出来，股市一直在上涨。我有充分的理由预言，几乎是百分之百地肯定，从现在开始，在未来20年，股市肯定会比现在涨得高。我也有相当大的信心认为，从现在开始，在未来10年，股市肯定会比现在涨得更高。我的依据就是过去一百多年的股市走势。

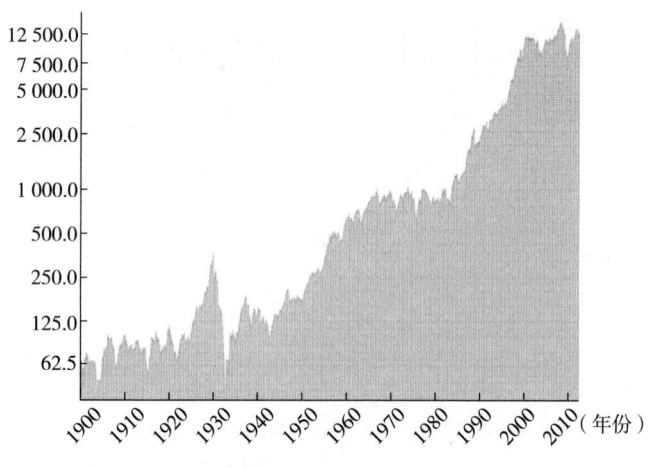

图 5.1　道琼斯工业平均指数（1900—2012年）

数据来源：stockcharts 网站

不过，股市的历史走势完全无法帮你预测未来几天、几个星期、几个月，甚至几年的股市走势。

这就是问题所在，我们根本没有办法知道自己现在所在的市场位置是高是低。

我们再看一下那张美国股市走势图。2000年1月美国股市在互联网泡沫中涨到了顶点，开始反转大跌，跌掉了接近一半的股票市值，我们现在是否正好处于类似的市场顶部的反转位置？或者类似2007年7月美国股市在房地产泡沫中涨到顶点，后来极端反转的情况？当然，现在回头看，很容易就能看出来那种牛市涨到顶点就会极端反转的模式。

但是这种极端反转模式会不会已经过去了，而现在我们所处的阶段更像是股市将突破1 000点、2 000点、3 000点、4 000点或5 000点的阶段，后面会再创历史新高？股市每次大涨，上了一个新台阶之后，过去那个阶段就会成为云烟，从此再也看不见？你还真是难倒我了。

我们确实知道，历史上，股市一次又一次跨越这些里程碑式的整数关口，当时的投资人和我们现在一样相信，股市涨得实在太高了，未来肯定面临一场大暴跌。

现在，我们假定，我们确实知道，股市涨到了2 102点，标准普尔500指数即将见顶，暴跌即将来临。想象有一个老神仙提前把股市未来走势告诉了我们。

很明显，我们听到老神仙的股市预测之后，肯定会卖出股票，离开股

第一部分 入门指南

市，至少我们不会再买入了。但是离开股市之后呢？我们希望得到的投资收益率，只有股票市场才能给到。所以我们会在某个时点再回到股市。但什么时候回来才对？如果这次下跌是一个10%幅度的回调呢？如果是这样，那么我们会希望等股市从2102点跌到1892点左右再重新进入股市。

但是如果是一个20%幅度的大跌呢？这就是一波标准的熊市了，那么我们会一直等股市从2102点跌到1682点后才重新进入股市。

但是如果我们这样做了之后，股市继续下跌，证明这是一次股市大崩盘，怎么办？！在这种情况下，我们就只能一直等股市跌到1200点左右后再重新入市。我们真正需要预测股市什么时候见底，可以重新买入的时候，老神仙在哪里？

关键是，要打好这种选择买入、卖出时机的投资比赛，哪怕只赢一次，你也需要前后两个环节都预测正确才行：第一步，你需要及时在高点卖出；第二步，你需要及时在低点买入。而且你必须能够持续不断地做出这样准确的预测。世界充满了这样悲惨的投资者，他们选对了高位卖出的时机，但是离场之后一直坐在一边等待大幅回调，结果眼睁睁地看着市场反弹、一路上涨，然后远远超过了他们卖出的上一个高点。他们避开了短线下跌的小损失，却错失了长期大涨的大收益。

预测市场走势，选准卖出、买入的时机，长期来看是根本不可能赢的比赛。我怎么敢这么确定？原因很简单：

如果真有人能做到这些，那么他的财富肯定要比巴菲特多得多，他

的名气也会比巴菲特大得多。

这种预测市场走势、选择买卖时机的能力最能赚钱了，其他什么能力都比不上。因此，拥有这种能力才特别诱人。也正是因此，那些所谓的股市专家才会不停地叫嚣他们能够准确预测股市走势，尽管其实他们只是偶尔运气好才能蒙对一点点。没有人能够真正准确地预测股市走势。没有人能够用持续有效的方式准确预测股市走势。相比之下，我宁愿相信圣诞老人能带给我更多好处，或者养独角兽更能让我发大财。

但是我根本不关心是否能真正准确地预测市场走势。我们来设想以下场景，通过它，我可以告诉你，如果我是你，我会关心什么。

假设你现在30岁了，那么按照现在人类的平均寿命预期，你后面的投资年限还有60~70年。你看了那张道琼斯指数走势图，注意到60年前道琼斯指数只有250点左右，但是到了2015年就涨到了17 823点。尽管过去60年间有很多动荡，也出现了大跌、暴跌，但未来60年道琼斯指数肯定还是会大涨。

你再看看最近20年标准普尔500指数的历史走势。标普500指数在1995年1月只有500点左右，但是到2015年1月已涨到了2 059点。这20年包括从2000年到2009年这段时间，它可以说是美国股市历史上最糟糕的时期之一，仅次于经济大萧条时期。

真正的神奇之处就在于此，随着时间的推移，在这些严重的危机过后，我们看到了股市积累财富的超级魔力，简直令人叹为观止。

第一部分　入门指南

尽管长期来看股市涨幅大得令人目瞪口呆，但是短期来看它的波动幅度也大得令人心惊肉跳。如果你把一笔钱投入股市，我可以向你保证，未来60年里，你肯定会不止一次地遇到股市大崩盘，看到自己的股票投资市值一下子减少一半。碰到其他挫折的次数就会更多了。这从来不会让人高兴，但所有这些都只是长期大幅上涨过程中的小波折，也是每个人为了获得丰厚的收益而需要付出的代价。

因此，问题并不是"我应该现在投资股票吗"，而应该是"从根本上讲我应该投资股票吗"。

在你能够完全接受我上面说的这些铁一般的事实之前，你的回答应该是"不"。从根本上讲，你还没有准备好，你根本不应该进入股市。除非你能够绝对地肯定，你能够眼睁睁地看着你的股票投资账面财富很快跌掉一半，还能够继续坚定持有不动摇，否则答案就是"不"。除非你能够坦然面对追求股票长期投资高收益必然要承受的风险，否则答案就是"不"。

最终，进不进入股市，完全取决于你自己。

幸运的是，投资并不是一个只能二选一的决策。如果你愿意放弃一部分高收益，那么你可以通过一些方式，让你的投资之路更平稳一些。这可以通过资产配置来实现。我们会在第14章详细讨论。

注意：在本章中，当我们谈到股票市场的表现时，你也许注意到了，我交替使用道琼斯指数和标准普尔500指数的例子。相比之下，我更喜欢用标准普尔500指数，因为这个指数是宽基指数，因此也更能精确地反映整个股市的情况。但道琼斯指数的历史要久得多,所以在从长期来看美国股市的表现时更加有用。如果把这两个指数同一时期的历史走势图叠在一起,你会发现二者的轨迹高度重合。从我们观察股市长期走势的目的来看,二者几乎是一样的。

第二部分

如何使用世界上最强大的财富积累工具?

"简单是所有真正优雅的关键所在。"

可可·香奈儿

6

重大股灾即将来临!!! 即使最著名的投资专家也救不了你

很多年前的一天，我发现自己感觉有点儿暴躁。我刚刚读了一篇刊登在一本著名的投资理财杂志上的文章，别说读这篇文章的内容，光是翻这本杂志就让我开始暴躁了。

那篇文章是一个专访，采访的是一位著名的经济学家，他也是一位金融学教授，在一所历史悠久的名牌大学任教。文章还配了好几张照片，教授一表人才，相貌堂堂，神情庄重，一看就令人肃然起敬。

现在我们就要开始这次投资之旅的第二段旅程了，我要跟各位讲讲这位教授的一些投资观点，讲讲我为什么认为他的这些说法是错误的。这位教授说的这些观点，都是你平时会经常听到的所谓的"常识"。我们将会深入探讨这些典型的错误投资观点，认真探究几个关键的投资主题。在后面的章节中我们会详细讨论这些主题。

你看到这章的标题了，重大股灾即将来临，怎么办？不要担心，我会告诉你为什么发生再大的股灾也不要紧。

首先，我要为这位著名教授说句公道话，对于他的大多数看法，我都没有异议。我想要争论的是，可能这位教授本来说的都是对的，而那家杂志的编辑没有把文字整理好，没有真正完全准确地传达教授的真实看法。也许有一天，我和这位著名经济学家会一起喝杯咖啡，因为这件事而开怀大笑。谁知道呢？也许会，也许不会。

在这篇专访中，教授提出了一个新的市场理论。过去学术界长期信奉的是有效市场理论，这个理论认为，当下的市场价格几乎可以马上吸收所有相关的信息，信息变化也会在价格波动上反映出来。但教授认为，随着时间的推移，有效市场理论逐步进化，现在发展成了一套新理论，教授称之为"适应性市场假说"。简而言之，随着新的交易技术的发展，市场也在不断进化，现在市场的行动速度更快，波动性更大。波动性更大，意味着风险更大。

教授说的这些都是事实，到目前为止，我觉得他说的挺好的。

但是教授接下来说的就不对劲了。教授说，股票市场变得波动性更大，风险更大，这意味着："'买入并持有'这种传统的投资策略不再有效了。"

杂志的记者也是一片好心，想提醒教授注意一些事实情况，指出即使在2000年到2009年这段时间，使用买入并持有的股票投资策略也能有4%的年化平均收益率。

教授反驳道："你想想看这个人是怎么才赚到4%的年化平均收益率的。他先是亏了30%，然后终于等来了一波大反弹。他一直持有，熬了

10年，最后才拿到4%的年化平均收益率。但是大多数投资者根本熬不住。在跌到25%时，他们就会吓得赶紧大幅减仓。从此一直观望，一直等到市场开始反弹之后，才重新回到股市，而且肯定只会用一部分资金买入。这种行为非常普遍，这就是人性。"

打住！这里要注意！非常正确的假设，非常错误的结论。我们过一会儿会重新回到这一点。

记者问："既然你觉得过去流行的买入并持有的股票投资策略不灵了，那么我们应该选择什么样的新投资策略呢？"

教授说："我们投资管理行业，现在正处在一个非常尴尬的时期，因为我们并没有搞出来很好的替代投资策略。最可靠的做法是持有一系列多种多样的公募基金产品，相对而言，它们的费率低，而且管理得不错，能把业绩波动控制在一个合理的范围之内。你的大类资产配置应该非常分散，不只是投资股票和债券，还要横跨整个投资领域，同时投资所有的大类资产，包括外汇和大宗商品等，既要投资国内市场，也要投资国际市场。"

记者问："教授，你说政府能不能出手防止股灾等金融危机发生啊？"

教授斩钉截铁地回答说："根本不可能防止金融危机发生。"

这篇专访就放在这家杂志的网站上，有个叫帕特里克的读者给出了一针见血的评论："这就等于是说，除了市场不再有效的时候，市场一直是有效的。买入并持有这个投资策略不灵，只怪大部分人没有一直坚持使用

第二部分　如何使用世界上最强大的财富积累工具？

这个策略，不该在市场最低迷的时候，也就是最应该坚持的时候，放弃了买入并持有这个策略。"帕特里克，一剑封喉！

更糟糕的是，这位教授推荐替代买入并持有策略的方案是买入并持有"横跨所有领域的所有大类资产"。教授信奉的新投资理论——适应性市场假说认为，现在市场已经适应了技术的发展变化，我们已经进入了新的投资世界。难道这就是他提出的应对新世界、新市场的新方案？

这位大教授前面说"买入并持有"这个投资策略不灵了，后面就建议投资者买入并持有几乎所有你可以想象到的大类资产。听起来怎么这么矛盾呢？

我们暂且接受教授的理论假设：市场波动性已经变得越来越大，而且很可能一直这样持续下去。我不敢确定我是否真的认同这套理论，但是，先这样吧，谁让人家是著名大学的著名经济学家呢，在理论方面教授肯定懂的比我多。

我们也认同教授说的另外一点，一般的投资者确实会屈服于恐慌，因而容易做出糟糕的投资决策，特别是当你看到财经电视节目上那些专家都恐惧到想要排着队去跳楼，大家都说股市还会跌，赶紧卖出时，你很难不恐慌。

我们也肯定同意，政府不可能提前采取措施防止金融危机发生。以后还会有很多金融危机发生的。

所以最关键的问题是，为了应对未来那些肯定会发生的股市大跌，我们可以选择的最好的投资策略是什么？

这位著名教授，还有很多跟他类似的投资专家，说的那些应对办法，其实本质上都一样：治标不治本。

这位大教授默认的其实是那个流传广泛、尽人皆知的套话，就是非常广泛的资产配置包治百病，其实也是让我们广撒网，希望其中有一两条大鱼，能帮助我们挺过金融危机造成的股灾。广泛投资说起来容易，真正做起来可不容易，得费好多工夫才行。你需要了解各种各样的大类资产类型，针对每一类大类资产，你得决定持有多大的比例，通过什么方式来投资持有。比如做权益类投资，你可以在二级市场买股票，可以买股票基金，可以做股权投资，也可以整体收购，你要选择哪种投资方式？4种投资方式各自配置多大的比例？一旦做了这样最广泛的投资，你还需要定期追踪你配置的各个大类资产的投资业绩表现如何，必要的时候，有的加仓，有的减仓，以实现再平衡，重新回到你的目标仓位配置比例。

但是你所有这些努力，都只能保证你得到低于股市整体平均水平的业绩表现而已，而且提高资产安全性的希望十分渺茫。这让我想起了那句名言："那些用自由来交换安全的人，既不配得到自由，也不配得到安全。"

我要说："正视你的情绪，改掉你这样胆小怕跌的不良投资习惯。"

这意味着你必须认识到，正是你糟糕的心理，导致你做出糟糕的投资决策，比如在股市大跌时极度恐慌，吓得全部卖出、逃离股市。治病要治根，病根就在你心里。去除病根，你的投资就会变得非常简单，你的投资收益也会变得非常强劲。

要开始去除病根，你需要先了解一些关于股票市场的客观事实。

（1）股票市场大崩盘是预料之中的事。

2008年爆发金融危机，股市大崩盘，一年暴跌超过60%。这种事并非以前从来没有发生过，而且以后肯定还会再发生。在我过去投资的这40多年里，就发生过8次股市大崩盘。

- 第1次：1974年到1975年，石油禁运危机引发美国经济大衰退。

- 第2次：20世纪70年代后期至20世纪80年代早期，美国发生了严重的通货膨胀。你还记得刻着WIN（Whip Inflation Now，现在就荡平通货膨胀）三个大写字母的徽章吗？暴露你的年龄了吧？那时住房抵押贷款利率推升至20%，你可以买到的10年期国债利率达15%甚至更高。

- 第3次：1979年《商业周刊》封面上赫然写着"股票已死"，这件事现在可是臭名远扬。因为后来的事实表明，这反而标志着有史以来最大的一波牛市要来了。

- 第4次：1987年股市大崩盘，10月19日，星期一，股市一天下跌24.4%，创下美国股市有史以来单日最大跌幅，成为著名的"黑色星期一"。好多股票经纪人都排着队爬上窗台，准备跳楼了，还有几个人真的跳楼了。

- 第5次：20世纪90年代早期，美国经济大衰退。

- 第 6 次：20 世纪 90 年代后期，科技股大崩盘。
- 第 7 次：2001 年的"9·11"恐怖袭击事件导致股市暴跌。
- 第 8 次：2008 年开始的全球金融危机，到 2015 年还没有尘埃落定。

（2）股票市场总会复苏的。

如果有一天市场真的不再反弹复苏了，什么投资都不再安全了，那么不管你投资什么金融产品都无所谓了，都会化为乌有。

1974 年底，道琼斯指数收盘在 616 点，2014 年底，收盘在 17 823 点。从 1975 年 1 月到 2015 年 1 月，在这 40 年间，如果加上红利再投资的话，年化平均收益率达到了 11.9%。如果你在 40 年前投资 1 000 美元，放在那里一直不动，到 2015 年初这笔钱就会自动增值到 89 790 美元。在这 40 年间经历了上述所有股市暴跌，竟然还能获得如此多的收益，简直令人目瞪口呆。

你需要做的就是一件事，拿住，拿住，还是拿住。一直坚定信念，相信长期的力量，管它股市涨跌，我自岿然不动。飓风来了就来了，耐心等上一阵子。过上一段时间，飓风自己就平息了。

当市场上涨时，每个人都会赚钱。但你是会变得更加富有，还是会元气大伤，主要取决于你自己在股市暴跌期间做了些什么。

（3）股票市场总是会上涨的。总是会的。

我打赌以前没人告诉过你这一点。但这是真的。这并不是说投资的旅程会一路平稳。不会。股票投资旅程绝对不会四平八稳，它往往如同翻山越岭，道路崎岖不平。但是市场总是会上涨的，我是说总是。市场并不是每年、每个月、每个星期、每天都会上涨。但是，你花点儿时间再好好看看第5章的美国股票市场的历史走势图，就会发现历史大势很明显，股票市场的大趋势就是穿越一个又一个股灾，持续上涨。

（4）股票市场的长期表现最佳。

跟其他大类资产相比，股票市场长期来看表现最好，涨幅最大，没有其他资产能够比得上。

（5）展望未来10年、20年、30年、40年、50年，还会和过去一样有很多次股市崩盘、经济衰退、金融危机。就像前面那位长得很帅的金融教授说的那样，政府根本不可能阻止它们的发生。每一次发生经济危机、金融危机、股市危机，都会严重影响你的股票投资。每一次危机出现都会让你极度恐惧，那些投资专家、电视名人都会大喊：抛抛抛！卖卖卖！每一次只有极少数有足够勇气、足够定力的人才能够继续坚定持有，坚持到股市复苏，大牛市到来，最终获得较大的收益回报。

（6）这正是为什么你要坚信长期的力量。

你必须静下心来，坚定信念，学会忽略那些噪声，面对股市巨浪，一直坚持、不动摇，挺过暴风雨，而且有钱了再继续投入更多的资金。

（7）要内心足够坚强才能一直持有股票，一直走在正确的投资道路上。

为此你需要知道，经济危机、金融危机、股市危机这些非常糟糕的事肯定会到来，它们不只会重重打击你的思想认知，还会重重打击你的心理状态。你需要打心底里知道坏事肯定会发生。但这就像冬天会有暴风雪一样,一点儿也不奇怪。除非你惊慌失措,否则这些对你来说就是无关紧要的。

(8)股市暴跌即将来临!! 而且后面还会有一次又一次的股市暴跌!! 股价一下子变得便宜多了,这是多么棒的买入机会啊!

我告诉我 24 岁的女儿,她未来还会有六七十年的投资生涯,她肯定会遇见像 2008 年的金融危机那样级别的危机。这种级别的金融危机大概每过 25 年就会出现一次。我女儿未来 60~70 年的投资生涯里,还会遇到两三次这样世界末日一般的危机。各位年轻的读者,你们也一样。至于小的崩盘,出现的次数就更多了。

关键是你一定要记住,这些重大危机从来都不会是世界末日。它们只是股市长期上涨过程中的一小段波折而已。所以由于大跌而产生的恐慌也是一时的。不要担心,再大的危机,也总会过去的。在我们的有生之年,世界绝对不会灭亡。如果你认为世界会在我们的有生之年灭亡,你就太狂妄自大了。

当然了,我女儿在她未来的投资生涯中,肯定也会经历几次超级大牛市。有些大牛市狂涨是应该的,在各个方面都有很好的理由支撑;也有一些疯狂大牛市只不过是幻梦一场,泡沫很快就会破裂。

大牛市一来,那些金融财经媒体就会大声说,"这次肯定不一样",和它们在面对前面那波大熊市时大声说世界末日即将来临时一样肯定。它们说的也肯定会是错的。

下面几章我们将会讨论的是，为什么市场总是会上涨的，在你人生退休前后两大阶段应该如何投资，最终才能积累一大笔财富，并一直保持富有。你可能不会相信，这有多么简单。但你必须意志坚定才能实现这个目标。

7
股票市场总是会上涨的

1987年10月19日，星期一，这天被称为"黑色星期一"。那天，我非常忙，一天都没有顾得上问股市行情。终于忙完要下班了，我才想起给我的股票经纪人鲍勃打个电话，问问今天的股市行情。

先说一下，在1987年，我们要买卖股票，都得通过股票经纪人才能下单交易。那时世界还处于信息技术革命发生的前夜，没有手机，没有个人计算机，没有互联网，也没有网上交易。

我想看最新的股市行情，只能打电话问经纪人。

我兴冲冲地说："嗨，鲍勃，今天挺好的吧？"

电话那头是长长的沉默。过了半天，鲍勃才出声："你开玩笑，好什么啊？"

鲍勃听起来情绪糟糕透了。

我说："我没有开玩笑啊，鲍勃，出什么事了？"

"吉姆，我们今天刚刚经历了美国历史上最大的一次股市崩盘。今天从早到晚客户都朝我又吼又叫。跌得太可怕了，简直吓死人。今天市场下跌超过500点，一天跌幅超过22%！"

我一听,这才知道今天跌得这么凶,我跟其他投资人一样,一下子目瞪口呆。很难形容那是什么感觉。即使在美国经济大萧条期间,也没有出现过这样惨重的单日最大跌幅。从那之后一直到现在,我们也没见到过这样的单日最大跌幅。真的,感觉就像是金融世界的末日来临了。

一个星期之后,《时代》杂志的封面上用粗体大字写着:

大崩盘。

股市暴跌一周,从此世界再也不一样了。

在这一点上,《时代》杂志完全错了,股市暴跌,即使像1987年"黑色星期一"这样的大崩盘,也很正常,它只不过是股市长期上涨过程中的一小部分而已。

作为一个受过股市波动教育多年的投资者,我知道股票市场是波动起伏的,而且波动幅度会相当大。我知道,从长期来看,市场大趋势是一路上涨、不断前进的,前途是光明的,但道路是曲折的,一路上会有急转直下,会有大幅回调,也会有大熊市。我知道,顺利走完这个长达几十年的投资旅程,最好的办法就是牢牢拿住、不动摇,面对暴跌不恐慌。但是这次股市暴跌,跌得实在太离谱了,我们根本找不到北,不知道该怎么办。

"黑色星期一"之后,我坚持继续持有股票。然而,三四个月之后,股市跌得更厉害了。我知道股市下跌很正常,但不幸的是,我只是在认知的层面上知道而已。我还没有学会把它刻进骨子里，印在灵魂深处，真正地认同、相信。最终，我离开了股市。

我大概用了一年左右才鼓起勇气，重新杀回股市。但这时候，股市已经反弹起来了，涨到超过"黑色星期一"前的历史高点，创出新高了。我这样在底部卖出又高位重新买回，就成功锁定了自己的亏损，多交了一大笔钱才重新上车。学费很贵。这种做法也确实很愚蠢。这确实是一次很尴尬的失败。我戾了，都是因为我面对暴跌时心理素质不够强，对股市肯定会上涨的信念不够坚定。

但是后来我慢慢进步了，进化了，我对长期投资的信念也更加坚定了。我在1987年面对"黑色星期一"超级大崩盘时犯下的"割肉"逃跑的重大错误，给我带来了深刻的教训，教会我如何挺过后来一场又一场的股市超强飓风，包括2008年全球金融危机那场16级超强飓风。也正是这次刻骨铭心的经历，教会了我在心理上要保持强硬，坚定长期投资的信念，最终让我赚到了更多钱，交的学费也算值了。

我的博客文章有条读者评论说得挺好："我们一直坚持长期投资路线，才能享受到股市长期上涨这道主菜，但是一路上要时不时吃上一大口股市突然暴跌让人恐慌无比的配菜。"

这个比喻很妙。这是套餐，你都得吃。这也是你要一直坚定信念的原因。

我们再来回顾一下美国股市道琼斯指数从1900年到2012年的112年间的历史走势（见图7.1）。

第二部分　如何使用世界上最强大的财富积累工具？

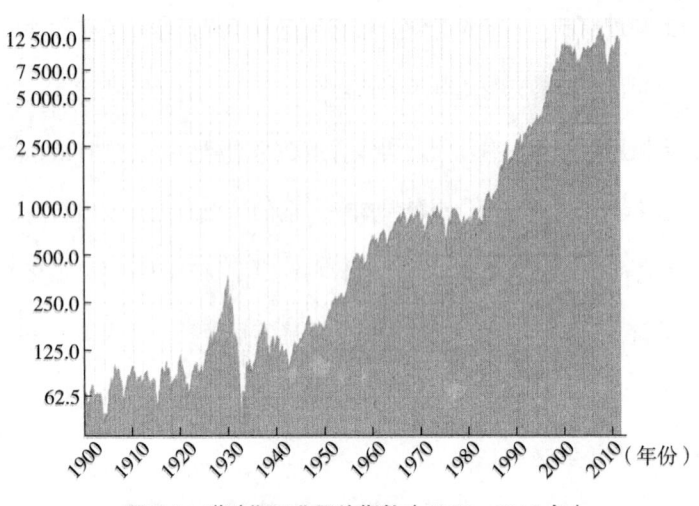

图 7.1　道琼斯工业平均指数（1900—2012 年）

数据来源：stockcharts 网站

你能看到 1987 年那个大缺口吗？就在那里，一眼就能看出来，但是放在长期历史大背景中看，也不怎么可怕了。花点儿时间，再来看看这张图，好好品味一下，让它深埋在你心底，帮你看清大势。

你会注意到以下三点：

（1）尽管经历了一场又一场的股灾，股市总体上还是上涨的。

（2）股市上涨永远不会走直线，一路上会大起大落，如同坐过山车。

（3）路上肯定会出现大坏事，出现很吓人的大危机。

我们先来看看第一点这个好消息，再来对付后面那两个坏消息。

要明白为什么股市总体上会一直上涨，我们需要更近距离地观察，看清股票市场本质上是什么。

市场上交易的股票最初是从哪里来的？是企业到股票市场上公开发行股票，然后这些股票公开上市交易，个人投资者和机构投资者就可以在股票市场上公开买卖这些股票，因此，我们称这些股票上市交易的公司为上市公司。你买了这家上市公司的股票，你就拥有了这家企业的一部分股权，成了这家公司的股东。股票市场就是众多上市公司公开上市交易的股票聚合在一起形成的市场。

前文的走势图就是用道琼斯工业平均指数来代表整个股票市场整体价格水平的变动情况。我选择的是道琼斯工业平均指数，因为要回顾过去100多年的股市历史走势，只有道琼斯工业平均指数才有这么悠久的历史，它选择了少数成分股作为样本，统计其涨跌水平，以此来代表整个股票市场的股价涨跌水平。在1896年，有一个叫查尔斯·道的美国人，从当时美国上市公司中选择了12家大型工业企业的股票，编制出了道琼斯工业平均指数。如今的道琼斯工业平均指数的成分股由30家大型上市公司的龙头股组成。

现在让我们先撇开道琼斯指数，来了解一个更有用、包含成分股更多，因而更能综合代表美国股市整体情况的股票指数——CRSP（证券价格研究中心）美国全市场指数。

不要被CRSP这个听起来很专业、很有技术含量的名字吓到了。从我们这一块内容的目标来看，你所需要的就是明白：这就是一个全市场指数，可以说包括了美国股市上所有公开上市交易的上市公司股票。更重要的是，先锋领航集团现在的美国全市场股票指数基金，复制的就是CRSP美国全市场指数。从选择的成分股来看，CRSP美国全市场指数和复制这个指数的先锋全市场股票指数基金可以说是完全一样的股票投资组合。既然我们可以投资先锋全市场股票指数基金，那么后面我会用投资这只基金来代表我们投资整个美国股票市场。先锋全市场股票指数基金会定期追踪市场变化来更新成分股，我在写这本书时查到的最新数据是，它包含3 700多家上市公司的股票。这意味着你持有一只先锋全市场股票指数基金，就相当于你同时持有这3 700多家上市公司的股票，也就是同时持有这3 700多家上市公司的一小部分股权。

1975年底，约翰·博格，这位先锋领航集团的创始人，发布了全球第一只被人们所熟知的指数基金，追踪的是标普500指数，投资者只需要购买这只成本非常低的指数基金，就可以一下子同时持有美国最大的500家上市公司的股票。先锋标普500指数基金立马就成了最好的股市投资工具，让你能够轻松分享美国股市整体持续攀升创造的财富。

1992年，先锋领航集团又推出了全市场股票指数基金，这只基金让投资者不只是持有500家最大的美国上市公司的股票，还持有除它们之外美国股市上所有上市公司的股票。

现在，我得赶紧说明一下，先锋领航集团的全市场股票指数基金有多个品种，适用于不同类型的投资者，不解释一下你可能会搞混。先锋全市场股票指数基金的份额类型主要有三种：A类份额（代码为VTSAX）、

I 类份额（代码为 VTSMX）、ETF（代码为 VTI）。除此之外，还有其他几种类型。我们在第 17 章会讲为什么会有这几种不同类型的基金份额，它们有什么不同，投资者如何根据自身情况合理选择。但现在，最重要的是，你要理解下面这一点，这几个类型的基金份额实质上持有的是相同的股票投资组合，因为它们模拟的都是同一个美国全市场股票指数，即 CRSP 指数。你买基金，实质上买的是基金公司给你配置的投资组合，所以从本质上说，股票一样，基金就都一样。先锋全市场股票指数基金的 A 类份额，适合个人投资者持有，我买的就是这种份额。

现在我们知道了，股票市场实质上是什么，而且我们可以从股市走势图中看出来，股市总是在持续上涨。那么让我们花一点儿时间来思考一下，为什么股市总是持续上涨。其中有两个最基本的原因。

1. 股票市场有自我净化功能

看看 2016 年道琼斯指数的 30 家上市公司成分股，你猜 1896 年刚刚推出道琼斯指数时最初包含的那 12 家上市公司，过了 100 多年还有几家依然在其中？答案是只有一家，就是通用电气。事实上，2016 年道琼斯指数包含的 30 家上市公司，在 100 多年前查尔斯·道先生最初编制道琼斯指数时，还没有创立呢！指数成分股一个季度调整一次，剔除旧的成分股，加入新的成分股。这说明了一个关键点：股票市场并不是一直僵化不变的。股票的实质是上市公司的股权，先有公司后有股票。股票市场如同茂密的树林，林中有的树木衰老死去，又有新的树木生发长大。

先锋全市场股票指数基金也是这样不断更新、不断进化的。因为这只基金复制的是 CRSP 美国全市场指数，包含美国股市上几乎所有上市公司的股票。现在把这 3 700 多家上市公司股票的年度股价表现一一标在图上，你会看到一个典型的钟形曲线（如图 7.2 所示）。

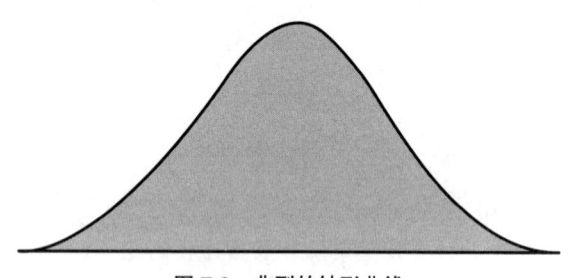

图 7.2　典型的钟形曲线

分布在最左边的是股价年度表现最差的上市公司股票。而分布在最右边的则是股价年度表现最好的上市公司股票。分布在中间的是那些股价年度表现处于中间水平的上市公司股票。

那么股价表现最差的股票能有多差？股价跌到 0，让你全亏光。当然了，这些股票会从此消失，你在股市里再也看不见它们了。

那么现在让我们来看看曲线的右边。股价市场表现最好的股票的涨幅能有多高？涨 1 倍？当然有可能。但是还有可能涨 2 倍、3 倍、10 倍、100 倍甚至更多。上涨无极限，没有天花板。正负抵消后的净结果明显是上涨。

我们能够用先锋全市场股票指数基金来复制美国股市上3 700多只股票的涨跌情况，我们会发现有些过去股价表现非常好的明星企业后来衰落了，但又有些新的公司诞生了，不断发展、壮大，后来股票上市，成为全市场股票指数中新的成分股。新的上市公司替代退市和即将退市的公司，这就是股市的自我净化过程。先锋全市场股票指数基金就是在模拟整个股票市场，追踪整个市场，自然也会跟着市场完成自我净化。

但是请注意，自我净化机制，只有宽基指数基金才会有。一旦"专业管理人士"开始想要战胜整个市场系统，那么这只基金就别想具有自我净化机制了。这些基金经理经常想要跑赢市场，却往往只会让业绩更加糟糕，而且他们总是要收取更多的管理费。我们后面将会详谈这一点。

2.持有股票就是持有公司的一部分股权，每家上市公司都生机勃勃，动态发展，极力追求成功

要真正明白为什么股票市场会不断上涨，你需要深刻理解我们持有先锋全市场股票指数基金，实际上持有的是什么。其实我们持有的是，（几乎是）整个股票市场上所有上市公司的一部分。

股票不仅仅是用来交易的一张纸片而已。持有了股票，你就持有了一家上市公司的一部分股权。这些企业有很多的人积极主动地工作，永不停息地努力扩大规模、服务更大的客户群体。这些公司在无情的商业环境里激烈竞争，胜出的公司会得到更多的客户，失败的公司就会被客户抛弃。

正是这种激烈的动态竞争机制，让股票和股票代表的上市公司成为历史上最强大、最成功的投资类别。

所以，现在我们已拥有了这个最神奇的长期积累财富的工具，它随着股市坚定不移地不断上涨。但是，进入股市实际上导致很多人亏本了。因为股市波动狂野，大起大落，让人心神不定。此外，时不时地还会发生非常糟糕的大事。我们后面会详细讨论它们。

8
为什么大多数人在股票投资上都是亏钱的？

在上一章中，我向你展示了股票市场非常好的那一面，长期下来，它能帮你赚大钱，具有巨大的财富积累潜力。我说的股市好的那一面都是真的，但是我下面要讲的，也是真的：

大多数人在股票市场上都是亏钱的。

为什么呢？

原因有以下几个。

1.我们总觉得我们可以把握市场时机，低买高卖

在高位卖出，在低位买入，这听起来太有吸引力了，但却几乎是不可能做到的。现实正好相反，我们经常是高位买入，低位卖出。因为在牛市狂涨的时候，我们总忍不住诱惑，高位追涨买入；后来市场暴跌，我们又太恐慌了，总忍不住低位卖出。

别笑话别人，因为我们所有人都是这个熊样。股市交易行为反映的是人性，我们人类的天性就是这样。过去这20多年里，有一系列的研究投资者心理的学术研究论文发表，结果都不妙啊。看起来我们人类在心理上天

生就不适合在波涛汹涌的股市中乘浪前行。投资者心理研究的具体细节，我就不细说了。但是，重要的是，你一定要知道，你要有坚定的意志、足够的认知，并付出一定的努力，才能理解、接受并改变这种有害的行为。

下面这个客观事实，会让你清醒一点儿：大部分基金投资者一年下来不断买入、卖出，折腾个不休，结果实际拿到手的收益，还不如买入基金并一直持有的收益。好好琢磨一下这个情况，慢慢消化一下。怎么会有这种事？我们投资者的心理就是这样，喜欢耍小聪明，忍不住想要预测市场波动的高点和低点，想要高位卖出、低位买入。但是实际结果总是正好相反。

2.我们相信自己能够选到大牛股

你根本选不中大牛股。不要为此觉得很沮丧。我也做不到。在投资管理行业，绝大多数基金经理也做不到。能选中大牛股的能力太罕见了，也正是这个主要原因，才导致巴菲特和彼得·林奇等少数具有明显超强选股能力的人如此出名。

当然了，我们偶尔也能选中大牛股，看到自己选中的股票不断暴涨，那种兴奋的感觉简直让人上瘾。媒体报道中充斥着如何成为股市大赢家的策略，更让人们进一步妄想选到大牛股。

这种选到大牛股的感觉太有诱惑力了，我会忍不住觉得自己也能。2011年，我觉得我看出来一个行业板块有一波上涨的大趋势，我就从中选择了5只股票，后来这个行业板块确实大幅上涨，我选的那5只股票4个月就涨了19%。（唉，老实说我现在还有这种选股的瘾。）那一年，我的年化收益率直逼60%，而当年的股市基本是震荡持平。相比之下，这是多么辉煌的收益，我完全可以这样夸夸自己。但是，你根本不可能年年都有这么高的超额收益。是的，这一波收益大爆发确实挺牛的，但你很难靠它积累大量的财富。

别说年复一年大幅跑赢市场指数了，就是年复一年小幅跑赢市场指数，都困难到你难以置信的程度。长期下来，只有三五个投资者能够做到明显跑赢市场指数。物以稀为贵，他们也会因此而成为超级投资明星。这也是巴菲特、迈克尔·普莱斯、彼得·林奇会成为地球人都知道的超级投资大师的原因。我不会因为偶尔选中大牛股就一下子被冲昏头脑也是这个原因。也正是因此，我才让指数基金成为我的投资组合主力军。

3. 我们相信我们可以选中能跑赢市场的基金经理

主动型基金（由基金经理管理，与指数基金正好相反）对基金公司来说是一门非常赚钱的生意，对投资者来说就不那么赚钱了。

因为基金管理这门生意太赚钱了，所以基金公司争着抢着发基金产品，结果搞得现在基金的数量竟然比股票还要多。根据《美国新闻与世界报道》上面的一篇报道，2013年美国共有大约4 600只股票型共同基金。而美国股市现在只有约3 700只股票。是的，没错，我这个投资老手也很吃惊。

第二部分　如何使用世界上最强大的财富积累工具？

这篇文章还说，每年平均有7%的股票型基金终止运营。按照这个比例，再过10年，会有一半的基金终止运营。也就是说，美国4 600只基金中会有超过2 374只基金终止运营。

基金公司有这么多客户、这么多资金，才能持续不断地发行新基金，同时不断地清理那些失败的老基金。那些财经媒体总是不断地报道一个又一个在短期内跑赢市场的基金经理和基金的传奇故事，为他们大做广告宣传，好大笔大笔收广告费。细致分析基金的历史业绩，深度采访基金经理，财经媒体就是专门吃基金公司广告投入这块肥肉的。著名基金评级机构晨星公司就是靠研究基金、给基金评级来赚钱的。

事实上，长期下来，几乎没有基金经理能够跑赢市场。2013年，先锋领航集团发布了一篇关于基金经理长期业绩的研究报告。从1998年开始，先锋公司开始研究分析当时市场上的1 540只主动型基金，当时市场上一共就有这么多股票基金。15年后，只有55%的基金存活了下来，只有18%的基金既存活了下来，又跑赢了市场指数。

也就是说，82%的主动型基金没能跑赢市场。但100%的主动型基金都声称要努力跑赢市场指数，并为此向基金投资者收取很高的管理费。

尽管15年后我们可以明确地看出来哪些股票基金跑赢了市场，但是我们在15年前根本预测不出来到底哪些基金会是属于那18%的长期跑赢市场的优秀基金。每只基金的招募说明书里都写着这样一句话："过去的业绩表现并不能够保证未来的业绩表现。"这是基金招募说明书里面最容易让人忽略的一句话，但这确实是基金招募说明书里说得最准确的一句话。

其他学术研究也表明，从更长的时期来看，即使是18%，也是过于乐观的估计。在2010年2月那一期的《金融杂志》上，洛朗·巴拉斯、奥利维尔·斯卡伊莱特和拉斯·沃尔莫斯三位教授发布了他们对于2076只主动型基金从1976年到2006年30年业绩表现的研究。他们的结论是什么呢？其中只有0.6%的基金具有跑赢市场指数的能力，如此低的胜出比例，正如这些学者所说，"从统计学上来说跟零没有差别"。

不止是这一份研究报告得出这样的结论。加州大学戴维斯分校的布拉德·巴伯和加州大学伯克利分校的特伦斯·奥丁的研究发现，只有1%的主动型基金交易者能够跑赢市场，而且他们交易得越频繁，业绩表现越糟糕。

看到这么糟糕的30年长期业绩追踪记录，你可能会心里纳闷儿，怎么会有那么多基金公司打广告公开宣称，它们管理的基金（如果不是全部基金，也是大多数基金）都长期跑赢了市场？基金公司之所以能管理如此大规模的客户资金，肯定有一套非常高明的广告营销技巧。其中一个技巧是，精心选择一个基金业绩特别好、对它们最有好处、最适合打广告的时间段。另外一个营销技巧是，利用好那些已经清盘或者将要清盘的基金，把表现烂的基金关掉，剩下的全是表现好的基金。

基金公司一直在持续不断地发行新基金，只看运气的话，也肯定会有一些基金业绩表现特别好，至少在一段时间内很好。而对于那些业绩表现不好的基金，它们就悄悄地终止运营了。这样一来，那些业绩表现不好的

第二部分　如何使用世界上最强大的财富积累工具？

基金就静悄悄地消失了，基金公司可以继续高调宣传，公司旗下所有基金都是跑赢市场的明星基金。

这些基金公司销售这些主动型基金确实赚了很多钱。只不过这些钱都流入基金公司手里了，没有到基金投资者的手里。

4. 我们太关注泡沫

想象一下，你在读本书的时候，正值一个炎热的夏天。这么热的天，你还在读书研究投资，值得奖励一下自己。于是，你打开了一瓶你最喜欢的冰镇精酿啤酒，将酒倒进一个玻璃杯中。

如果你以前倒过啤酒，你就会知道，如果你小心地让啤酒沿着杯壁往下流，不要太快，你最后就会得到几乎一满杯的啤酒，上面只有很少的泡沫。你如果直接对着杯子底的中心，快速地倒下去，你很快也会把啤酒杯倒满，但里面大部分都是泡沫，只有一点儿啤酒。

想象一下，其他人来给你倒啤酒，而且用的是一个黑色的不透明大杯子，你根本看不清楚杯子里的情况。这样一来，你也根本没有办法知道杯子里到底有多少是啤酒，多少是泡沫。这就像是股票市场的情况。

股票市场其实是由两个相关却又非常不同的部分组成的。

• 底层是啤酒。这就是我们经常说的基本面里面的企业盈利面。我们在市场上交易的股票，不只是小纸片而已，它还是股权凭证，代表我持有一家实实在在的企业的实实在在的股权，我有权分得这家企业的一部分盈利。

• 上层是泡沫。这就是我们经常说的心理面。股票,就是这些代表股权的小纸片,其市场交易价格有时涨,有时跌。这就是财经电视节目上说的那个市场。这就是每日股市报道的那个市场。这就是大家天天谈论的那个市场。人们其实把股票市场看得跟赌场一样,只不过赌的是市场短期是涨是跌而已。这就是每周、每月、每年股价大幅波动的那个市场,它让投资者的盈亏也大幅波动,驱使着投资者越来越走极端,走到了窗台上,走到了窗台边,再走就是……如果你够聪明,能够领悟到这个股票市场的本质不过是企业集合而已,而且你想要利用股市投资这些企业以此来持续积累财富的话,你就应该忽略这个心理面市场。

当你看到一只股票的每日市场价格行情表现时,你很难分清楚其中到底有多少是泡沫,有多少是啤酒。这正是一家上市公司的股票市场价格会在前一天大跌,后一天大涨的原因。

这也是财经电视台经常请的那些大名鼎鼎的投资专家,每一个都非常自信地预测,接下来市场走势将会如何,却往往意见差别很大,互相矛盾的原因。其实股市就是这样一个大家比拼预测准头的赛场,所有参与交易的人都在猜测,从现在这个时点来看,这个啤酒杯里面,到底有多少是泡沫,又有多少是啤酒,而且买卖双方都是用真金白银下赌注。

尽管赌的人很多,赌注很大,整个过程很有戏剧性,对电视节目收视率来说是大好事,但是对我们这些想通过股票投资积累财富,安享高质量晚年生活的人来说,啤酒才是至关重要的。啤酒就是股票所代表的上市公司赚到的那些真金白银，它就在浮动的泡沫下面。正是这些企业的盈利驱动着股票市场涨得越来越高。

你也要明白，那些财经电视媒体要拿到更多的广告投入，就得创造高收视率，所以会想方设法吸引你的眼球。对它们来说，这些专家的评论越夸张、越对立、越有戏剧性越好，不管对错，好看、好玩、刺激就行，这样观众才会一直锁定这个节目。如果请来的投资专家非常理性，非常务实，讲的都是买入指数基金并长期持有，这也太没意思了，谁会一直看呢？但要是节目找来一个专家大喊："我敢保证，道琼斯指数到年底肯定会涨到 20 000 点，甚至更高！"这就有些太过了，这个人相当于爬上高山，准备跳入深渊，非常危险。不过电视台的导演要开心坏了，今天节目的高收视率肯定有保证了。

这就是为什么股票市场会有这么多的泡沫，这么多虚张声势，这么多人为制造的噪声。对我们来说，这些泡沫无关紧要。我们进入股市为的是喝到啤酒。

9
大坏事肯定会一件接一件发生

到现在我们已经看明白了，股票市场是一个非常神奇的长期财富积累工具，它会持续不断地上涨。只需要先锋全市场股票指数基金这一个投资工具，我们就能投资整个股市的所有股票。

但是我们也看到了，股票市场的波动性极其大，过上几年就会发生一次大崩盘。很多人在股市上投资交易长期下来都是亏钱的，这是因为他们的心理倾向：股市一大跌就拿不住。如果我们心理素质足够强，能够在股市的狂风巨浪之中一直坚定持有不动摇，而且不会轻易相信我们的小聪明，长期投资持有全市场股票指数基金，我们就选择了一条积累财富最靠谱的道路。

只不过……

只不过会发生一些超级大坏事。

比如，1929年，美国股市大崩盘。这是后来所有股市大崩盘的老祖宗。自股市大崩盘起，美国经济大萧条开始了。短短两年，美国股市道琼斯指数从391点跌到了41点，跌幅高达90%。你可能运气太差劲了，正好在股市最高点买入。你要一直拿着，到1955年才能完全回本，也就是

26年之后（如图9.1所示）。这可够考验人的。

如果你是向券商融资买入，就是我们现在经常说的加杠杆，这在那个时代很常见，比如1∶1融资，手上有多少钱，再向券商借这么多钱，这就是加一倍的杠杆，那么跌了50%，你就彻底亏光了自己的本金，券商就会强制平仓，你这可就是血本无归，根本没有机会长期持有，等待回本。很多投机者做股票交易都是这样加杠杆的，结果一夜之间他们的财富全部都灰飞烟灭了。所以千万不要加杠杆买股票。

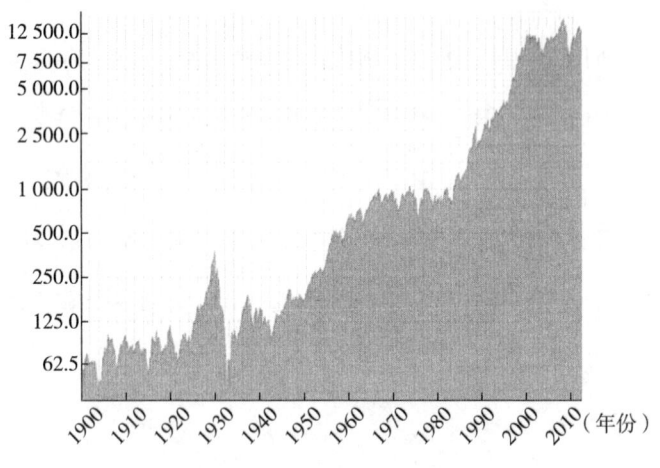

图9.1 道琼斯工业平均指数（1900—2012年）

数据来源：stockcharts网站

那么我们应该怎么做？会不会发生另外一次股市大崩盘，到那时你信念再坚定，也不灵了？如何回答这个问题很重要，这会大大影响你的风险承受能力和你对积累财富的渴望程度。有很多方式可以中和风险，我们后面会详谈。

现在，我们回到本章的主题——"大坏事"，考虑与大坏事相关的几个关键因素。

（1）你得有多么差的运气，才会正好在最高点满仓买入，又正好在最低点清仓卖出，完全把大崩盘的最大跌幅转化成你的实际投资损失。

假设你的运气没有达到这样最坏的程度，你是在1926年到1927年投资买入的。回看道琼斯指数走势图，这时离1929年大牛市到达顶峰还早着呢，才走到半山腰。很多人都是在这两年进入股市的，他们注定后来要把从半山腰到顶峰获得的投资收益吐出来，而且要10年之后（如果他们能一直持有10年的话），他们才能回本，开始实现正收益。不过，这时又一轮熊市就要来了。

要是你买入得更早，是在1920年初那一波牛市高点买入的，你就会马上遭受一波熊市的打击，再过5年才能回本。好不容易回本了，大牛市也开始了，开始享受吧。结果1929年牛市见顶后股市大崩盘了，你要一直拿到1936年，再多拿7年，才能再一次回到1925年时的本金水平。

这里我想讲的关键点是，具体在哪个时点买入，对长期投资收益率影响是非常大的，但是也没有你想象的那么大，你很难正好做到在最顶部满仓买入，又在最底部全部卖出。

（2）假设你正好在1929年走出大学校门，开始你的职业生涯。大萧条期间美国失业率高达25%，假定你是那些能幸运地保住工作的人中的一个,有工作就有收入,就能攒钱投资股票,你在后面几十年的时间就有不少机会遇到股市大跌,让你能用更便宜的价格买股票。讽刺的是,每一次市场回调对你来说都是大好事,因为年轻的你正处于积累财富阶段。每一次股市大跌,都让你可以用同样多的钱买到更多的股票。股价跌得特别多,你买入的价格也会特别便宜。

(3)假设你在1929年退休了,你的股票投资组合市场价格积累了100万美元。到1932年,你这100万美元股票投资组合市值会跌得只剩下10万美元。这对你肯定是巨大的打击。但你别忘了,大萧条意味着严重的通货紧缩。这意味着,股价大跌,同期物价也大幅度下跌。这意味着尽管你只剩下10万美元了,但是你现在这10万美元能买到的东西比原来100万美元能买到的东西还要多。货币的真实价值不能只看表面金额,要看真实购买力才对。你的股票投资组合中的这些股票,现在处于股市下跌90%之后的熊市底部,以后铁定会大幅上涨。

(4)股市下跌90%,这样的超级大坏事,从1900年到2015年的115年间只发生过一次。实际上,这个时间周期可能会更长一些,但道琼斯指数的数据就只有这么115年的历史。从1929年到2015年这86年来,没有再发生过一次这样暴跌90%的大坏事。可能有人会争论说,1929年之后美国政府的管控措施到位了,不可能再发生这种股市超级大崩盘了。尽管我们根本无法确定这一点,但我们确实知道这种事情极其少见。

(5)2008年金融危机爆发,我们走到了悬崖的边缘。我觉得我们比

简单致富

想象的更靠近悬崖的边缘。但我们并没有翻车坠入悬崖。这让我受到很大的鼓舞。

但不那么让我受鼓舞的是,像1929年那场大萧条一样的通缩型萧条,只是会大规模摧毁财富的两大经济灾难之一。

另外一个经济灾难就是恶性通货膨胀。在美国,自1776年独立战争以来,我们还没遇到过这个大恶魔。但就在2008年,恶性通货膨胀摧毁了津巴布韦的经济。历史上最糟糕的通胀发生在匈牙利,那是在1946年7月,通胀率最高超过41.9千万亿个百分点。很多人认为,正是因为在20世纪20年代德国发生了恶性通胀,纳粹党才会在20世纪30年代成为其执政党。

恶性通胀非常糟糕,和通缩一样具有毁灭性的力量。通胀过高,高得失去了控制,就成了恶性通胀。

多少有一点点通胀,对国民经济健康发展来说,其实是好事。轻微的通胀能让股价上涨,能让工资上涨。轻微的通胀就像给经济的车轮上了油,使它运转起来更加平滑流畅。轻微的通胀也像解毒剂,能消解通缩型萧条。

在通货紧缩、物价下跌的环境中,推迟购买的决策会得到奖励,如果你考虑在2009年到2013年买一套新房子的话,你会注意到房价正在下跌,而且住房抵押贷款的利率也在下跌。你意识到,再等一等,就会有更低的房价和更低的房贷利率。如果有足够多的购房者和你一样耐心等待,购房需求就会下降,房价和贷款利率就会被进一步压低。延迟满足会得到奖

第二部分 如何使用世界上最强大的财富积累工具?

赏，积极行动会受到惩罚。但如果太多人都在等待市场下跌，市场就会陷入一个越跌越多的死亡循环，最后跌到崩盘。

但是在通货膨胀、物价上涨期间，情况正好相反，你想买的任何东西价格都会上涨，明天价格会更高。推迟购买只会让你明天花更多的钱。你有动机买房子，或者想买车、买电器、买面包，最好是今天马上买，要不然明天价格就涨上来了。延迟满足会受到惩罚，因为后面价格会涨得更高，而积极行动会受到奖赏，因为你今天买比明天买更便宜。购买者会更有动力去买入，卖出者会更不愿意卖出。想买入的人越多，想卖出的人越少，这样的情况过头了，就会让市场陷入另一个恶性循环，导致物价越涨越高，你手上的货币就会越来越不值钱，人们都急着把手里的钱换成东西。

政府喜欢轻微的通货膨胀，因为这样它们就可以印发更多的货币注入经济体系，保证经济的车轮吱吱扭扭地平滑运转，既不用为刺激经济增长加税，也不用削减政府开支。事实上，有的时候人们会把通货膨胀称为"隐蔽税"，因为通货膨胀吞噬了我们手上货币的购买力。通货膨胀也让贷款的人，包括政府，在归还借款的时候用更便宜的货币，因为通胀之后同样一美元面值的货币实际购买力更低，实际上就是省掉了一大块利息。

好消息是，对我们通过持有先锋全市场股票指数基金来长期投资、积累财富这个策略来说，股票是一个相当好的对冲通货膨胀的工具，我们后面会进一步详细讨论。正如我们前面在讨论股票的本质时说的那样，持有

简单致富
106

股票就代表我们持有企业的股权。这些企业都拥有资产，也生产产品。企业持有的这些资产的价值会随着通货膨胀而升值，企业创造的产品的价值也会随着通货膨胀而升值，这样就能对冲通货膨胀引发的货币贬值。在低水平到中等水平的通货膨胀时期，用股票投资对抗通货膨胀的方法特别有效。

每个投资者必须自己做出的决策是，在通过投资不断积累财富的过程中，自己愿意承担多大的风险。回顾过去这100多年，你得问你自己，是只专注于那些一时影响特别大的大坏事，不敢投资股票，远离股市，还是只管买入并持有，只管长期投资就行了。反正从100多年的历史来看，股市整体上的走势就是持续不断地上涨。

这里并不是说这些大坏事不可怕、不那么具有毁灭性，只是它们很少会发生，而且按照我们的投资模式（花的钱不能比赚的多，用盈余投资，避免负债），我们完全能够挺过这些暴风雨。

在下面几章中，我们将会看一看我们可以用哪些具体的投资品种来积累财富和保住财富，正如我在第一部分承诺的那样，这种投资策略简单到令人难以置信。

第二部分　如何使用世界上最强大的财富积累工具？

10
只考虑三大投资要素,只使用三大投资工具

简单是好事,简单更容易,简单更赚钱。这就是本书的三条投资魔法咒语。

在后面这几章里面,我要跟你分享的就是如何秉持简单的基本精神,运用这三条投资魔法咒语。学会这三条,你就能获得更好的长期投资收益,至少会跑赢82%的主动投资者,包括天天研究选股的基金经理和个人投资者。(具体数据见第8章引用的先锋领航集团研究报告。)这样简单投资,几乎不会花你什么时间,你只管专注于生活和工作,让你的人生更丰富、更美好就行。

这怎么可能?投资不应该是很复杂的吗?难道我不需要专业的投资人来引导我吗?

不需要,根本不需要。

早在巴比伦时代,人们就开始做投资了,这些投资产品大部分都要卖给别人。因为你要卖给别人,太简单的话,你不好意思卖高价,所以你得把投资整得看起来很复杂、很神秘、很专业,这样你就更容易卖个高价钱。

但很简单的事实是:投资越复杂,赚钱的可能性越小。指数基金跑赢

了大多数主动型基金，很大程度上只是因为要投资主动型基金，你就得找一个做主动管理的基金经理，你就得付给基金经理很高的管理费。基金经理更容易做出错误的投资决策，而且他们收取的昂贵管理费也会持续拖累投资组合的业绩表现。

基金不赚钱，基民不赚钱，但是基金公司很赚钱啊。基金经理经营的基金投资管理业务，是门非常赚钱的好生意，所以他们才天天发广告、大声吆喝，宣传基金产品。当然了，基金公司这么高的利润、这么高的广告投放成本支出，都来自基金管理费。最终羊毛出在羊身上，它们赚的钱都是从基民口袋里出的。

你不只是不需要复杂的投资管理就能获得成功，事实上，复杂的投资管理反而会妨碍你获得成功。往好的方面说，复杂的投资管理只不过是成本太高了。往坏的方面说，复杂的投资管理是个藏污纳垢的污水池。复杂的投资管理根本不值得你花时间。我们自己可以做得更好。

你只需要做到两个"三"就行了，一是你只需要考虑三大要素，二是你只需要运用三大投资工具。

投资只需要考虑三大要素

你投资只需要考虑的三大要素是：

（1）财富阶段。你现在处于哪个财富阶段？是积累财富阶段，保住财富阶段，还是介于两个阶段之间的中间阶段？

（2）风险容忍度。你能够承受多高水平的风险？

（3）投资期限长短。你的投资是长期的还是短期的？

你肯定注意到了，这三个要素是紧密相关的：你愿意承受的风险水平高低会随着你的投资期限长短的变化而变化，这两个要素又都影响你的财富阶段。这三个要素都与你现在的职业和未来的职业发展规划紧密相关。只有你自己才能够做这三方面的决策，但是我可以给你提供四个指导性的看法。

第一，安全性有点儿容易让人产生错觉。

根本没有完全无风险的投资。一旦你开始积累财富，你一生都会承担风险，你根本无法避免承担风险。你唯一能做的是选择你想要承担哪一种风险。不要听任何人提出的与此不同的关于风险的说法。你如果把你的现金埋在后院里，20年后再挖出来，钱不会生钱，你只会得到和原来一样多的钱。你如果把钱放在由美国联邦存款保险公司承保的银行账户里，20年后你也只能拿到利率接近于零的利息，这和埋到你家后院地里没有什么区别，你还会拥有同样数量的钱，但即使是最轻微的通胀，也会大幅度减少你这些钱的购买力。如果你投资股票，你很可能会跑赢通胀，积累更多财富，但前提是你必须忍受股市中的狂风巨浪。

第二，你人生的不同财富阶段未必跟你的年龄相关。

在积累财富阶段，你往往正在工作，能赚钱才能存钱，才能持续不断地往你的股票投资里加钱。当你赚钱的速度变慢了，甚至已经不再赚钱了，你只能花自己原来攒的钱时，你就进入了保住财富阶段。在积累财富阶段，你只往股票投资中加钱，不向外取钱，努力让投资升值。在保住财富阶段，你不工作赚钱了，你得从股票投资中取钱，以满足你日常消费的需要。

你也许在计划提前退休。你也许在担心你的工作能不能保得住。你也许想要休一个长假，好好休息几个月甚至几年。你也许想接受一个薪水更低的工作职位，以追寻你的梦想。你也许选择了自己创办一家企业。你也许在退休了好几年之后又重新回去工作了。你的人生阶段，在你人生的旅途中会转换好几次，你的投资阶段可能也会随着你人生阶段的变化而不断转换。

第三，独立自由保证金至关重要。

如果你还没有积累一笔独立自由保证金，我建议你马上开始，不要觉得太晚了，什么时候开始都不算晚。一定要坚持积累财富。人生变化太多，一切都不确定。你可能今天还有一份工作，你很热爱这份工作，但是明天这份工作就没了。请记住，没有什么钱能买到的东西会比你的财务自由更重要。在我们现在这个世界上，什么工具都比不上一笔独立自由保证金，它在关键时刻能救急，甚至能救命。

第四，不要只图快，只做短期的思考。

我们大多数人都是长期投资者，或者说，我们大多数人都应该是长期投资者。

一般来说，投资顾问考虑股票投资配置的简单经验法则是：用100减掉你的年龄，结果就是你的资金应该投到股票上的百分比。比如说你现在60岁，用这个经验法则一算，100减去60，等于40，你应该把40%的资金配置在股票上，帮助你积累更多的财富，其余60%配置在保守的债券上，帮你保住财富。

更激进一些的做法是，用120减掉你的年龄。比如说你现在是60岁，你就应该把60%的资金配置在股票上，其余40%配置在保守的债券上。

这个经验法则简直是胡说八道。

问题出在这里。即使是最轻微的通胀，随着时间的推移，长期下来也会摧毁你债券投资的大部分价值，而且债券的收益率是固定的，根本无法提供额外的收益来补偿股票投资长期下来可能带来的收益。

你如果现在才20来岁，那么你后面还有80年的投资生涯，而且很有可能人类寿命预期加长，你能活到120岁，那么你还能投资100年呢。即使你现在已经60多岁了，如果你身体还相当健康，那么你未来还能再投资30多年呢。在本书中这已经算是长期投资了。

也许你的另一半比你年轻，也许你想留些钱，给你的孩子，给你的孙子、孙女，或者给你支持的慈善基金，那么所有留给别人的钱，都得有长期的投资期限才行。

三大投资工具

一旦梳理清楚你投资要考虑的三大要素，你就做好投资前的准备了，可以开始打造你的投资组合了，你只需要三个投资工具就能打造你的投资组合。看到了吧，我前面向你保证过，投资就是这么简单。

（1）股票：投资先锋全市场股票指数基金。股票能提供长期来看最高的投资收益率，而且可以为我们抵抗通货膨胀。这就是我们核心的财富积累工具。（在第17章，我们将会讨论先锋全市场股票指数基金的其他类型份额。）

（2）债券：投资先锋全市场债券指数基金。债券能提供稳定的定期收入，有利于缓和股市的剧烈波动，还可以作为我们抵抗通货紧缩的工具。

（3）现金。现金在手，用起来特别方便，可以用来支付日常开销，或者用来救急。在通货紧缩期间，现金为王。物价下跌得越厉害，你手上的现金能买到的东西就越多。反过来，物价上涨得越厉害，你手上的现金能买到的东西就越少。2008年金融危机之后，美联储搞量化宽松，现在是低利率时代，你闲置在手上的现金并没有什么升值的潜力。所以我建议你手上留的现金越少越好，只要能满足你的日常开支，让你活得舒服就行了。

我们通常会用我们的钱购买先锋主流货币市场基金（代码为VMMXX）。过去市场利率比较高的时候，货币市场基金的利率往往会比银行存款利率高。但在本书写作时市场利率达到了历史最低点，货币市场基金的利率已接近于零。银行存款利率还稍微高一点儿。此外，银行存款有联邦存款保险，最高保额是25万美元。

由于这些原因，我们现在把现金放在本地的银行账户里，或者放在网上银行账户里，我们选择的网上银行是艾利银行，它原来是通用汽车旗下

第二部分　如何使用世界上最强大的财富积累工具？

的金融部门，后来逐渐发展成全美资产最庞大的网上银行之一。如果以后市场利率上升，货币市场基金能再次提供更高的收益率，我们就把现金从银行存款转回到货币市场基金上。

就是这些，学会使用这三个简单的投资工具就行了。一股一债两个指数基金，再加一个货币市场基金或者一个银行账户。用全市场股票指数基金来投资股票，这是用来积累财富的工具，也是对抗通胀、对冲物价上涨的工具。用全市场债券指数基金来投资债券，这是抵抗通缩、物价下跌的工具。用货币市场基金或者银行存款来持有现金，它可以满足日常消费支出，应对紧急情况。正如我前面承诺的那样，这样三个投资工具构建的投资组合，低成本、高效率、多元化、超简单。

你可以更加精细地调整你这个投资组合，从而使其更加符合你个人的三大投资要素的具体情况。想要更平滑的长期投资旅程？那么有得必有失，先舍才能得，你能接受更低的长期投资收益率和更慢的财富积累速度吗？如果能的话，那么你只需要增加先锋全市场债券指数基金的配置百分比，或者增加现金配置的百分比就行了。想要长期增值潜力最大化？配置更多的先锋全市场股票指数基金就行了。

在接下来这几章，我们将会讨论股票指数基金和债券指数基金。接着，我们将会探索一两个具体的投资策略和投资组合，让你开始走上财富积累之路。然后，我们会看看如何安排股票与债券两个大类资产配置比例，从而使其适合你的个人需要和个人性格。

11

指数基金真的只是适合懒人的投资神器吗？

并不是。指数基金是为那些想获得尽可能好的投资收益的人打造的投资神器。

过去这20年里，我经常在个人博客上发表我的投资看法，其中一些得到了其他投资作家的评论。我感到非常荣幸，但我也注意到了，即使是这些会称赞我的指数基金投资想法，并且承认我提出的只投资先锋领航集团管理的指数基金的做法是稳健合理的建议的人，也认为投资指数基金只适合懒惰、图省事、不愿在投资上做太多功课的业余投资者。他们这么说，潜在的前提假设是，只要多付出一点点的努力，多动一些脑子，用心选择个股，或者选择主动型基金，投资者就能够把股票投资做得更好，获得更好的长期收益。

胡说八道！这些都是胡说八道！

你还记得吧？在第7章，我向你介绍了先锋领航集团创始人约翰·博格先生。我用我个人的钱作保证，要说起对于个人投资者的历史贡献，没有一个人能够超过约翰·博格。他创立了先锋领航集团，为这家基金公司设立了独特的结构，使其有利于基金持有人，向个人投资者推出了指数基金,把先锋领航集团打造成全球最大规模的公募基金公司。这三大成就让约翰·博格成为三个方面的伟人:在金融行业做出伟大成就的巨人、在历史上对个人投资者贡献最大的圣人、在个人道德品质上的贤人。

约翰·博格于1929年5月8日出生,到2015年他已经86岁了。当谈及如何成功地战胜市场时,约翰·博格是这样说的:"我在投资管理这个行业工作61年了,但我无法做到这一点。我从未遇到过能够做到这一点的人,也未曾听说有谁认识能够做到这一点的人。"

我实话实说,我本人也做不到。

实际情况是,约翰·博格在普林斯顿大学读本科时,他写的毕业论文就专门研究这件事,并得出了结论:没有人能够战胜市场。后来约翰·博格进入基金管理行业干了几十年,只不过是证实了他当年在论文中得出的结论。也就是说,通过买入全市场股票指数基金来购买市场上所有的股票,可以可靠且持续地跑赢由基金经理管理的主动型基金的业绩,特别是把其他所有相关成本都考虑在内时,更是如此。

指数投资的基本理念是,既然选择个股跑赢市场的胜率低得可怜,接近于零,不如干脆就通过全市场股票指数基金投资市场上的所有股票。指数投资这个被动投资理念从根本上挑战和威胁到了投资管理专业机构的饭碗,既然买指数基金能够稳稳获得更好的长期收益,何必再投资要付很多基金投资管理费的主动型基金呢?所以,约翰·博格的指数投资理念和指数投资产品,遭到了整个基金行业迅速又猛烈的抨击,这不足为奇。约翰·博格在推出第一只指数基金时,在投资管理行业遭到一片嘲笑,有些人至今仍对其冷嘲热讽。

从1975年底向个人投资者推出第一只指数基金,到2015年这40年里,约翰·博格的投资理论的有效性,一再被证实。

一个刺耳又刺眼、让人难以接受的客观事实是,我无法选出能跑赢市场的大牛股,你也不能。那些声称他们可以选出能跑赢市场大牛股的人,绝大多数是嘴上吹牛能做到,实际上根本做不到。这件事超级难做到,而且成本超级高,只有傻瓜才会做这样费力不讨好的事。你最好对整个股市怀有谦卑之心、敬畏之心,接受你靠选股根本无法战胜市场的事实,这样的话,你运用股票积累财富的能力才会大大提升。

有一派学者认为,那些投资领域的超级明星,比如巴菲特、彼得·林奇、迈克尔·普莱斯,只不过是运气特别好。而即使是我这样坚定的指数投资者,也很难接受这种看法。但是研究确实表明:只有1%顶级的基金经理的长期业绩能够跑赢市场,然而我们也很难区分出来原因到底是运气好,还是能力强。

既然这些理念已经得到了证实,那么为什么还有这么多人依然抵抗指数基金被动投资理念呢?我认为这背后有很多心理因素。

(1)对聪明人来说,要接受这个事实很难,那就是他们在投资上也是凡人,他们自己选股也跑不赢全市场指数,跑不赢这种傻瓜式地投资市场所有股票的指数基金。从表面上看,选股、跑赢市场非常容易,只要挑选

第二部分 如何使用世界上最强大的财富积累工具?

出来那些好企业的股票，避开那些烂企业的股票，就肯定能战胜市场。事实上这并不是这么简单的事。我个人也曾多年执迷不悟，天天研究选股，浪费了很多时间和金钱，徒劳地追寻能够跑赢市场的大牛股。

20世纪60年代美国政府曾严肃地考虑强拆通用汽车公司（尽管从未真正施行）。通用汽车，在美国汽车市场遥遥领先，毫无争议是行业霸主，其他汽车企业根本无法与其抗衡。然而，通用汽车能够存活至今，是因为同一个美国政府，为了保住面子，在金融危机期间给予了它巨额救助。

再举个反面的案例，回到20世纪90年代，那些所谓的聪明钱都赌苹果公司肯定活不下来。就在我写这本书的时候，按照股票市值来衡量，苹果成了全球第一大企业。现在的明星企业是未来的破烂企业。现在衰落的企业可能会是未来实现大反转的明星企业。世事难料，只有天知道。

（2）要买指数基金做被动投资，就要接受市场的"平均"收益。人都有这个臭毛病，无论做什么事都不甘于只有平均水平。

但是在股票投资这个领域，人们把市场平均业绩水平错误地解读为平庸的业绩水平。"平均"这个词很容易让人联想到处于中间位置的数值，但是指数基金的业绩水平并不在所有股票基金收益水平排名的中间位置。指数基金复制的是代表全市场的股票指数，所以它的收益水平就是整个市场所有股票综合在一起的整体平均收益水平。

作为专业投资管理人士的基金经理，其业绩好坏的衡量标准就是整个市场所有股票综合在一起的整体平均业绩，他们以跑赢市场的幅度大小来衡量他们自己选股、主动投资的表现到底怎么样。正如我们在前面几章看到的那样,在任何一个年度,大部分基金经理都跑输了。事实上,在15~30年的时间段内,全市场指数跑赢主动管理基金的比例最低是82%,最高是99%。

这意味着什么呢?你只要买一只像先锋全市场股票指数基金这样的全市场股票指数基金,你的长期业绩排名就可以稳稳进入业绩表现最好的第一梯队。一年又一年过去,你会看到接受市场的"平均"收益,结果还不赖。在这种"平均"收益下,我可以活得挺好的,甚至我还活得挺美的。

(3)财经媒体上充斥着这样的新闻报道,有个个人投资者或基金经理,过去一年、两年甚至三年大幅跑赢指数,或者是极其少见的情况,像巴菲特那样长期业绩大幅跑赢市场。

只管抄高手的作业就行了,巴菲特怎么做你就怎么做。媒体经常高调宣传这种投资建议,这让我觉得既尴尬又不安。如果真是这样简单地抄作业就能跑赢市场该多好啊。

这些媒体讲述起那些基金公司的某只基金在这一两年大幅跑赢市场的故事来头头是道,讲得你热血沸腾。不过你得知道,这些基金公司通常也是在财经媒体大量投放广告的广告主,或者未来潜在的广告主,财经媒体想挣人家的大钱,肯定要说人家的好话了。

但是股票投资是长期的比赛。在几十年的时间里你选到能跑赢市场的基金经理的概率并不比你选到大牛股的高多少,都是一样的机会渺茫。

第二部分　如何使用世界上最强大的财富积累工具?

（4）人们往往低估了成本拖累长期投资的力量。付给基金公司或投资顾问1%~2%的基金管理费或服务费，看起来很低，特别是在你收益不错的年份，这点儿成本更算不上什么。但是不要搞错了，这些费用是你年年都要付的，这些投资成本也是年年都在复利增长的，它们就像是锁住你财富增长潜力的铁链。我们以一个行业平均数据作参照，公募基金的平均费率（向客户收取的各种费用占其管理客户资产的百分比）是大约1.25%，先锋全市场股票指数基金的费率为0.05%。正如约翰·博格所说，基金业绩高低年年变，但是基金费率永不变。一年又一年，基金管理费永远在。这些费用会随着时间的推移复利增长，长期积累起来，成本总额会大得让你目瞪口呆。

思考一下：一旦你不工作了，退休了，开始靠你的投资收益来生活了，你每年的生活开支就要花掉你资产的4%。我们将会在第四部分探讨"退休后每年取现4%"这个业内普遍流行的规则。如果你投资积累的这笔资金每年要拿出来1%去交基金管理费，这就意味着基金公司吃掉了你退休后每年生活费的1/4，这一口可不小啊。

（5）人人都想快速赚大钱，喜欢兴奋、刺激的感觉，也喜欢到处吹牛。人人都想要大幅跑赢市场，体验大获全胜之后的兴奋感，想要到处吹嘘自己选的股票翻了三倍，或者自己选的基金大幅跑赢了市场，把追踪市场的标普500指数甩得远远的。买一只追踪全市场的指数基金，过上十几年到几十年，看它慢慢显示出指数投资的神奇魔力，这太无趣了、太没意思了。指数基金唯一的好处，只不过是长期下来非常赚钱而已。

但是对我来说，这就够了。所以我就只让指数基金做帮我长期积累财富的苦活、累活，我会用指数基金长期积累的钱和给我节省的时间，在股票市场之外的其他地方寻求我喜欢的刺激。

（6）最后一个——也许是影响力最大的——因素是，投资管理是一个规模巨大的产业，有一大批机构雇用一大批人，专门向投资人出售投资建议，为交易者提供交易中介服务，他们要说服你相信，他们所在的这些基金公司作为专业机构能够跑赢市场，他们这些基金经理、投资顾问能够提供专业建议让你跑赢市场，否则谁还会买基金，谁还会做股票交易。基金经理、基金公司、金融顾问、股票分析师、投资咨询顾问、银行投资理财师、财经媒体，都想伸手从你的钱包里抓一把钱。投资管理机构面对的是几十亿的管理费、顾问费、咨询费、中介费、手续费，肥得流油，人人眼馋啊！所以这些基金公司、券商、银行天天持续不断地到处宣传，鼓吹主动投资可以战胜市场。总而言之，投资管理行业持续的营销宣传把投资者都给洗脑了。

指数基金一出来，就威胁到了基金管理行业规模巨大的各种费用收入，也威胁到了其定期发行的基金。基金公司能扩大管理规模、多赚管理费，靠的就是强化你的主动投资信念，让你听信这个妖魔诱惑人的歌声，盲目追求跑赢市场。难怪它们只要有机会就会大肆贬低指数投资。

很多年之前，我在练自由搏击时请了一个高手做教练，他教了我不少街头打斗的有效实战技法。有一天,我们谈到高踢腿,我这个教练这么说:"你在街头打斗中想用高踢腿技术时,最好问问你自己:'我是李小龙吗?'如果你回答说'我不是李小龙',那就把你的腿老老实实地放在地上吧。"

非常好的建议,当你跟别人在街头搏击时,一定要听从这个自由搏击高手的建议。

在功夫大片、自由搏击大赛、武馆中的高手对决中,高踢腿看起来都超级酷、超级有效,但是你自己在街头打斗时,用高踢腿的风险很高,可能只会让你踢断腿。除非你知道自己功夫一流、技巧高超,比你的对手功夫好得多,你才敢用高踢腿。但是有时在街头打斗中,你根本不知道你对手的功夫如何。贸然用高踢腿这样高难度的动作,很可能会让你过度暴露在危险之中,而且极易受伤。即使你以前成功地用高踢腿战胜过对手,现在贸然用高踢腿也同样危险。理解这一点,慎用高踢腿,对你至关重要。

对投资来说,也是如此。在你开始想要选择个股或者选择基金经理,妄图战胜市场时,先问问你自己这个非常简单的问题:"我是股神巴菲特吗?"如果你回答说"不是",那就听我那个自由搏击教练的忠告,老老实实地把你的腿放在地上,去买入、持有指数基金,做最简单、最可靠的指数投资吧。

最后我要花点儿时间,说清楚。

简单致富

我偏爱指数基金并不是因为指数基金更容易操作，尽管指数基金确实很容易操作；也不是因为指数基金更简单，尽管指数基金确实非常简单易懂。我偏爱指数基金，真正的原因在于指数基金和其他投资工具相比更加有效、更加强大，能够帮我长期积累更多的财富。

付出更多努力，得到更高的投资收益，我当然愿意。付出更多的努力，却换来更低的投资收益？我当然不愿意了。

第二部分　如何使用世界上最强大的财富积累工具？

12
债券

到现在为止，我们把相当多的时间、精力都花在研究股票市场、股票和股票指数基金上，因为我们会在上面投资。这很合理，它们将成为我们的财富积累工具，而且很可能是我们投资组合中的主力军。

但是，在不同的阶段，我们会把债券加入投资组合，它会让整个投资旅程更加平稳一些，也能增加一些稳定收入，还能够对冲通货紧缩、物价下跌。为此，让我们来仔细研究一下债券。

债券，在某种意义上说，就是股票更加稳定、更加可靠的好兄弟。或者说，债券只是表面上看起来是这样的。但正如我们后面会看到的那样，债券并不像很多人相信的那样完全没有风险。

债券是很大的主题。关于债券的具体细节多得简直无穷无尽，而且对于其中大部分内容，本书的读者可能根本没有兴趣了解。实话实说，对于很多关于债券投资的东西，我也没有什么兴趣。不过，除非你愿意相信只听我的话就行了，否则你也许会想要知道债券到底是怎么一回事，到底为什么我们应该把债券纳入我们的投资组合。

但是问题是讲多少才是正好，说的太多有人会嫌烦，说的太少又有人会嫌不够。这可难住我了。所以我决定要这样做：在本章中，我会从浅到深分成10个阶段来讲债券。你可以按照不同的阶段，一步一步分开来学习。一旦你觉得自己了解得足够多了，知识足够用了，你就可以停下来了。要是你一直读到这一章的末尾，还想知道更多关于债券的知识，那么你可以去找关于债券这个主题的书，继续学习，它们堆积如山，简直太多了。

第一个阶段

把债券纳入我们的投资组合，就是为了有一个对抗通货紧缩、物价下跌的工具。通货紧缩是威胁我们个人财富的两大宏观危险之一。通货膨胀是另外一个宏观危险，我们对冲通货膨胀的工具就是股票投资。我们在前面的章节讲过，通货紧缩发生在物价螺旋式下跌的过程中，通货膨胀发生在物价螺旋式上涨的过程中。一跌一涨，一阴一阳，二者正好相反。

相比之下，债券的市场价值波动性比股票小多了，所以债券能让我们的投资之路变得稍微平稳一点儿。

债券可以通过利息支付的方式，为我们提供稳定的收入流。

有时债券支付的利息是免税的，比如：

（1）市政债券的利息可以免缴联邦所得税，也可以免缴债券发行所在州的所得税。

（2）联邦政府发行的国债的利息，免缴各州所得税和地方所得税。

第二个阶段

那么债券的本质到底是什么？债券跟股票到底有什么不同的地方呢？

用最简单的话来讲：当你买股票时，你买到的实质上是企业的一部分股权，作为企业的股东，你有权获得分红；当你买债券时，你实质上是把钱借给企业或者政府机构，作为债主，你有权收利息。

当物价水平下跌时，就会出现通货紧缩，这时你被还回来的钱就比以前借出去时有了更高的购买力。货币购买力增长带来的价值增长，能够抵消通货紧缩给你的其他资产带来的损失。

在通货膨胀、物价上涨期间，同样的一美元购买力就下降了，所以人家欠你的钱就贬值了，当你把钱收回来的时候，一美元能买到的东西就变少了。那么最好的办法就是拥有像股票一样在通胀时会升值的资产。

第三个阶段

因为我们持有的是先锋全市场债券指数基金，所以持有个别债券的大部分风险也不复存在。按照本书写作时最新公布的数据，这只全市场债券指数基金持有 7 843 只债券。这些债券都是投资级别的，属于一流质量，而且没有一只债券评级低于 Baa（具体解释请看第四个阶段）。这就降低了债券违约风险。全市场债券指数基金持有的债券到期日范围很广，而且到期日各有不同，这中和了利率变动的风险。基金持有的债券横跨不同的期限，这就降低了通货膨胀带来的风险。

在下个阶段我们会更多地谈谈上面说的这些风险，但是现在这个时间点上最重要的是你要理解：如果你要持有债券的话，那么通过指数基金的方式来持有债券才是阳光大道。很少有个人投资者选择购买单只债券。不过有个很大的例外情况是，个人可以买美国国债，也可以购买银行大额存单，其实这跟债券是一样的。

第四个阶段

债券的两个关键要素是利率和期限。你购买债券指数基金，就等于间接购买债券。债券利率就是债券发行人（借款人）同意支付给债券购买者（作为贷款人的你，或者说你持有的基金）的利率。债券期限更简单，就是你同意把钱借给人家用的时长。比如你准备买 1 000 美元的债券，利率是 10%[*]，期限是 10 年，债券发行方是 XYZ 公司，每年 XYZ 公司会付给你 100 美元的利息（本金 1 000 美元乘以利率 10%），那么在债券存续的 10 年间，它将一共付给你 1 000 美元的利息。如果你持有这只债券一直到 10 年期限结束那天，债券发行方必须归还你的 1 000 美元本金。你唯一需要担心的事情就是 XYZ 公司违约、不归还你本金的可能性有多大。

所以违约风险是债券投资的第一大风险。为了帮助投资者评估任何一

---

[*] 当然了，近年来没有哪只债券的利率可达近 10%，我这么写只是为了让计算更简便一些。

只公司或者政府发行的债券的风险有多大,有几家不同的评级机构会评估这些债券,给出信用评级。最高评级是AAA,最低评级是D,和高中生考试成绩评级差不多。你发行的债券信用评级越低,风险就越高。你发行的债券风险越高,就越难以找到购买者。越难找到购买者,你需要付出的利息就越高,只有这样,你才能吸引别人、使人愿意冒着高风险把钱借给你。投资者预期能得到更高的利率,才会接受更高的风险。

所以,你在决定这只债券付给你多高利率你才愿意购买时,违约风险也是第一大决定因素。作为债券的买方,你愿意接受的债券风险越高,你得到的债券利率就越高。

第五个阶段

利率风险是债券相关风险中的第二大风险,它跟债券的期限长短紧密相关。只有在你想把手上的债券卖掉,而且是在到期日之前卖掉时,你才会面临利率风险。原因如下:

当你决定卖掉债券时,你必须把债券放到所谓的"二级市场"上,向二级市场买家报出你愿意卖出的价格是多少。以我们上面说的XYZ公司债券为例,你买入的本金是1 000美元,现在拿到二级市场去卖,别的买家愿意支付的价格,可能比你原来付出的1 000美元本金更高,也可能更低,这取决于从你上次购买之后市场利率水平的变化。如果市场利率水平上升了,你的债券价值就会下降。如果市场利率水平下跌了,你的债券价值就会上涨。

是不是把你给搞蒙了？你可以这么想：

你决定卖出你手上的债券，就是我们上面例子所说的XYZ公司发行的债券，你买入的价格是1 000美元，利率是10%，每年能赚到100美元的利息。现在，假如市场利率上涨到了15%，我手上也有1 000美元可以投资，我去买其他债券的话，每年会得到15%的利息，买1 000美元的债券一年就能拿到150美元的利息。很明显，我才不愿意付你1 000美元去买你手上利率只有10%的XYZ公司的债券，这样每年只能够拿到100美元的利息。没有人愿意买，没有人愿意做这样的傻事，你手上的债券就卡在那里卖不出去了。不过幸运的是，有二级市场，也就是可以公开交易二手债券的市场，它能够准确地评估你的债券，帮你计算出你给出多低的报价，才能够让买家也得到跟市场利率水平相同的15%的利率。你也许不喜欢这个更低的市场价格，但是至少按照这样的价格，你能够卖掉债券、拿到现钱。

但如果市场利率水平下跌了，你的市场地位就会反转过来。比如原来市场利率水平是10%，现在只有5%。那么我的1 000美元本金，现在去买债券的话，只能拿到5%的利率，一年只能得到50美元的利息。很明显，你手上的债券利率是10%，同样1 000美元的本金，一年能拿到100美元的利息，现在的市场价值肯定不止原来的1 000美元，要更加值钱一些了。如果你愿意卖出的话，债券市场就会给出准确的评估，让你明白你

第二部分　如何使用世界上最强大的财富积累工具？

的债券价格应该高到多少，才能够让购买债券的人也获得5%的市场利率。

利率水平上升，债券价格下跌。反过来，利率水平下跌，债券价格上涨。在任何一种情况下，如果你持有一只债券一直到到期的那一天，并且发行人没有违约的话，你就会拿回原来你付出去的钱，换句话说，你的老本又还回来了。

第六个阶段

你可能也猜到了，债券期限长短是我们债券投资的第三大风险，债券期限的长短会影响利率的高低。一只债券的期限越长，那么在债券到期之前市场利率水平越有可能大幅波动，市场利率水平波动性更大就意味着风险更高。尽管每一只债券都是分开定价的，但我们往往按照期限长短将它们分成三类：短期、中期、长期。例如，美国国债，即美国联邦政府发行的债券，按照期限长短可分成：

国库券（bills）——短期国债，期限为1~5年。

票据（notes）——中期国债，期限为6~12年。

债券（bonds）——长期国债，期限为12年以上。

一般来说，短期债券支付的利率更低，它们通常被认为风险更小，因为你买短期债券时，你的钱被锁定的时间更短。

而长期债券的利率更高，它们通常被认为风险更高，因为你买长期债券时，你的钱被锁定的时间更长。

如果你是一个债券分析师,你会把债券收益率和期限这两大指标都标在一个坐标图上,然后你会看到一条债券收益率曲线(如图12.1所示)。左图展示的是相当典型的收益率曲线,短期、中期、长期三种期限之间的利率差异越大,收益率曲线向上倾斜的坡度就会越陡。这种差异会不断变化,有的时候市场会出现异常情况,短期利率变得比长期利率还要高,这种不正常情况下的收益率曲线,就是反向收益率曲线,如右图所示。这能一下子让债券分析师的心脏都跳出来。

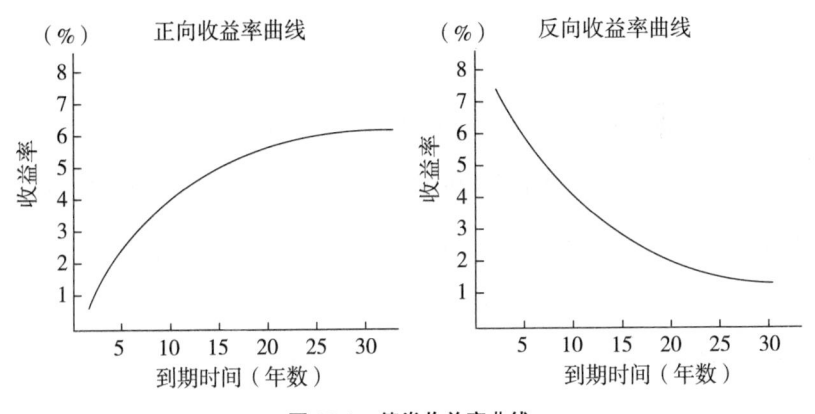

图 12.1 债券收益率曲线

第七个阶段

通货膨胀对你的债券来说是最大的风险。正如我们前面讨论过的那样,通货膨胀发生在物价上涨、购买成本上升的时候。你买入债券,就是把钱借给债券发行人,那么在通货膨胀时期,当你把本金拿回来时,用同样的一美元你只能买到更少的东西。因为货币购买力下降了，你的钱就贬值了。决定债券利率水平高低的一个很大因素就是预期通货膨胀率的高低。因为在一个健康的经济体系里，几乎总是会有某种较轻程度的通货膨胀，所以这肯定会影响长期债券的利率。这就是长期债券往往要比短期债券有更高利率的关键原因。当反向收益率曲线出现的时候，就代表短期利率水平比长期利率水平还要高，这是因为投资者预期未来会出现低通货膨胀，甚至通货紧缩。

第八个阶段

债券投资还有一些其他类型的风险。

信用评级下调。还记得我们前面说的那些信用评级机构吗？也许你买了一家公司发行的一只债券，当时信用评级是AAA，最高评级。可是你买入债券之后，这家公司出问题了，信用评级机构就下调了这家公司发行的债券的评级，你买的债券的市场价格就会随着评级下调而下跌。

赎回风险。有些债券是可赎回的，这意味着发行人有权在到期日之前花钱把债券赎回来。也就是说，发行人会提前把你的本钱还给你，以后就不会再付给你利息了。他们只有在利率下跌的时候，才会这样做。因为此时他们可以以更便宜的利率水平从别的地方借到钱。你现在已经知道了，利率下跌的时候，你手里的债券就升值了。但如果债券发行人可以提前赎回债券，那么你本来到嘴边的一大块肥肉就没了。

流动性风险。有些公司并不是那么有名、那么受人欢迎，它们的债券就也不受人待见。可能当你想把这些公司发行的债券卖掉时，市场上没有几个买家有兴趣买，那就意味着你能够卖出去的价格只会更低。这就是流动性风险。

要在很大程度上中和这些风险，只要买一个宽基的全市场债券指数基金就行了。这也是我们选择先锋全市场债券指数基金的原因。

第九个阶段

市政债券就是美国各州、各个地方政府及政府机构发行的债券。一般来说，通过发行这些债券筹集来的资金是用来建设市政工程基础设施项目的，比如学校、机场、污水管道排放系统等等。

尽管市政债券提供的利率水平要低于企业债券，但是市政债券有免缴联邦所得税的优势。市政债券通常也会免收发行人所在地的州所得税。市政债券税前利率水平不高，但是税后利率水平可能相当高，所以对那些要缴纳的个人所得税的税级比较高的高收入人群来说，市政债券就很有吸引力了，特别是当他们住在个人所得税率非常高的州时。反过来，因为要支付的利率比较低，对发行市政债券的地方政府来说，债券发行成本也随之降低了。

先锋领航集团有一些专注于市政债券的基金，其中有几只专注于投资几个州的市政债券。你如果有兴趣，可以到先锋领航集团的网站上看看。

第十个阶段

其实美国债券有许许多多不同的种类。

但是按照发行方来分类，基本上可以分为几大类：美国联邦政府发行的、美国各州政府和地方政府发行的、政府机构发行的、企业发行的。

债券的期限长度、利率水平、支付条款，更是多到数也数不清，由买方、卖方、监管方三方协商确定。

但是既然本书讲的是积累财富的简单之路，我们就不讲那么多了，到此为止就足够了。

13
积累财富和保住财富的投资组合配置建议

我们在前面用了好几章，让你学习了解各个方面的重要知识，建立投资大局观。如果你愿意下功夫，关于投资方面的主要知识，你已经知道得差不多了。现在我们终于可以转向更有意思的事情了。我们究竟应该如何应用我们前面学到的所有知识来积累财富和保住财富，过上想要的生活呢？我会给你两个非常简单的投资组合，每一个组合用的工具都是我们前面讨论过的。

我要分享给你的第一个投资组合，其实就是我给我 24 岁的女儿构建的投资组合。我女儿刚刚大学毕业没多久，有了这个投资组合，她根本不用花什么时间关注投资这件事，只管每个月发了工资就持续不断地往投资组合里面加钱就行了。从现在开始，过上几十年，我女儿就会变得十分富有。我给我女儿设计的这个简单投资组合，将会战胜 82% 的主动型基金经理。这个投资组合适合年轻人积累财富，所以我们称之为积累财富投资组合。

我要分享给你的第二个投资组合，其实就是我和我妻子两个半退休的人的投资组合。我们称之为保住财富投资组合。

你的个人情况可能跟我们家的情况不大一样。但是以我家两代人的两个投资组合为基准，结合你个人的情况，考虑我们在第10章讨论的那三大要素，你就可以让那些投资工具为你所用，帮你追求你的财富目标。

积累财富投资组合

我女儿24岁，刚刚大学毕业不久，我专门给她打造了这个积累财富的投资组合，并且向她讲了为什么要打造这样的投资组合。

我是这么讲的：你作为一个投资者，要想生存下来、不断发展壮大，你有两条路可以选择。一条是大多数人走的路，那就是遵循典型的投资建议，就像我们在前文中讨论过的那样，广泛、多元化地分散投资，分散配置很多类型的大类资产。你希望投资旅程更加顺畅，即便你的长期收益会因此而下降，你也愿意为了低风险而牺牲一些高收益。

去他的！女儿，你还很年轻，勇敢一些，激进一些，只管去积累财富就行。你要积极行动，尽可能以最快速度积累你的独立自由保证金，让你在需要的时候可以说一声"去你的吧"。你应该专注于投资业绩表现最好的大类资产，那就是股票。你要心理素质过硬，长期投资股票，坚定不移，并且学会坚持，挺过暴风雨。

也许你听说过"不要把你的鸡蛋都放在一个篮子里"这个说法。

你可能也听说过另外一个不同的说法——"把你所有的鸡蛋放在一个篮子里，然后好好看住这个篮子"。

忘掉这些废话。我告诉我女儿"记住最爱你的老爸说的这句话就行了"：
"把你所有的鸡蛋放在一个篮子里，然后完全忘掉这个篮子。"

所以做投资最有讽刺意味的就是：你看得越多，折腾得越多，你的投资收益反而越差。

无论一开始你手上有多少钱，全部放到你的指数基金投资篮子里，后面能往里面加多少钱就努力加多少钱，其余时间里就完全忘掉，不要看、不要管就行了。过上几十年，你退休了，一觉醒来一看这个投资篮子，可能会发现自己已经变得非常富有了。

这个篮子放先锋全市场股票指数基金就行了。你一点儿也不会感到奇怪，因为你前面已经努力学习了那么多相关的知识了。你已经知道了，持有先锋全市场股票指数基金，等于持有美国股市所有公司的股票。这意味着，你同时持有着遍布全美的3 700多家上市公司的每一家公司的一小部分股权，3 700多家上市公司的股票会让这个篮子又大又丰富，成分分散且多元。

而且先锋全市场股票指数基金，是一只成本特别低的指数基金，和主动基金相比，它能让你花更少的管理费，投入更多的钱来赚钱。

这样只持有一只全市场股票指数基金，就是百分之百满仓投资股票，很多人会认为这种配置过于激进，风险太高。确实很激进，但你和我女儿一样在积累财富阶段，你就应该非常激进才对。因为你后面还有几十年的投资时长呢，你应该不断追加，投入更多的钱去买它。股票市场涨涨跌跌很正常,就是下跌、大崩盘也不要紧,因为你会努力避免恐慌,一直坚定持有,你会牢牢坐在股票指数基金这艘大船上,坚决不下船。如果股市大跌期间你要采取行动的话,也是逆势买入,因为你认识到了,股票下跌其实是市场给予你的用更便宜的价格买入的好机会。你可能到40年后退休的时候(或者在任何你想要单靠你的投资组合生活的时候),会想要加入一只全市场债券指数基金来平滑你的投资旅程,到那时再考虑债券投资的事也不迟。

说到这里,我好像能看见全世界所有金融投资专家都聚集到一起,准备要联合讨伐我如此过激的资产配置了。所以为了保住老命,我得赶紧解释一下才行。

前面我们讨论过这个看法,美国经济过去100多年来长期的大趋势是上涨的,经济危机、金融危机、股市危机只是上涨进程中的一段暂时的曲折而已,它们不会改变经济长期持续增长的大方向。所以,要取得最好的长期投资结果,不管面对什么危机造成的暴风雨,你只管一直坐在美国经济这艘大船上往前走就行了。经济短期波动无常,你根本无法预测什么时候会有什么样的经济危机发生。在你的投资生涯中,你会经历很多次危机。但是,如果你的心理素质足够强,长期投资信念足够坚定,那么你只管忽略这些危机就行了。

现在,如果我们能够摆正投资心态,那么我们应该选择投资什么样的大类资产类型,才能挺过暴风雨的打击呢?很明显,我们想要的是经过百年历史考验、长期业绩表现最好的大类资产类型,而表现最好的大类资产很明显就是股票。看看所有的大类资产,从债券到房地产、黄金、农场、艺术品甚至是赛马,不管和哪个大类资产相比,股票能提供的长期回报都是最高的,而且远远超过其他大类资产。

让我们花些时间来回顾、分析一下,为什么股票的长期投资收益率最高。股票不仅仅是在市场上用来交易的一个小纸片而已。你持有流通的股票,就代表你拥有一家上市企业的一部分股权。而这些上市企业很多都是全球化经营的企业,这让你可以间接参与全球所有国家和地区的市场。

这些上市企业中充满了勤奋工作、积极进取的人,他们不断地追求扩张,扩大服务客户基数。这些企业在市场上互相竞争,而这个竞争环境毫不留情,你的产品和服务更快、更便宜,就会有更多的客户购买,你就会获得更高的销售收入和盈利回报;反之,你就会被市场抛弃。正是市场经济这样激烈竞争的动态机制,让股票以及股票代表的企业成为最强大有力、长期业绩表现最好的大类资产。

由于先锋全市场股票指数基金是一只指数基金,所以我们甚至根本不用担心哪家上市公司会成功,哪家上市公司会失败。正如我们在前面的章节中看到的那样,股票市场会"自我净化",在市场竞争中失败的企业自然而然地就逐步被淘汰掉了,而那些成功的企业自然而然地无限增大,市场就这样不断自我更新,保持活力。

一个又一个统计分析实证研究表明,百分百投资先锋全市场股票指数基金这样复制整个股票市场的股票投资组合，长期下来能够为我们提供最高的投资回报。可是如果你的心理素质不够强，不能够一直坚持坐在全市场股票指数基金这样的股票投资组合大船上，或者危机一来你就吓坏了，赶紧跳船跑路了，你就会被淹没在汪洋大海之中。但这只是由于你个人心理过于脆弱、经不起危机考验而遭受的失败，并不是这个大类资产本身的缺陷。

顺便提一下，还有一些研究表明，10%~25%的债券与75%~90%的股票，这样多股少债混合配置的投资组合，事实上能以非常轻微的幅度跑赢百分之百完全配置股票的投资组合，而且这样的投资组合业绩波动性稍微小一些。如果你想要走这条多股少债混合配置的组合投资之路，那么有得必有失，比起只买股票指数基金就要麻烦一些了，你需要定期再平衡，让股票和债券恢复到你的目标配置比例。我不会跟你争论，你只要不嫌麻烦就行。

那么这么简单操作真的就能长期轻松赚到大钱了吗？是的。有我过去40年的真实市场经历为证。我是在1975年开始投资的，那时候先锋全市场股票指数基金还没有创设出来呢，但是标准普尔500指数已经有了。先锋标普500指数基金在1975年也发行了，成为第一只面对个人投资者的指数基金。先锋标普500指数基金复制的就是标普500指数，指数涨多少，指数基金就涨多少。从1975年到2015年这40年间，标普500指数基金的年化平均收益率是11.2%。你只需要每个月定额投资200美元，每年一共投入2 400美元，定投40年，累计9.6万美元，到2015年初你这些指数基金投资就能增值到1 515 542美元。同样也是在这40年间，你一次性投资1万美元，最后会上涨到 897 905 美元。尽管这 40 年间出现了一次又一次熊市恐慌、股市崩盘、经济衰退、金融危机，但股市总体上依旧在上涨。

遗憾的是，40 年前我还年轻，在股票投资上还太幼稚，没有现在这么成熟老到，不像现在这样对投资指数基金坚定不移。

但是我走过的投资弯路，不能让我女儿再走了。这就是我总结自己过去 40 年的投资经验和教训，给我女儿制定的简单致富之路。5 年前，我女儿才 19 岁，我就告诉她：把你所有的鸡蛋都放进一个巨大的多元化的篮子里，一拿到新的鸡蛋就加到这个篮子里，然后就忘掉它。你往指数基金这个投资篮子里面加的钱越多，你实现你的财富积累目标的速度就越快。只做这些就行了。

保住财富投资组合

但是，有的朋友可能会说，等一等，你女儿才 20 多岁，我 60 来岁了，已经快要退休了。甚至有的人会说，我都已经退休了，我已经积累了相当多的财富，我现在就想好好保住我的财富，我的晚年生活全靠我过去积累的这些财富了。也许有人会说，我年纪大了，可受不了股票市场的大涨大跌，我希望我的投资旅程更加平稳一些，那么我应该怎么配置我的投资组合呢？

是的，我也受不了。几年之前，我也接近退休年龄了。在先锋全市场股票指数基金之外，我适当拓宽了一些投资范围。各位少安毋躁，且听我慢慢道来。我的投资组合开始变得复杂起来了。我从前只投资一只指数基金，现在得再加入另外一只了。天哪！

我们现在进入了资产配置的世界。比起你过去单纯地投资一只全市场股票指数基金，要做好资产配置，你需要多花一点儿时间。不只是多加入一只全市场债券指数基金，你还需要决定两只基金配置的比例。配置完成之后，每过上一年左右，你需要再平衡，让两只指数基金的仓位重新回到我们想要的目标资产配置比例。但这每年只需要你多花几个小时的时间。我相信你肯定搞得定。

正如我们都知道的那样，一个投资组合百分之百的仓位配置的都是股票，即使配置的是覆盖面广泛、分散的先锋全市场股票指数基金，大家也普遍认为，这是非常激进的配置。这样配置的话，你可以获得最高的长期收益，但是它的短期波动性高，你要承受非常高的短期风险。就像山路非常颠簸一样，你一路上心会揪得难受，肠胃里会来回翻腾，难受得想吐。对那些能够受得了投资旅程中激烈颠簸的人来说，这是好事，他们会继续买入，因为他们是用长期的眼光来投资的。

但是人和人不同，特别是人和人的心理素质不同，所以并不是每个人都能这么淡定，看着股市大涨大跌，自己投资组合的市值大起大落，照样面不改色心不跳。也许你并不愿意面对这么高的波动性，更希望心情平静一些，心安比什么都重要。你变老了，就想让自己的投资旅程更平稳一点儿，即使这样会让你的组合整体长期收益率降低，你也觉得值。比起赚得多，你更想晚上睡得安稳。

现在我和你一样，差不多也算是退休了，你在财务上已经独立了，我也是。我和我妻子现在在我们的投资组合里加入了其他的大类资产品种，但是占比不多。

我们两个退休后在保住财富阶段的投资组合是这样配置的：

·75%的股票：继续投资先锋全市场股票指数基金，这依旧是我们的第一大重仓基金，相关的理由我们前面已经讨论过了。

·20%的债券：投资先锋全市场债券指数基金。债券投资能提供一些稳定的收入，可以适当平滑股票投资市场价值的大起大落。债券投资也能对抗通货膨胀。

·5%的现金：放在当地银行的存款账户上。

你可以自己再进一步精细地调整你个人的投资组合，以符合你个人考虑的三大投资要素。想要更加平稳的投资旅程？那么你愿意为此接受未来更低的长期投资收益率，以及更缓慢的财富积累速度吗？你愿意的话，很简单，只要增加先锋全市场债券指数基金的仓位配置比例就行了。债券配置得越多，组合业绩波动越小，你的投资旅程越平稳。你能忍受更高的波动性？你想实现更快的财富增长速度？很简单，只要增加先锋全市场股票指数基金的仓位配置比例就行了。股票配置得越多，组合业绩波动越大，你的投资旅程越颠簸。

现在我们已经引入了资产配置的概念，我们在下一章会更加深入地探讨资产配置这件事。

第二部分　如何使用世界上最强大的财富积累工具？

14
确定好你的资产配置比例

生活就是平衡和选择。这方面多加点儿,那方面就减少点儿。这个道理我们大家都知道,有得必有失,最终你必须保持一个整体平衡。在投资上,关键也在于平衡和选择,而这又取决于你的性格和目标。

像我这样极度痴迷研究金融投资的极客非常少见,头脑正常的人才不想这么麻烦、这么费事呢。是我的女儿让我明白了这一点,人和人不一样,我和大多数正常人不一样,我特别痴迷投资,并不代表大多数人愿意这样去研究投资。与此同时,我女儿也让我最终明白了,最有效的投资策略往往也是最简单的。

投资搞得很复杂又很花钱,不但根本没必要,而且还会产生反效果,让投资业绩连股市整体平均水平都赶不上。越折腾越落后。只要做出几个正确稳健的投资选择,然后让子弹一直飞就行了,这是长期成功的关键,也是本书的灵魂。

读到这里,你已经知道这一点了。我们最基本的原则是大道至简,保持简单。我们一生的投资可分成两大阶段,我们只用两只指数基金,就能把一切搞定。

- 两大阶段：积累财富阶段和保住财富阶段。可能中间有一段是混合阶段。

- 两只指数基金：先锋全市场股票指数基金和先锋全市场债券指数基金。

你在工作，能赚钱，有工资收入，可以攒下一些钱，拿去投资，用投资为自己长期积累更多财富，这个阶段就是积累财富阶段。在这个阶段，我更愿意百分之百投资股票，我选择的最佳投资工具是先锋全市场股票指数基金。如果你的目标是追求财务独立，在财富积累阶段你的存钱比例应该非常高才行。每个月坚持投资可以平滑股票市场的大起大落，让你未来的长期投资收益更稳定。

后来，你不工作了，没有每个月稳定的工资收入了，就得靠以前多年投资积累的财富来维持生活了，这时你就进入了保住财富阶段。在这个关键节点上，我推荐你把债券加入投资组合。就像在前面积累财富阶段，你每个月新追加进来的投资能平滑容易大起大落的股票投资旅程，让整个投资组合的收益表现更平稳一样，现在债券的固定收益也可以帮助你平滑你的投资旅程。

当然了，在现实世界里做出投资决策并不会总是这么一清二楚，黑白分明。也许你退休了之后，突然发现自己赚了一大笔钱，积累了更多财富。你也可能工作了几年就想提前退休了，这样一下子就从积累财富阶段转换到了保住财富阶段。也有可能反过来，你在退休了好几年之后，又重新回来工作了，这样你又一下子从保住财富阶段回到了积累财富阶段。甚至你来来回回折腾了好几回，这都很正常。你也许放弃了一份薪水很高的工作，而选择了一份薪水低得多、自己却非常热爱的工作。我自己的职业生涯中，就有好几次一下子离开手上的工作好几个月，甚至有一次离开了好几年。每一次离开工作，以及后来每一次重新回到工作，都改变了我的人生财富阶段，让我在积累财富和保住财富两个阶段之间来回切换。

用一分为二的分析框架，把人生财富阶段一分为二，再把投资工具一分二。这样一来，你就可以根据自己的人生财富阶段找到自己平衡配置的比例区间并做出选择，通过使用这两个投资工具，让投资组合配置达到你想要的平衡状态。

要达到这种平衡状态，你还需要考虑另外两个因素：一是你愿意在投资管理上花多少工夫，二是你能承受多大的投资风险。

你愿意在投资管理上花多少工夫？

在积累财富阶段，百分之百投资股票，把资金都投在先锋全市场股票指数基金上是本书讲的简单投资之道的核心。但正如我们前面看到的那样，有些研究表明，稍微加入一些债券，比如说在投资组合中配置10%~25%的债券，确实有的时候能够稍稍跑赢百分之百持有股票指数基金。现在网上有各种各样的投资组合模拟计算器，你输入不同的配置比例一算就算出来了，这样你就能看到，和百分之百配置股票指数基金相比较，股债混合配置的效果如何。你会注意到，如果加入太多的债券，超过25%，整体收益表现就会下降。

你要记住，这些统计、分析、研究并不是什么铁律，所有这些模拟计算都依赖于你对未来做的一些假设。即便如此，百分之百配置股票，和债券、股票二八开混合配置相比，推算出来的长期收益差别也极小。在未来几十年的长期投资上，百分之百完全配置股票，和债券、股票二八开混合配置相比，可能业绩相当接近，但未来到底谁是赢家根本无法预料。由于以上原因，再加上我特别崇尚简单，所以我还是建议，干脆就只买先锋全市场股票指数基金，这样百分之百投资股票就行了。

说是这么说，如果你愿意多花些工夫，做一下股票、债券混合配置，在投资组合中加入10%~25%的债券，那么你的投资旅程会比只投资股票波动小一点儿，你的最终收益也有可能比只投资股票的好上一点点。如果你要这样混合配置，那么每过上一年左右，你就需要定期做一下再平衡，也就是对比你设定的平衡配置仓位比例，仓位比例高于目标的你就减仓，仓位比例低于目标的你就加仓，这样的话就能让你的组合配置再次回到平衡状态。有的时候你可能需要临时进行再平衡操作，因为这时候市场大涨大跌的幅度可能超过20%了。其实再平衡就意味着取长补短，高减低加，对于股票和债券两个大类资产中表现相对更好的那只指数基金，你需要卖出一些份额，而对于表现相对更差的那只指数基金，你需要再买入一些份额。

第二部分　如何使用世界上最强大的财富积累工具？

在理想情况下，你为了实现再平衡而做的这些买入和卖出交易，应该是在有税收优惠的投资账户里做，比如你的个人养老金账户（IRA）和401（k）企业年金养老投资计划账户，这样的话你就不用为获得的投资收益缴所得税了。我们后面会详细讨论个人养老金账户和401（k）账户。

在美国投资股票赚的钱，需要缴纳所得税，也叫资本利得税，这会大大降低你实际拿到手的投资收益，这也是我们建议要专注于持有先锋全市场股票指数基金这一只基金的另一个原因。这样你就不用年年进行再平衡了，没有交易就没有投资收益，就不用缴所得税了。

这种再平衡交易操作很简单，完全可以在先锋领航集团的网站上以及大多数基金公司的网站上操作完成。一年定期做一次投资组合再平衡，这只需要你花上几个小时的时间。但是就像每年定期给你的车做一次保养、换一下机油一样，关键是你确确实实做到了。

如果你不能保证你会记得一年做一次投资组合再平衡，或者说你根本不想费事，那么投资养老目标基金（TRF）是一个很好的选择。养老目标基金让你可以选择你的资产配置，然后会自动帮你年年进行再平衡。养老目标基金的投资成本要比你自己买指数基金、自己做再平衡高一点儿，你自己做再平衡当然省钱了，你让别人帮你做再平衡，就需要为享受到的额外服务支付一定的费用。尽管如此，养老目标基金的成本还是很低的。我们会在第16章详细讨论养老目标基金。

你能承受多大的投资风险？

性格。性格就是你处理风险的个人能力。只有你自己可以搞清楚你处理风险的个人能力究竟如何，如果有一段时间你需要对自己极度诚实，那就是思考这个能力的时间。

灵活性。你是否愿意调整，而且能够调整你的消费支出？你是否愿意在必要的时候勒紧裤腰带、紧缩开支？你是否愿意为了减少生活开支而搬到一个日常生活成本比较低的城市？搬到乡下？甚至搬到另外一个国家？你能在需要更多收入的时候重新回去工作吗？你能在工作之外创造出其他收入来源吗？你的生活方式越僵化，你灵活调整支出的余地就越小，你所能应对的风险程度就越低。

财富总额。你拥有多少财富？我们会在第四部分讨论，取现的基本原则是不超过资产的4%，以此得出你应该拥有多少资产，或者说，你的资产预期能满足你多长时间的日常开销。如果你需要把每年取现的每一分钱都花掉才能满足你的基本生活需求，你手上没有其他的闲钱了，你应对风险的能力就很低。如果你花掉了每年取现的这些钱，但其中大部分都花到你的业余爱好上了，比如旅游、打球、买艺术品等，那么你的支出调整的余地就很大，你就可以应对更大的风险。

现在，你已经考虑好了你愿意在投资管理上花的工夫和你能承受的风险。还有一些其他的问题，你也应该考虑一下。

第二部分　如何使用世界上最强大的财富积累工具？

我什么时候应该从投资股票转到投资债券？

这在很大程度上取决于你的风险承受能力，还有你的个人情况。

为了做到最平滑的转移，你也许应该在你退休的5~10年之前，就开始慢慢从投资股票转向投资债券，特别是当你心里有个固定的退休日期时。

但是如果你的退休日期是灵活可变的，而且你的风险容忍度更高，你就可以一直百分之百投资股票，等到你决定退休了，那时再改变组合配置、更多地转向债券也不迟。由于股票是长期升值潜力最大的大类资产，比债券强得多，你这样做就可能会让你更快地积累到足够多的财富。但是如果在你退休前几年市场风向正好对你不利，一直下跌，你的投资缩水，让你离退休养老、积累财富的目标更远了，你就只能推迟几年退休，再多工作几年，再多赚点儿钱，同时等待市场大幅反弹。

当然了，当你在积累财富阶段和保住财富阶段之间切换时，你就应该重新评估你的投资组合的配置，根据情况调整投资组合中股票和债券的比例。

平衡和选择，债券和股票，一阴一阳，需要合理配置。

年龄对组合配置有影响吗？

总体来说，我更愿意用人生阶段来划分投资阶段，而不是用一般的年龄标准来划分。

大家都知道，现在人们的寿命比以前长多了，而且现在人们的生活更加多姿多彩。阅读本书、想要积累更多财富的读者更是如此。有些人很早就退休了。有些人离开了高薪酬的老工作，去做低薪酬的新工作，因为新工作更符合他们个人的价值观和兴趣。还有一些人，就像我一样，工作一段时间，休息一段时间，他们所处的阶段不断地丝滑转换。

所以年龄看起来不太重要，至少没有以前那么重要了。

不过尽管如此，年龄越大，越会限制你的工作选择范围。年龄歧视，是一件非常现实的事情，特别是在商业世界中。企业招聘往往对各个岗位有很严格的年龄限制。你年轻时可以轻松得到的很多工作机会，等你年老了，可能就没有了。如果你决定离开高薪酬的工作岗位，你最好事先好好考虑一下，过几年你年龄大了，是否还能找到这样高薪酬的工作机会。

你的年龄大了，你这一生能投资的年数就少了，你能够让投资复利增长的年数也就少了，而且你能够等待市场从大跌中恢复的年数也少了，而市场复苏反弹往往需要好几年的时间。

以上这些因素都会影响你的风险状况，如果真是这种情况的话，也许你可以考虑早点儿在你的投资组合里加入债券。

是否存在做再平衡的最佳时间点？

其实并没有做再平衡的最佳时间点。我还没有看到任何可信的研究表明，每年有个具体的时间点做组合配置再平衡的效果最好。即便有些人搞出来一个再平衡组合配置的最佳时间点，一旦公开了，所有人都会抢着在那个时间点做再平衡，因此也没有什么效果了。

没有最佳时间点，却有最差时间点。我建议避免在年底或者年初做组合配置再平衡。因为大家普遍都会在这个时间点做再平衡，很多人都是为了用投资亏损来抵税收而卖出或者买入。这并不是完全自愿的交易行为，容易造成短期市场过度扭曲。我更愿意避开这一时段。至于我个人，我们每年做再平衡的时间，都是我妻子生日那天。这样选择的时间很随机，而且很容易记住。

我有一些投资放在有税收优惠的投资账户，也有一些投资放在没有税收优惠的应税账户。我如何跨账户进行组合配置再平衡呢？

这就有些麻烦了，你只能有多大能力办多大事，尽力而为吧。尽管最好是用有税收优惠的账户持有债券，但这样一来，搞组合配置整体再平衡就变得复杂了。

第一，你应该把你所有投资账户里的所有投资组合放在一起，把它们作为一个整体来规划资产配置。

第二，一个大致的原则是，最好是在你有税收优惠的投资账户里买入和卖出，这样能避免为你买入、卖出产生的所得纳税。我推荐你遵循这个原则。除非在某一年你在应税账户中持有的资本恰好亏损，那么此时你最好的选择是在你的应税账户里处理这些亏损。

例如，你可能在自己的个人养老金账户和应税账户中都持有先锋全市场股票指数基金。正好这一年你需要卖出一些基金来做组合配置再平衡，你就在应税账户里卖出基金，在报税时利用你账上的投资亏损。你可以用应税账户上的投资亏损冲抵其他任何收益，包括基金投资盈利分红。你每年在报税时可以用投资亏损抵减普通收入的最高上限是3 000美元。其余未能抵减的投资亏损，你可以递延到下一年使用。

［但是一定要注意，在你卖出先锋全市场股票指数基金（或其他任何投资产品）的30天之内，不要用你的个人养老金账户或者其他个人投资账户再次购买先锋全市场股票指数基金。如果你这样做了，美国国税局会认为你虚买虚卖，也叫"洗售"（wash sale），你申报的税损就会被判定为无效。］

更加频繁地进行组合配置再平衡能提升投资收益吗？

那些提供投资管理服务的基金公司等专业投资机构认为，时间长了，更频繁地进行组合配置再平衡能提升投资收益。但是我可不认这一套。如果说更高频率地进行组合配置再平衡确实会影响投资收益的话，我更倾向于认为这么做会产生负面影响，折腾得越多，投资收益越差。在这一点上我跟约翰·博格先生的观点保持一致。

博格先生指出，先锋领航集团研究比较了股票和债券混合配置的投资组合，对比了每年做一次再平衡和根本不做再平衡的业绩差异。结果表明，每年做一次再平衡的投资组合确实跑赢了根本不做再平衡的组合，但是跑赢的幅度实在太微小了，既可归因于噪声干扰，也可归因于投资策略。约翰·博格先生的结论是：

"再平衡属于个人的选择，而不是一种可以用统计数据证实的正确选择。你每年做组合配置再平衡肯定不是什么坏事，但是也根本没有理由过度担心股票投资仓位比例每年的小幅变化。"

我还是每年做一次组合配置再平衡，但是如果将来我不再做了，我也根本不会为此而烦恼。

好了，现在你该有的都有了：既了解了你评估、分析时需要考虑的因素，又掌握了你创立最适合你个人具体情况的投资组合时所需要的投资工具。

可是你会问，在现在这个经济高度全球化的世界上，为什么你推荐的投资组合只有覆盖美国市场的基金，却没有覆盖国外市场的国际基金？不少研究投资的人都推荐买入国际基金。我们下一章就来讨论一下国际基金。

15
国际基金

就像本书前面讨论过的一样,大多数投资顾问会推荐买更多种类的基金,配置更多类型的大类资产,远远不止我建议的这两只指数基金。确实,就像我们看到的那样,2008年到2009年美国次贷危机引发美国股市大崩盘时,投资者都吓坏了,所以很多投资理财专家都建议我们分散投资所有大类资产,分散投资每个大类资产下面所有类型的基金,希望其中能有一两只表现特别好,帮助我们挺过危机。要做到这样全面、分散、合理地配置,你必须做一大堆的研究工作,你得懂大类资产分类,要决定每一个大类资产配置的比例,还要选择用哪只基金或者其他投资工具来持有这些大类资产,明白如何追踪市值变化,如何定期再平衡。这一大堆工作做下来,却可能只会让你得到低于股市整体平均水平的投资收益。值吗?

有些人确实接受了我推崇的大道至简的基本原则,不搞上面说的什么大类资产都配置、什么类型的基金都买那么复杂的操作,但是看到我在保住财富阶段,只买先锋全市场股票指数基金和先锋全市场债券指数基金两只基金,他们会觉得这样的配置还不够完整。我的个人网站的读者都是精明能干的投资者，他们觉得我明显少配置的，也是他们问得最多的一类资产，就是国际股票。

几乎每一位你看到的其他投资专家推荐的资产配置都包括国际市场的股票，为什么我们这个简单致富方法推荐的投资组合中没有呢？原因有三个：增加风险，增加成本，以及我们通过股票基金进行的投资其实已经覆盖国际市场了。

1. 增加风险

一是外汇风险。国际公司的股票是在本国股市上用本国货币计价和交易的。对美国投资者来说，这些外汇的汇率是浮动的，这样一来，你的投资就增加了外汇风险。

二是会计风险。在国际股市上，特别是在新兴市场国家，只有很少的国家能够提供美国所要求的透明的会计准则。即使在美国，也有一些像安然这样的上市公司操纵财务数据，后来爆出丑闻，最终破产，让投资者损失惨重。监管的组织体系越弱，上市公司的会计风险就越大。

2. 增加成本

先锋全市场股票指数基金成本已经低到地板价了，只有0.05%。即使是成本已经很低的先锋国际基金（它比同类国际基金便宜多了），其费率也是先锋全市场股票指数基金费率的至少两倍。

3. 我们的投资已经覆盖国际市场了

持有国际基金的一个关键原因是，避免你的投资过度依赖美国经济，而且投资国际市场有机会持有成长性更高的全球资产类型，而这些资产与美国股市并不相关。但是我们投资的先锋全市场股票指数基金其实已经覆盖国际市场了。

首先，美国股票市场中规模最大的500家企业的股票占了先锋全市场股票指数基金的80%。这500家美国大型企业都是国际企业，业务经营高度全球化，很多企业超过一半的销售收入和利润都来自海外市场，比如苹果、通用电气、微软、艾克森美孚、伯克希尔·哈撒韦、卡特匹勒、可口可乐、福特汽车等。

这些企业已经为我们投资全球市场提供了坚实的通道，让我们可以享受全球市场的增长红利，而且还给我们过滤掉了大部分进入国际市场需要额外承担的风险。因此，我并不觉得还有必要再去专门投资国际基金。

第二个大家经常提到的原因是，预期国际股市的收益表现与美国不相关。这就是说，美国股市上涨的时候，国际股市可能下跌；反过来，美国股市下跌的时候，国际股市可能上涨。因此，同时分散配置美国股市和国际股市，可以对冲风险，平滑收益，让你的投资旅程更加平稳，而且通过再平衡还有可能进一步提高组合投资收益。问题是，世界经济变得越来越紧密相连，不同国家、地区的股票市场表现之间的差异缩小了。尽管由于一些全球地缘政治冲突事件也有例外发生，但整体来看，世界各国股市的相关性变得越来越强。

当然，这只是我的个人看法，你的世界观可能和我不同，可能会得出不同的结论。如果你觉得光是投资先锋全市场股票指数基金的国际市场还不够，你想要加大国际股市配置，那么我们的老朋友先锋领航集团有些非常棒的国际基金可供选择。以下是我推荐的三种先锋领航集团的国际基金。

- 富时全球（除美国）股票指数基金：代码为 VFWAX，费率是 0.13%。
- 国际股票指数基金：代码为 VTIAX，费率是 0.12%。

以上这两只指数基金投资的都是美国之外的全球股市，而你投资的先锋全市场股票指数基金则覆盖了美国股市。

如果你宁愿把事情搞得尽可能简单，多付出一点儿成本也愿意，那么你可以看看这只基金：

- 全球股票指数基金：代码为 VTWSX，费率是 0.25%。

这只基金投资全球所有国家的股票市场，其中大致一半配置在美国股市。有了这只基金，你甚至根本不需要持有先锋全市场股票指数基金。

尽管我并不觉得有必要投资国际基金，但是如果你确实想要投资国际基金，我也不会强烈反对。前提是你理解我前面强调的几点：你持有的先锋全市场股票指数基金其实已经覆盖国际市场了，投资国际基金会增加投资成本和投资风险。

16

投资养老目标基金：最简单的财富积累方法

　　读到这里，你已经搞明白了，在你人生的积累财富阶段，你的投资组合只需要一只基金，即先锋全市场股票指数基金，其他什么也不用管。进入保住财富阶段，你的投资组合只需要两只基金，即先锋全市场股票指数基金和先锋全市场债券指数基金，这就够了。

　　可能有的人一看就会想："噢，我的天啊，两只基金？我每年还要做一次再平衡，高的减仓，低的加仓？还要持续追踪，也太麻烦了吧！"

　　也许你会想："我明白这家伙在上一章讲的意思了，但我还是想在我的投资组合中配置一些国际基金。"

　　我听到你的抱怨了。你想走所有可行之路中最简单的那条路。那么你只需要买上一只基金，然后一直持有到你人生的最后一天，这样就行了。那些资产配置再平衡的破事儿，你都不用管，这只基金会自动帮你安排妥当。还有桥梁需要你设计建造，有伟大的艺术作品需要你去创作，有好多国家大事需要你管理，有企业需要你去打造，有身体健康需要你去维护，有海滩需要你去坐着吹吹海风。

　　去忙你的大事吧，朋友，投资这件小事，我来帮你一招搞定。你只需要一直买入一只基金就行了，那就是养老目标基金。

更重要的是，先锋基金有一系列、12只不同的养老目标基金。养老目标基金，其他基金公司也有，但是你知道的，对于同类基金，我们首选先锋领航集团，所以下面我们只谈先锋领航集团的养老目标基金。如果你工作的企业提供的401（k）企业年金养老投资计划或类似的个人养老投资计划，只包含别的基金公司发行的养老目标基金，那么我这里讲的内容，除了费率成本，也同样适用。

如果你访问先锋领航集团的网站，你就会看到，按照目标退休日期，从2010年开始，到2060年结束，5年一只，11只养老目标基金依次排列，再加上一个针对年满72岁、已经退休人士的养老基金，正好是12只对应不同目标退休年份的养老目标基金。

这样一来，投资者选择起来就方便多了。你只需要找一个你计划退休的目标年份，再找到对应这一年的养老目标基金就行了。然后你只管每个月发了工资就往这只基金里加钱，能加多少加多少就行了。等到你退休的日期到了，就安排好每年的取现比例，定期从基金里面取现就行了。退休前只管投钱，退休后只管取钱，其他什么事你都不用管。这真是一个非常美妙、非常漂亮的养老投资方案。

让我们再来仔细看看养老目标基金的构成。

每一只养老目标基金都是一只"基金中的基金"（FOF）。这就意味着这只养老基金持有的是其他基金，而这些基金中的每一只都有不同的投资目标。而先锋领航集团的养老目标基金持有的其他基金都是低成本的指数基金。这对我们来说是件好事。

从2020年到2060年的先锋养老目标基金中的每一只都持有4只基金：

- 先锋全市场股票指数基金；
- 先锋全市场债券指数基金；
- 先锋国际股票市场指数基金；
- 先锋国际债券市场指数基金。

养老目标日期分别为2010年、2015年、2020年的这三只基金，除了持有以上4只基金，还持有一只基金：

- 短期通胀保护证券指数基金。

随着年份滚动，目标退休日期越来越近，基金会自动调整组合持仓的配置比例。随着时间的推移，它会变得越来越保守，波动性越来越小，收益越来越平稳。你什么也不用管。

先锋养老目标基金的费率在0.14%~0.16%之间，它主要取决于你的目标退休日期。先锋领航集团最基本的指数基金，比如先锋全市场股票指数基金，费率只有0.05%，相比之下，养老目标基金的费率较高，但是考虑到养老目标基金操作起来非常省事，也值了。

那么，养老目标基金有什么缺点吗？

有些人会说这些养老目标基金过早地配置了太多债券，太保守了。有些人正好相反，抱怨这些养老目标基金在太长时间内配置了太多股票，太激进了。对我个人的养老投资来说，我认为先锋养老目标基金的组合配置把握得还是相当好的。对我来说也许有点儿保守了，但是我这个人本来就站在激进的这一边。

其实风格很容易调整，你完全可以轻松选择。如果你想更保守，在组合里面配置更多的债券，你就在你的真实目标退休年份之前选择一个更早的退休年份。目标退休年份越早，对应的养老目标投资组合资产配置就会越保守，配置的债券就会越多。反过来，如果你想更激进，在组合里面配置更多的股票，你就在你的真实目标退休年份之后选择一个更晚的退休年份。目标退休年份越晚，对应的养老目标投资组合资产配置就会越激进，配置的股票就会越多。

其他基金公司的养老目标基金，对应不同的目标退休日期，用的是和先锋领航集团不同的资产配置。如果你的401（k）企业年金养老投资计划或者403（b）职业年金养老投资计划中提供的是其他基金公司管理的养老目标基金，那么你只需要看一看这只基金的招募说明书，相应地做出你的选择和决定即可。但是前面讲的基本原则对你来说也同样适用。

考虑到以上这些好处以及相对较低的成本，我很乐意推荐养老目标基金。对很多人（也许是绝大多数人）来说，养老目标基金是非常好的选择。从长期来看，养老目标基金肯定会跑赢大多数采取主动管理投资策略的主动型基金。

但是我更倾向于我在前几章讲述的投资方式，主要原因如下：

• 投资成本更低。先锋全市场股票指数基金和先锋全市场债券指数基金的费率比养老目标基金低得多。

• 投资风险更低。先锋养老目标基金都持有国际股票指数基金。尽管养老目标基金是一只非常好的基金，但是正如我们前面一章讨论的那样，我觉得完全没有必要投资国际基金，因为先锋全市场股票指数基金已经让我们间接覆盖国际市场了。

• 通过单独一只基金投资债券，你就可以把债券投资放在有税收优惠的个人投资账户里，基金投资盈利分红和债券利息就可以免税。如果你决定持有养老目标基金，最好也放在你有税收优惠的投资账户里。

在哪里能找到养老目标基金？

养老目标基金现在已经变得非常火了，你工作的单位会提供401（k）或者403（b）这种养老投资计划。之所以会有养老目标基金，其实就是为了方便那些对股票投资根本没有什么兴趣的人。总体上，这是一个挺靠谱的投资想法，养老目标基金能提供一个"只需要做一次决策"的养老投资方案，很有效，很简单，而且组合平衡配置做得相当好。此外，因为这种退休养老投资计划是能够免税的，所以债券投资得到的利息收入，股票投资得到的现金分红收入，都是免税的。当然了，除了那些在罗斯401（k）和罗斯个人养老金账户里面持有的基金，退休时从投资账户中取现都要缴税。

那么你应该怎么做呢？

如果你工作的企业提供的个人养老投资计划中的基金投资选项包括先锋领航集团的养老目标基金，或者其他基金公司的类似的低成本养老目标基金，那么它们都值得你考虑。

如果你想要有一个尽可能简单，而且还相当有效的投资组合，养老目标基金就是非常适合你的投资产品，本书在这里盖章确认。

17
如果你买不了先锋全市场股票指数基金怎么办？

综观全书，我一直推荐的就是先锋领航集团的两大指数基金：

- 先锋全市场股票指数基金
- 先锋全市场债券指数基金

对于先锋全市场股票指数基金和先锋全市场债券指数基金这两只指数基金，我买的都是 A 类份额，它们也是我唯一持有的两只基金。这两只基金费率低得不能再低了，但是要求最低投资金额是 1 万美元。

尽管 A 类份额最符合我个人的投资需求，但是由于每个人的情况差异很大，这未必符合你个人的投资需求。你也许才刚刚参加工作，刚刚开始攒钱投资，攒的钱还少，离最低投资金额 1 万美元还远着呢。这时要怎么做呢？

先锋领航集团是现在我唯一推荐和选择的基金公司，我们将会在后面的章节讨论我为什么只选先锋领航集团。但是可能你并没有生活、居住在美国，在你生活、居住的国家根本买不到先锋领航集团的基金。也可能你居住在美国，但你所在的企业提供的 401（k）计划中的投资基金选项里并没有先锋领航集团的基金。你想买先锋领航集团的指数基金，却根本买不到，该怎么办？

不用担心，条条大路通罗马。这一章我们会探索一些可以替代先锋基金的其他基金选择。

基金份额的不同类别如何选？

你首先要明白，我一直说的先锋全市场股票指数基金只是一只复制美国整体股市指数的投资组合基金，而我一直说的先锋全市场债券指数基金则是一只复制美国整体债券市场指数的投资组合基金。关键在于投资组合中有什么。我购买的是先锋全市场股票指数基金的A类份额，除此之外，它还包含5个不同类别的份额，它们都构建了和A类份额完全相同的股票投资组合。

下面我会一一列出它们，并附上它们的费率和要求最低投资金额。

前三个类别的基金份额是针对个人投资者的。

- A类份额（Admiral Shares）：代码为VTSAX，费率为0.05%，最低购买金额为1万美元。

- I类份额（Investor Shares）：代码为VTSMX，费率为0.17%，最低购买金额为3 000美元。

- ETF：代码为VTI，费率为0.05%，没有最低购买金额。

ETF就是交易型开放式指数基金，它像股票一样，非常方便。请注意，ETF费率只有0.05%，跟A类份额一样。由于这个原因，有些人更愿意去买 ETF，而不是 I 类份额。这很有道理，但是你要小心，还要把其他成本因素也考虑在内才行。你买卖 ETF 就像买卖股票一样，需要付给券商佣金，还会有买卖价差。这些附加的成本会抵销你在费率上省下来的钱，除非你有办法在券商那里做零佣金的交易。

其余三个类别是专门针对机构投资者的基金份额，你可能会在你工作的企业为你提供的 401（k）或者其他用人单位资助的个人养老投资计划里看到它们：

• "超大杯"机构投资基金份额：代码为 VITPX，费率为 0.02%，最低购买金额为 2 亿美元。

• "标准杯"机构投资基金份额：代码为 VITNX，费率为 0.04%，最低购买金额为 1 亿美元。

• "小杯"机构投资基金份额：代码为 VITSX，费率为 0.04%，最低购买金额为 500 万美元。

所以，我前面推荐你投的是先锋全市场股票指数基金的 A 类份额，你可以用其余 5 种份额中的任何一种来替代，只要你能买到，你认为能更好地满足你的需要就行。重要的是，不管你买的是这 6 种基金份额中的哪一种，实质上你买的都是同一个股票投资组合，即先锋领航集团复制 CRSP 美国全市场指数构建的股票投资组合。

先锋全市场债券指数基金也类似，有不同类别的基金份额，但它们却是相同的债券投资组合。如果你打开先锋领航集团官网，搜索基金代码

VBTLX，你就会发现这类基金份额的主页。在页面最上方，在这个基金份额类别的名字下面，你会发现 I 类份额和 ETF 的链接。

如果你的工作单位提供有税收优惠的养老投资计划，但是可供选择的选项里没有先锋领航集团的基金，怎么办？

先锋领航集团非常积极主动地拓展机构投资者业务，为机构提供 401（k）计划等相关的投资服务。但是你的工作单位为你提供的选项中也很有可能没有先锋领航集团旗下的基金。

即使是这样，你也应该参加单位提供的员工养老投资计划，并且你的投资缴费金额至少要达到让你能够获得用人单位匹配缴费的上限。一旦你离开这家企业，你很容易就可以把你原来的 401（k）账户里的投资转到你的个人养老金账户中，这样你就可以自由选择先锋领航集团的基金了。

如果你工作的企业提供的 401（k）计划里，根本没有先锋领航集团旗下的基金，接下来的问题就变成了如何在现有的基金选项中选择最好的基金。你读到现在，应该已经知道了，最好的基金就是低成本的全市场股票指数基金或者全市场债券指数基金。

好消息是，由于先锋领航集团的指数基金业务迅速发展，给同行基金公司造成强大的竞争压力，现在几乎所有其他主要的基金公司都提供低成本的指数基金。就像你能够在先锋领航集团旗下全市场股票指数基金中，找其他类别的基金份额来替代我推荐的 A 类份额（VTSAX）一样，你完全有可能在你工作的企业提供的401（k）计划中找相当合理的选项来替代先锋领航集团的指数基金。

对于要选择怎样的基金，我的建议如下：

- 它应该是一只低成本的指数基金。

- 对于你想在税收优惠投资账户里持有好几十年的基金，我更推荐你选择全市场股票指数基金，但是如果没有的话，标准普尔500指数基金也挺好的。

- 如果你需要或想要配置全市场债券指数基金，你就可以在企业提供的选项中寻找并投资它。大多数企业的养老投资计划的基金选项里都会有全市场债券指数基金。

- 大多数的401（k）计划的基金选项里都会提供养老目标基金，这会是一个非常好的选择。但是要仔细看看基金费率高不高。养老目标基金的费率总是会高于一般的指数基金，有的时候还高得挺多。例如先锋养老目标基金的费率为0.14%~0.16%，是先锋全市场股票指数基金（A类份额）的费率0.05%的三倍左右。其他基金公司的养老目标基金费率更高，可能要高上五六倍。

美国以外的读者买不到先锋领航集团旗下的基金怎么办？

如果你生活、居住在美国之外的其他国家，有可能买不到先锋领航集团的基金。不过先锋领航集团正在快速扩张全球业务，现在美国之外的很多国家都能够买到它的基金了。你可以上网看看先锋领航集团可以提供基金服务的国家名单。

如果先锋领航集团的基金并不在你的投资可选范围之内，你可以遵循我前面提出的指导原则，在适合你的其他基金选项中做出选择。

同样的道理，我前面说的先锋全市场股票指数基金或者其他基金公司的全市场股票指数基金，追踪、复制的都是美国股票市场指数。正如我在第 15 章里说过的那样，这些指数基金都是我们美国人真正需要的基金。但是如果你在美国以外的国家和地区居住、生活，你可能会发现在你们国家的市场上很难买到像这样以美国股市为中心的指数基金。

不要担心，你可以看一看全球基金，就像先锋全球股票指数基金（代码为 VTWSX）。这只指数基金投资全球所有国家的股市。在某些方面，我甚至觉得它比我钟爱的先锋全市场股票指数基金还要好，但是我不会推荐先锋全球股票指数基金，主要有两个原因：一是这只基金的费率是 0.25%，相比先锋全市场股票指数基金（A 类份额）0.05% 的费率要高多了；二是先锋全市场股票指数基金已经相当好地覆盖了国际市场，相关的理由我在第 15 章已经详细讲过了。

如果你还是倾向于走这条全球基金投资之路，你也可以考虑投资先锋全球股票指数基金成本更低的 ETF，购买代码是 VTI。通常来说我会避免买 ETF，即交易型开放式指数基金，因为你可以像买卖股票一样买卖 ETF，但是你也得像买卖股票一样付给券商交易佣金，承担买卖价差。但

ETF 的费率只有 0.14%，比先锋全球股票指数基金 0.25% 的费率低多了，所以值得探索一下。切记要小心买 ETF 会产生的交易成本。

最后再提醒一下。一定要确保你选择的全球指数基金投资范围中包括美国市场。美国市场是全球经济中最大的一块，少了它，你根本称不上在做真正的国际投资。很多基金名字写的是国际基金［特别是美国的那些基金公司（包括先锋领航集团）发行的国际基金］，其实并不覆盖美国股市，它们覆盖的是美国以外的国际股票市场。原因很简单，大多数美国投资者已经通过先锋全市场股票指数基金等基金大量投资美国股市了，设计这些所谓的国际基金，就是作为补充提供给投资者的。这对美国投资者来说很合理，但可能并不符合美国之外的其他国家投资者的需要。

最后的忠告

如果你买不到先锋全市场股票指数基金的 A 类份额（VTSAX），也买不到先锋全市场债券指数基金的 A 类份额（VBTLX），同时没有途径买这两只指数基金专门给机构投资者提供的更低费率的基金份额，那么你可以去寻找这两只指数基金其他类别的基金份额，只要它们的投资组合相同即可。

如果你买不到先锋领航集团的基金，你就去寻找其他基金公司提供的类似的低成本指数基金，只要是可靠的基金公司就行。

如果未来有机会转换的话，你可以把你持有的其他基金公司旗下的基金，都转换为先锋领航集团的指数基金。

第二部分　如何使用世界上最强大的财富积累工具？

18

为什么我只买先锋领航集团的指数基金？

读了这么多，你肯定已经发现，这个作者自己只投资先锋领航集团的指数基金，也向别人强烈推荐先锋领航集团的指数基金，真是先锋指数基金的铁杆粉丝啊。真的，除非你根本没有办法选择先锋领航集团的基金，就像第 17 章说过的那样，否则我强烈建议你只买先锋领航集团的指数基金。

我如此直白、明确地推荐先锋领航集团的指数基金，肯定会引发一些质疑，这可以理解，这一章我就专门回答对此最常见的 4 个疑问。

1. 先锋领航集团是怎么做到如此与众不同的？

约翰·博格于 1974 年创立了先锋领航集团，他设计的公司所有权架构，在投资界至今仍然是独一无二的。先锋领航集团是客户拥有公司所有权，而且公司的经营模式是低成本经营。

听起来很好，但是这些实际上是怎么一回事呢？

先说说客户即股东。你作为基金投资者投资买入了先锋领航集团的基金，你的个人利益就和先锋领航集团的公司利益完全一致了。原因很简单，持有先锋领航集团的基金的投资者，就是先锋领航集团这家企业的股东权益的持有人。

相比之下，其他基金公司都有两个主子要伺候：一个是企业的所有人，另一个是它们所管理的基金的投资者。而这两个主子的利益不一定总是一致的，甚至可以说往往是不一致的。

为了了解两种公司股权架构的区别，让我们来看看其他基金公司，甚至可以说绝大多数基金公司的股权架构。它们基本上可以被分为两类：

一是私人持股企业，比如一家家族企业。富达基金公司就是一个典型代表。

二是上市企业，公众持股，而且股票可以公开上市交易。普信集团就是一个典型代表。

在这两种股权架构下，企业的所有者都期望自己的投资能带来理想的投资收益，你投资图的就是赚钱，这完全可以理解。基金公司为股东创造的投资收益都来自基金公司的核心业务，即旗下各只基金的经营管理。业务收入就是向基金投资者收取的基金管理费，业务成本包括管理基金的各种费用支出，包括员工的薪水、办公室租金、办公用品等等。业务收入扣除这些成本费用之后，剩下来的就是营业利润。

服务好基金份额持有人，只不过是一个手段，目的是创造业务经营收入来支付各项费用账单，并创造利润分配给基金公司的股东。基金公司的盈利就来自基金公司的业务收入。

当你持有一只公募基金的基金份额时，不管是富达基金、普信集团还是其他基金公司管理的公募基金，你付给基金公司的管理费，都成了它们的业务收入，在负担了这只基金的运营成本之后，剩余的部分就成了基金公司的营业利润，交了所得税之后就会进入基金公司股东的腰包。

我要是富达基金或者普信集团的股东，我当然希望管理费收入越高越好，管理费收入越高，基金公司的利润自然就越高，我这个基金公司的股东分到手的利润自然也越高。如果我是这些基金公司旗下基金份额的持有人，我当然希望这些基金收取的管理费越低越好，费用越低，我的投资成本越低，赚到手的投资收益就越高。你猜猜基金公司股东与基金份额持有人斗争的结果会怎么样？呵呵，基金管理费肯定是能收多高就收多高。

没办法，基金公司肯定不是持有人说了算，而是基金公司的股东说了算。

我要声明，我并不是批评基金公司，这种股权架构模式本身没有任何错误的地方。事实上，除了基金公司，其他行业也是如此，大多数公司都是用这种股权架构来运营的。

你买了一个苹果手机，你买的价格里就包含了这部手机的所有相关成本，包括设计、制造、运输、零售服务，当然还包括一部分要付给苹果公司股东的利润。苹果公司当然想把苹果手机的价格设定得尽可能高，要符合成本以及盈利预期，还要考虑公司想要达到的销售目标。其实基金公司卖基金产品和苹果公司卖手机产品在本质上是一样的。

作为案例,我选择了富达基金和普信集团,并不是故意要针对这两家公司,这两家都是非常优秀的基金公司,旗下也有一些非常有名的高质量公募基金产品。但是因为这两家基金公司必须给自己公司的股东创造利润,所以它们跟先锋领航集团相比,在经营成本上就有了明显的劣势。所有其他基金公司的经营成本也都明显高于先锋领航集团。

对我们这些基金投资者来说,博格的卓越之处在于,他将基金公司的所有权转移到公司运营的基金产品上,所以我们投资者持有这些基金,其实就间接地持有了先锋领航集团的一小部分股权。

我们为先锋领航集团旗下的基金付的这些管理费、为这家公司创造的所有利润,最终会找到方式重新回到我们这些股东的口袋。投资者花的钱绕了一圈又回到投资者手里,这听起来有点儿傻,而且更大的坏处是,先锋领航集团分配利润是必缴所得税的,所以先锋领航集团必须设计好业务架构,尽量贴着成本线来经营。也就是说,它的经营目标是只收取最低程度的管理费,能够覆盖运营基金的成本就行了。

那么这样尽量贴着成本线经营,在现实世界里意味着什么?

这些向基金持有人收取的基金管理费,在基金年报上被披露为"费率"。先锋领航集团旗下指数基金的平均费率是 0.18%。而整个基金行业所有基金的平均费率是 1.01%。看起来差距还不到一个百分点,感觉也没多大,但是随着时间推移长期复利增长下来,基金投资总成本的差异会非常大。这就是先锋领航集团的指数基金具有双重优势(既有指数基金天生的长期业绩优势,又有公司独特股权架构带来的成本优势)的关键原因之一。

先锋领航集团的股权架构就是这么独特,你持有先锋领航集团的指数基金,又通过这些基金间接持股先锋领航集团本身。这样一来你的利益和先锋公司的利益就保持高度一致了,这是很少见、很奇妙的事情,在投资世界里仍然独一无二。

2. 为什么你可以安心地把所有资产都交给先锋领航集团这一家公司?

答案非常简单:因为我的资产并不是投在先锋领航集团中,而是投在先锋领航集团管理的基金上,其实是通过这些基金投资到其持有的所有股票和债券上。即使先锋领航集团倒闭了(当然这种可能性极小),先锋领航集团管理的这些指数基金也根本不会受任何影响。基金是基金,基金公司是基金公司,二者是截然分开的。对所有基金的投资本身都有风险,但是没有一种风险是直接跟先锋领航集团绑定在一起的。

这件事要说得一清二楚,会非常复杂,你们可能只有很少人会关心这一点,如果你是其中之一,想要进一步了解相关信息,你可以轻松地在网上搜索到。

我在这里想要解释清楚的最重要的一点是:你投资的并不是先锋领航集团本身,你投资的是先锋领航集团管理的基金。

- 先锋领航集团的基金是独立的实体。这些实体的资产跟先锋领航集团的资产是各自独立的。每只基金都有自己的防欺诈保险债券和负责监控基金经营管理的董事会。其实从真正意义上说，每一只基金都是一家独立的公司，完全独立运营，只不过都在先锋领航集团这把大伞下面而已。

• 先锋领航集团的任何人都无法接触到你的钱，因此先锋领航集团没有一个人能偷走你的钱。

• 先锋领航集团也受到美国证券交易委员会（SEC）的严密监管。

顺便说一下，包括富达基金和普信集团在内的其他基金公司，也都是这样的。你在401（k）计划里投资的基金，和先锋领航集团管理的基金一样，都非常安全，基金公司的人偷不走你的钱。

如果你参加了用人单位匹配缴费的养老投资计划，比如401（k），那么即使基金投资选项中并没有先锋领航集团的指数基金，你也务必要往401（k）账户中投资。就像我们会在第19章详细讨论的那样，递延纳税，加上你所在企业的匹配缴费，会让你往这些账户里的投资变得划算，即使你选择投资的基金业绩不如先锋领航集团的指数基金，费率也较高，这样做也是非常划算的。

3. 要是先锋领航集团受到核武器攻击、彻底完蛋了怎么办？

好，就让我清清楚楚地说明这一点。要是2012年12月21日是世界末日，一切都完了，就像玛雅人用的历法标明的那样，那么你投在先锋领航集团旗下基金上的钱就会全部灰飞烟灭，你投在其他任何地方的钱也会如此。不过，当然，现在回头来看，这件事并没有发生。

如果一颗巨大的流星撞击地球，让整个世界陷入火海，然后地球上所有核弹和核电站都发生了核爆炸，那么你的投资就全都完了。

如果外星人来到地球，占领整个地球，把地球上所有人都抓起来做奴隶，那么除非你买了"做空"全人类的期货，否则的话，你的投资组合就全完了。

但是这些事不大可能会发生吧，而且就是发生了也超出我个人的控制范围了，更是超出了本书的讨论范围。

不过话又说回来，破坏性比较小的灾难确实会发生，也肯定会发生。先锋领航集团的总部位于宾夕法尼亚州的莫尔文。我们来设想一下，如果先锋领航集团的总部受到恐怖分子的袭击（老天爷保佑，希望这不会发生），后果会怎么样？如果受到网络攻击呢？受到飓风袭击呢？暴发传染病呢？供电突然全部中断了呢？

每一家大型企业，每一个大型机构，都认识到了这些潜在的危险，都制定了灾难恢复解决方案。先锋领航集团为此做了最充分、最全面的准备：一是分散布局，其分支机构遍布美国和全球很多城市；二是数据分散备份在多个系统里，而且有冗余备份。你要是特别关心这方面，可以到先锋领航集团的官网上，看看它的完整的应对灾难的方案。

不过，要是你真的相信会有行星撞击地球，甚至会有毁灭整个人类文明的事件发生，那么你就根本不适合投资先锋领航集团管理的基金。不过在这种情况下，地球上也没有一种投资真正适合你了。你应该在地下找个庇护所，装满饮用水和罐头，先保住老命。如果你不是这样的话，你可以放心地把你的资产投在先锋领航集团旗下的指数基金上。我就是这么做的。

4. 你是不是拿了人家很多好处？

本书从头到尾，都在如此强烈地宣传、赞扬先锋领航集团，大力推荐购买先锋的基金，你自然会心生疑问：无利不起早，作者是不是拿了人家很多好处？

没有。先锋领航集团根本不知道我在写本书。它也没有在我的博客上投放过广告。它也从来没有以任何形式给过我一分钱的好处。

第二部分　如何使用世界上最强大的财富积累工具？

19

五个篮子：401（k）企业年金养老投资计划账户、403（b）职业年金养老投资计划账户、节俭储蓄计划账户、个人养老金账户和罗斯账户

到现在为止，在第二部分中，我们已经分析了股票市场，讲了用我最喜欢的两只指数基金打造的样本投资组合，当然你也可以只选择一只养老目标基金。购买这些基金就是我们平时所说的实实在在的投资。

但是，在我们现在这个复杂的现实世界中，我们必须考虑把这些基金投资放在什么地方才好。也就是说，投资就是鸡蛋，我们得把鸡蛋放在篮子里。那么，把我们这些宝贝鸡蛋放在什么篮子里才好呢？

鸡蛋重要，篮子也很重要。所以，认真了解401（k）账户、个人养老金账户等投资篮子，非常重要。这些只是投资账户，其本身并不是基金或理财产品，你应该把这几个投资账户想象成安放我们的投资鸡蛋的篮子。

概括地说，放置投资鸡蛋的篮子可以分成两大类：

· 没有税收优惠的一般篮子；

· 有税收优惠的特殊篮子。

讲到这里，我必须请本书美国以外的读者多多包涵了。后面三章会完

全以美国为中心展开。我完全不懂美国之外其他国家的税收情况，也不了解其他国家是否存在有/没有税收优惠的篮子。但是我猜想，至少对很多西方国家来说，情况会有很多相似之处。大多数推行现代市场经济的国家都认识到了投资的价值，而且鼓励投资。希望美国以外的其他国家读者，可以从我讲的美国人的投资篮子的情况出发，联系自己所在国家的情况，活学活用。如果国情差异太大，根本联系不成，你直接跳过后面这三章就行了。

在美国，基金投资盈利分红、股票现金分红、债券利息，这些投资盈利，都得缴个人所得税。但是美国政府创设了几个有税收优惠的特殊篮子，也就是养老投资账户，鼓励个人储蓄退休金。尽管这个制度设计的出发点很好，但是各种账户、各种税收优惠规定交织在一起，复杂程度简直创下了历史新高度。关于美国人如何利用税收优惠账户做好养老金投资，无数的人写了无数的文章和书，讲了无数相关的投资策略。很明显，我们没有时间去一一回顾、分析、评论，我们的口号是简单，所以我希望我能够向各位简单解释一下各个投资账户，也就是我们说的投资篮子，告诉你只需要重点考虑哪几个因素就行了。

先说没有税收优惠的一般篮子，我们在这个篮子里放的投资鸡蛋，并不属于那些有税收优惠的养老投资计划。当然，事实上并不存在什么篮子和鸡蛋，这里想说的其实就是那些不需要为投资收益缴税，也不需要递延纳税的投资。我们会把你放置这些投资鸡蛋的账户称为一般篮子。在这些账户中，我们的投资收益是多少，实际收益就是多少。

我们会希望把已经有效减轻税收负担的投资放在这些账户中。已经做到有效减轻税收负担（tax-efficient）的投资，一般是投资盈利分红可以享受税收优惠的股票和公募基金。换句话说，这类股票和基金的分红是所谓的"合格分红"（qualified dividends）。

那些主动型基金，在投资组合管理中频繁交易，经常产生短期盈利，因此，其基金分红税率往往较高。先锋全市场股票指数基金就是做到了有效减轻税收负担的投资的典型例子。这只基金的分红不算多，而且大多数分红都是符合长期持有年限规定、可以享受更优惠税率的合格分红。因为这只基金的股票是追踪全市场股票指数的，大部分股票都是长期持有的，只在指数本身有少数成分股调整时才相应地调整组合，所以这只基金的股票买入、卖出交易非常少，相应的应该缴纳很高所得税的短期投资收益分红也很少。美国人管这些因为投资盈利而缴的税叫资本利得税，其实也属于所得税。

不能有效减轻税收负担的投资，就是那些会支付利息、分红不合格、有短期投资盈利，因此应该缴纳非常高的所得税的投资。这些投资包括：某些股票基金、债券、大额可转让存单、房地产投资信托（REIT）。我们想把这些投资鸡蛋放在有税收优惠的特殊篮子里，这些投资产生的收益可以按照税收优惠政策递延纳税，相当于国家把这笔税款无息借给我们多用上几年。

搞清楚两大类放投资鸡蛋的篮子之后，让我们来看看我们的投资鸡蛋适合放在什么篮子里。

• 股票。我们是通过先锋全市场股票指数基金来投资股票的。持有这只基金现在每年获得的分红约有2%，我们追求的投资收益大部分都来自基金净值升值。前面讲过了，这只基金能做到有效减轻税收负担，因此我们似乎应该把这个投资鸡蛋放在我们没有税收优惠的一般篮子里。不过，我们会把个人资产的一大半都放在股票投资上，也就是放在先锋全市场股票指数基金这只基金上。既然任何投资鸡蛋放在有税收优惠的特殊篮子里之后产生的投资收益都能享受递延纳税的优惠，那么我们也应该把这只基金放在有税收优惠的特殊篮子里。按照税收政策规定的上限，能放多少就放多少。

• 债券。我们是通过先锋全市场债券指数基金来投资债券的。债券只有利息，在美国，利息不能免缴所得税。所以除了免缴所得税的市政债券，其他债券投资鸡蛋都应该放进我们有税收优惠的特殊篮子里。

• 现金。我们通过当地银行活期存款或者货币市场基金来持有现金，所以其实只会拿到利息，没有分红。但是对现金来说，更重要的是在需要用的时候马上能够拿到手。所以放到没有税收优惠的一般篮子里就行了。

上面说的这三条，并不是非得严格遵守，也不是刻在石头上的戒律。也许会有例外情况。合适的大类资产配置比选择什么篮子更重要。你要考虑个人所得税纳税级别高低、投资期限长短以及其他方面的情况，再决定

第二部分　如何使用世界上最强大的财富积累工具？

把投资放到哪个篮子里。但是，我上面讲的这些原则，可以给你一个基本的分析框架，帮助你做出合适的选择。

下面我们来具体分析一下个人养老金账户和401（k）账户这两个篮子的具体情况。在此之前，有一点很重要，我得提醒你注意：所有这些有税收优惠的篮子并不能免除你的纳税义务。这些账户只能让你享受递延纳税，但是肯定不能让你免缴税。你一定要牢牢记住这一点。我们要讨论的是能不能合法地推迟纳税，而不是怎么样逃避纳税。

当你可以按照规定从你的个人养老金账户里提取你积攒的这些养老金时，你就得向美国政府缴纳你推迟很久没有缴纳的税款了。所以如果你在达到法定退休年龄59.5岁之前从个人养老金账户中向外取钱，就是违规领取，需要缴纳罚金。太早领取不行，太晚领取也不行。到了70.5岁，除罗斯个人养老金账户之外，法律会强制要求你领取其他账户中的养老金，按照通过精算方法得出的你的预期剩余寿命，分摊计算每年最低取现金额，这就是最低强制领取金额（RMD）。我们会在下一章再详细讨论它。

别让这吓到你了，我只是提醒你注意一下。在能享受税收优惠的篮子里放好你的投资鸡蛋，能够让你推迟纳税好几十年，相当于把这笔税款作为无息贷款用上好几十年，这样做给你省下来的利息可不是小数目。所以，在大多数情况下，你应该尽量把你的投资鸡蛋往这些有税收优惠的篮子里装，装得满满的，达到法律允许的上限为止，最大限度地利用国家给的税收优惠政策。

最小化税款的取现策略

值得注意的是，有一些策略，可以让你免税提取账户里的资金，或者至少以最低税率进行提取。这涉及你对你的工资收入和投资收益的筹划安排，你应该使它们的数额落在美国国税局规定的免税限额之内。这样一来，尽管你从账户里领取了钱，按照法律规定肯定要纳税，但是按照你的个人所得税率级别，你实际应该缴纳的税收金额就是0。

把你的个人所得限制在税法规定的免税限额之内，也让你可以随着时间推移逐步转移这些免税的养老金，把它们从你常规的个人养老金账户转移到罗斯个人养老金账户（有时也被称为罗斯转换阶梯），这样做能让你在以后领取养老金并花掉这笔钱的时候避免纳税。

如果这符合你的个人情况，那么这些策略都值得你好好考虑。

401（k）账户和个人养老金账户这两大账户有很多变异形式。我们这里只分析了最基本的类型。其余的变异形式都只不过是这两棵大树长出来的细小分枝而已。

以用人单位为支柱的税收优惠养老投资账户

这些篮子都是由你的用人单位提供的，比如401（k）账户。它们会选择一家基金公司，你将从该公司提供的一系列基金中进行选择。很多用人单位会为你匹配缴费，直到达到最高限额。你往这个账户里缴纳的金额也有个上限。2016年的上限是一人一年18 000美元，对于年满50岁的人，上限会提高到24 000美元。你可以同时往多个账户里缴费（只要你能拿到多个用人单位提供的账户就行），但是规定的缴费上限是这些账户合并缴费的上限，并不是单个账户缴费的上限。

总而言之：

• 这些账户对我们来说都有好处，但是好处现在没有过去那么大了。遗憾的是，那些受托管理这些账户投资的基金公司逮住机会就向我们收取高昂的管理费。这确实很讨厌，很让人生气，但是你也不要过于冲动，因小失大，毕竟让你的投资在免税情况下不断升值才是大事。捏着你的鼻子忍忍吧，只管往账户里缴费；一直缴到最高限额吧。我一直也是这样做的。

• 企业会在你的账户中匹配缴费，不管是多是少，这都是一件特别好的事。这可是天上掉下来的馅饼啊。尽可能往你的账户中多缴费吧，至少让企业匹配缴费达到最高额度。

• 在账户中可供选择的基金选项中只选先锋领航集团管理的基金。除非你工作的企业没有提供这个选项。那也没办法了，你只好退而求其次。很多401（k）计划中可供选择的基金选项中至少会有一只指数基金，看看企业为你提供的你可以选择的基金名单，选择费率最低的基金。这往往正是你要找的指数基金，只要基金选项里面有指数基金，它的费率肯定是最低的。

• 如果你离开这家用人单位，你就可以把自己在这家企业的401（k）

账户上的基金投资转到个人养老金账户上，继续保留这些基金的税收优惠。有些用人单位也会让你在它们的员工养老投资计划里继续持有你原来的401（k）账户。我总是会将我原来工作单位的401（k）账户上的基金投资转到我的个人养老金账户上。你对自己的个人养老金账户有更大的控制权，它也为你提供了更大的基金选择范围，让你能够逃离以前那些不得不选的高费率基金。

• 你可以同时在401（k）账户和罗斯401（k）账户中缴费，但是两个账户合计缴费金额必须在年度缴费的上限之内。

401（k）和403（b）两类投资计划

• 你往这两个账户里缴的费，在你纳税申报综合所得时可以在税前扣除。

• 你从这两个账户中领取养老金时就得缴税了。

• 达到法定退休年龄59.5岁之前，从这两个账户中领取养老金要缴纳罚金。

• 年满70.5岁之后按照规定每年从这两个账户中领取的金额至少要达到最低强制领取金额。

罗斯401（k）账户

罗斯401（k）账户相对而言是新推出的账户，并不是每家企业都有的。你有必要对比一下这里罗列的罗斯401（k）账户跟罗斯个人养老金账户的主要条款。我们后面马上会讨论罗斯个人养老金账户。

第二部分 如何使用世界上最强大的财富积累工具？

- 你往罗斯401（k）账户里缴的费，在你纳税申报综合所得时不能在税前扣除。

- 你在这个账户中投资赚的钱都是可以免税的。

- 达到法定退休年龄59.5岁之后从这个账户里领取养老金是免税的。

- 一旦年满70.5岁，每年从这个账户中取的钱要达到最低强制领取金额的规定就会开始生效。

- 对于这个投资计划的参与者，没有收入资格限制。

节俭储蓄计划

节俭储蓄计划（TSP）是专门为美国联邦政府雇员以及军职人员设立的养老投资计划。它和401（k）计划很像，但其实要更好一些。

很多401（k）计划的基金投资选项里大都是费率很高的主动型基金，而节俭储蓄计划提供的基金投资选项就好多了，尽管不算是超级好，但里面有很多低成本指数基金可供选择。

我们来看看节俭储蓄计划的基金费率历史走势，它最早可以追溯到1999年。2007年费率最低，只有0.015%。2003年费率最高，为0.102%。对于基金费率水平大幅变化的原因，美国联邦政府网站上的说法是："该费率代表的是在扣除罚没金额后，需要从该投资计划参与者获得的投资收益中扣减的行政管理费用。"

即使是费率最高的年份，节俭储蓄计划的基金费率还是低于先锋指数基金的费率。比基金行业的地板级费率还要低！真是太便宜了。

节俭储蓄计划里最基本的 5 个指数基金选项是：

- 复制标准普尔 500 指数的 C 基金；
- 复制小盘股指数的 S 基金；
- 复制债券指数的 F 基金；
- 复制国际股票市场指数的 I 基金；
- 投资美国政府针对节俭储蓄计划特别发行的不可交易的短期国债的 G 基金。

持有 75% 的 C 基金和 25% 的 S 基金，这样的混合配置，基本上相当于持有先锋全市场股票指数基金。但是我个人不愿意那么麻烦，我觉得只持有 C 基金就够了。

此外，还有 L 基金，它很像我们在第 16 章讨论过的养老目标基金。L 基金是"生命周期基金"，持有的是我们前面提到的 C、S、F、I、G 5 只基金，它会根据具体的投资期限设计不同的配置比例。

你根本不用想，只管参加节俭储蓄计划就行了。如果你很幸运能参加，能缴费多少就缴费多少，直到上限。和 401（k）账户不一样，这个账户里的基金费率非常低，我就是离职之后也不会把这个账户里的投资转进我的个人养老金账户。

以个人为支柱的税收优惠养老投资账户：个人养老金账户

除了以用人单位为支柱的 401（k）账户，你还可以有以你个人为支柱的养老投资账户，这两个篮子是各自独立、完全分开的。对于以你个人为支柱的养老投资账户，选择哪家基金公司，选择投资哪只基金，你完全自己说了算。这意味着你也能控制投资成本，因此你完全可以避开那些收取过高管理费的基金公司和基金。我的个人养老金账户里买的全是先锋领航集团的指数基金。

你如果要往个人养老金账户中缴费，就只能用你的薪金收入和你从以用人单位为支柱的养老投资账户里转过来的钱。一般来说，薪金收入就是你靠你干的工作拿到的收入。

有三类个人养老金账户。根据2016年的最新规定，年度累计缴费上限是5 500美元，年满50周岁的人年度累计缴费上限为6 500美元。请注意，这是你在给以用人单位为支柱的养老投资账户缴费之后额外还可以给自己的个人养老金账户缴费的上限。

对应401（k）账户和罗斯401（k）账户，你也可以同时给个人养老金账户和罗斯个人养老金账户缴费，但同样，这两个个人账户的缴费总额必须在个人养老金账户年度缴费的上限之内。

纳税申报综合所得时可以税前扣除缴费的个人养老金账户和罗斯个人养老金账户，对于持有者都有收入限制。而不可以税前扣除缴费的个人养老金账户则没有收入限制。这些收入限制的规定年年都有变化，根据纳税申报者个人的情况以及以用人单位为支柱的养老投资计划的覆盖范围不同而有不同的变化。

可以享受税前扣除的个人养老金账户

- 你往这个账户里缴的费，在你纳税申报综合所得时，可以税前扣除。

- 超过某个收入水平后，在你纳税申报综合所得时，这个账户可以享受税前扣除的金额会逐步减少。

- 这个账户中所有投资盈利收入都可以递延纳税。

- 你在从这个账户领取养老金的时候就得缴税了。

- 达到法定退休年龄 59.5 岁之前从账户中领取养老金要缴纳罚金。

- 年满 70.5 岁之后按照规定每年从账户中领取的金额至少要达到最低强制领取金额。

不可以享受税前扣除的个人养老金账户

- 你往这个账户里缴费，在你纳税申报综合所得时，不可以税前扣除。

- 这个账户对于参加者没有收入限制。

- 这个账户中的所有投资盈利收入都可以递延纳税。

- 你从这个账户领取养老金的时候，这个账户内的所有股票现金分红、债券利息、基金投资升值盈利分红都要缴税。

- 提取资金时，原始投入部分无须再次缴税。因为你这些投入是"完税后"的钱，它们已经作为个人所得缴过税了。

- 上面这两点意味着，你需要额外再记账，而且到了纳税申报、要算清楚你应该缴多少税时会变得很复杂。

第二部分　如何使用世界上最强大的财富积累工具？

• 达到法定退休年龄 59.5 岁之前从账户中领取养老金要缴纳罚金。

• 年满 70.5 岁之后按照规定每年从账户中领取的金额至少要达到最低强制领取金额。

罗斯个人养老金账户

• 你往这个账户里缴的费，在你纳税申报综合所得时，不可以税前扣除。

• 超过某个收入水平后，这个账户可以享受税前扣除的金额会逐步减少。

• 这个账户中的所有投资盈利收入都是免税的。

• 达到法定退休年龄 59.5 岁之后从这个账户中领取养老金是不用缴税的。

• 这个账户中的原始投入，你可以随时取出来，不用缴税，不用缴罚金。

• 你从个人养老金账户转进罗斯个人养老金账户里的钱，满 5 年之后可以领取，不用缴税，也不用缴罚金。

• 在购买第一套住房，或者给自己和给孩子支付上大学相关的费用时，你可以从罗斯个人养老金账户里随时取现，取多少都行。

• 没有最低强制领取金额。

以上各个账户的情况可以简单概括为下面几点：

• 401（k）企业年金养老投资计划账户、403（b）职业年金养老投资计划账户、节俭储蓄计划账户都是以用人单位为支柱的投资账户。在这些账户存入个人养老金，你马上就可以享受税收优惠，账户中的投资分红、利息等都是免税的。它们对于参与者不设收入限制，这意味着其对高收入者会特别有吸引力。但是如果到了规定年龄，从这个账户领取养老金时就要缴税。

• 罗斯401（k）账户：不能马上享受税收优惠，投资收益免税，到了规定年龄从这个账户领取养老金时不用缴税。

• 可以享受税前扣除的个人养老金账户：可以马上就享受税收优惠，投资收益免税。到了规定年龄从这个账户领取养老金时要缴税。超过某个收入水平后，这个账户可以享受税前扣除的金额会逐步减少。

• 不可以享受税前扣除的个人养老金账户：不可以马上就享受税收优惠，投资收益免税，但是纳税申报时计算的复杂性增加。从这个账户领取养老金时只有投资收益需要缴税。

• 罗斯个人养老金账户：没有直接的税收优惠，投资收益免税，领取养老金时不用缴税。相比不可以享受税前扣除的个人养老金账户，它明显更好。所以你如果愿意的话，可以往这个账户里多缴费。超过某个收入水平后，这个账户可以享受税前扣除的金额会逐步减少。

研究、分析、比较到现在，如果你十分用心的话，你就会想："我的天哪，罗斯个人养老金账户这个篮子看起来超级划算。罗斯个人养老金账户看起来像是违反了柯林斯告诉我们要注意的事实：所有这些有税收优惠的篮子都不会免除你的纳税义务，它们只是让你享受递延纳税。"确实如此，但正如生活中很多事情一样，这是有条件的。税务局的人也不傻，不会让你有机会逃税的。

第二部分　如何使用世界上最强大的财富积累工具？

尽管你往罗斯个人养老金账户里缴费、投资基金得到的收益是免税的，而且从这个账户里领取养老金也是免税的，但前提是你存进罗斯个人养老金账户里的必须是你缴过税的钱。你如果不注意看，很容易忽略这个前提条件，但这是一个非常现实的情况，你一定要考虑进来才行。

你可以通过下面这个例子来理解这一点。假设你今年向你的个人养老金账户缴费，你想缴的金额是5 000美元，按照个人所得税率等级，你应该按25%的税率缴纳税款。如果你选择的篮子是可以享受税前扣除的个人养老金账户，你只需要缴5 000美元，因为给这个账户缴的费是可以税前扣除的，你这笔缴费是不用缴税的。

但如果你选择的篮子是罗斯个人养老金账户，你就需要拿出来6 250美元才行：先用1 250美元来缴你25%的个人所得税，完税后剩下的5 000美元才能往罗斯个人养老金账户里缴。缴税花掉的那1 250美元就从你的口袋里永远消失了，这笔钱本可以通过复利增长而增加的潜在投资收益也从此永远消失了。

要是你选择的篮子并不是罗斯个人养老金账户，而是可以享受税前扣除的个人养老金账户，那么这1 250美元还在你的口袋里，你可以将它放在一个应税账户里。当然了，你得先把今年25%的个人所得税金缴掉，才能用税后剩余的资金去投资。你需要缴的个人所得税是312.50美元（1 250美元×0.25% = 312.50美元），你缴税后剩下来可以投资的资金是937.50美元（1 250美元×0.75% = 937.50美元）。

你是不是很好奇这么一点儿钱长期投资至少30年能够升值到多少呢？我们前面讲过，标准普尔500指数在1975年至2015年40年间平均下来的年化收益率是11.9%：

本金937.50美元，年化收益率11.9%，投资30年，也就是复利增长30年，就会变成221 909美元。

当然了，如果你不能用这笔通过做好纳税规划节省下来的资金去投资，你就没有机会获得这些潜在收益。那样的话，你还是选择罗斯个人养老金账户更好一些。

只从个人情绪满足上来讲，选择罗斯个人养老金账户这个篮子，先把个人所得税缴掉，再往这个账户里缴费，以后领取养老金再也不用操心缴税的事了，非常省心。但是省心的代价是长期投资的本金少了，长期投资的收益也少了，所以也未必是最优的投资理财策略。

因为我这个人是个怀疑派，罗斯个人养老金账户的长期税收优惠实在太诱人，我开始想是不是哪里出问题了。特别是因为这些都是长期投资，美国政府在未来完全可以一下子改变法律规定。

在我看来，可能有以下两个潜在威胁：

• 政府可以轻易改变现有法规，宣布罗斯个人养老金账户的钱都要缴税。但是这一点值得怀疑。罗斯个人养老金账户现在已经如此流行了，有这么多美国人持有，从政治上看根本不可能这样大幅改变。那些政治家最不愿意干的事就是夺走选民手里现有的东西。夺人钱财，人家肯定会恨你，你的选票就没了。

• 政府可以找到一个替代的方式来对罗斯个人养老金账户里的钱征税。在美国，越来越多的声音呼吁设立一个全国性的销售税或者增值税。这两者都有其价值，特别是可以替代一部分个人所得税。这样一来，你要用罗斯个人养老金账户的钱来消费的话，就都得缴销售税或者增值税。

把以上因素都考虑在内，我设计出来的账户投资安排的优先顺序就是：

（1）首先向你的401（k）这类养老投资计划账户缴费，只要你的工作单位有匹配缴费，你就一定要缴到规定的上限，让你的用人单位的匹配缴费也达到上限。

（2）如果你的收入水平足够低，你的个人所得税率也很低，甚至根本不用缴所得税，你就往罗斯个人养老金账户缴费，缴到其规定的上限。

（3）一旦你的个人收入提高了，税率也提高了，就不要再选择罗斯个人养老金账户了，而应该选择可以享受税前扣除的个人养老金账户，也要缴费到规定的上限。

（4）你一开始在罗斯个人养老金账户中做的投资，一直拿着不要动，让这些投资长期增值。

（5）在401（k）这类养老投资计划账户中缴费达到上限之后，就停止缴费。

（6）如果你的收入已经很高了，不能选择可以享受税前扣除的个人养老金账户，就考虑选择不可以享受税前扣除的个人养老金账户或罗斯个人养老金账户。

（7）如果你还有剩下来的钱，就都放在应纳税的投资账户里吧，就是我们前面说的没有税收优惠的一般篮子。

我们就要结束这一章了，就用下面这个推荐来结尾吧：只要有机会，就把你401（k）账户或者403（b）账户里的投资转到你的个人养老金账户里。但是你如果参加了节俭储蓄计划，就不要转了。通常你一辞职就应该马上这样做。我们已经看到了，那些以用人单位为支柱的员工养老投资计划里，可供选择的基金往往费率过高，基金选择范围也会受到限制。而对于你的个人养老金账户，你个人就有非常大的控制权了，你想选择什么基金就可以选择什么基金。

就我个人来说，我在一家企业工作时，我作为员工当然只能跟着整个企业的员工养老投资计划走，这也是没有办法的事。但是如果我都离开这家企业了，为什么还要让这家企业干涉我的个人投资自由。我一离职，就会马上把我的401（k）账户里的投资转到我的个人养老金账户里，从此这些投资都是我个人说了算。

最后，我要提醒各位，必须注意税法规定的最新变动情况。我们这一章涉及了一些税法的内容。尽管在我写这本书时，涉及的税法规定和数据是这样的，但是你读到本书可能是在它出版了好几年之后，税法相关规定肯定已经变了。我书里讲的基本原则过上一段时间应该还会有效，但是你在阅读本书时一定要看看税法的最新规定，判断一下那些计算方式是否依然适用。

第二部分　如何使用世界上最强大的财富积累工具？

20
最低强制领取金额——彩虹尽头的"惊喜"

有一天,如果一切都很顺利的话,你一觉醒来,发现自己今天年满70.5岁了。过去几十年长期坚持投资,现在终于熬到了收获的季节,可以从多年积累的大笔财富里不断领取养老金,享受幸福的晚年生活了。

希望你的身体还挺好,能从床上起来,伸伸懒腰,迎接新的一天,为自己还活着而高兴。你这一辈子一直努力工作赚钱,一直节省开支攒钱,用攒下来的钱不断去投资,积累到现在,你已经相当富有了。由于你多年来一直尽最大努力,充分利用你享有税收优惠、可以递延纳税的账户,缴费缴到上限,现在那些账户里肯定积累了很大一笔财富。到了年满70.5岁这一天,你就会充分领会递延纳税中的"递延"这个词的真正含义了,如果你以前还没有完全领会的话。美国国税局等了好几十年了,就等着从你长期投资积累的养老金这块大蛋糕上切上一大块,它觉得自己等的时间已经足够长了,今天必须得来分蛋糕了。

除了罗斯个人养老金账户,在第19章讨论过的有税收优惠的投资篮子都有最低强制领取金额,这是交易的一部分,当你年满70.5岁时就开始生效了。这基本上相当于政府说:"可以了。这么多年来,我对你已经够有耐心了，现在赶紧交钱补税！"这的确也不是无理取闹。但是对本书的读者来说，过去几十年一直在这些账户里投资，积累财富，到 70.5 岁时，账户里会有很大一笔钱。按照政府规定，一下子从账户里取出这么多钱，很容易把我们一把推上最高的税率级别。

不要搞错了，一旦你年满 70.5 岁，对于这些从你的个人养老金账户、401（k）账户、403（b）账户领取的养老金，你就不再可以随意选择领取时间和领取金额了。如果你未能全部领取，则需要缴纳 50% 的罚金。如果你领取的金额未达到最低强制领取金额，那么差额部分不管是多是少，美国政府会拿走一半。对的，你没看错，政府要拿走你一半的钱。这么大的事，你肯定不愿意坐视不理。

好消息是，如果你持有的这些个人养老投资账户是由先锋领航集团管理的，那么它会帮你设定好领取的时间，完全实现自动化领取。它会帮你计算正确的养老金领取金额，在你指定的日期把钱直接转到你的银行账户、货币市场基金账户、应税基金账户，或者其他任何你指定的账户。你只需要确定每年及时从享受税收优惠的账户里取出达到最低强制领取金额的钱就行。

按照最低强制领取金额领取养老金，受到的征税打击会有多厉害？网上有各种各样的在线计算器，你只要输入你个人的准确数据，就能够精确地算出你需要缴纳的税款金额。先锋领航集团的网站上有它自己的计算器，不过其他基金公司（如富达基金和普信集团）的网站上也有它们自己

第二部分　如何使用世界上最强大的财富积累工具？

开发的在线计算器。为了让你看看开始按照最低强制领取金额领取养老金，在缴税时会让你出多少血，破坏究竟有多大，我打开了富达基金公司网站上的在线计算器。现在，我来给你示范一下计算的过程。

网站上会弹出一系列的问题，你回答时输入对应的数据就行了。

你的出生年月日？

我输入的是：1945年1月1日。

你的账户在某个具体日期的具体金额？

我查询的日期是：2013年12月31日。

我输入的账户金额是：100万美元。

你的账户的预测投资收益率？

我输入的是：8%。

当然，我输入的这些数据，并不是我个人的真实数据。

那个在线计算器一下子就给出了每年按照最低强制领取金额领取养老金后的账户余额（见表20.1）。

表20.1 按照最低强制领取金额领取养老金后的账户余额

年份	最低强制领取金额（美元）	年龄	领取后账户余额（美元）
2015	39 416	70	1 127 000
2020	57 611	75	1 367 000
2025	82 836	80	1 590 000
2030	116 271	85	1 742 000
2035	154 719	90	1 750 000

简单致富

好消息是，即使按照每年最低强制领取金额的要求把这么多钱从账户里取出来，我们这个账户投资总市值的余额还会持续增长。但是正如我们前面讨论过的，这些只是按照预计年化收益估算出来的数据。市场的实际涨跌情况可能比你预计的 8% 更好，也可能更差，不过，肯定不会像我们简单预测的那样，年年收益率都稳定在 8%。

坏消息是，我们每年按照最低强制领取金额从账户里领取养老金时，不但必须缴所得税，而且由于每年领取的金额相当大，我们很可能会被推向更高一级（甚至高上两级）的税率级别。当然了，这取决于你当年的全部个人所得是多少，其中还要包括你从其他投资账户上领取的金额，如社保账户。

为了给你一个参考的框架，这里放了 2016 年美国适用于已婚夫妇共同申报个人所得税的税率表（见表 20.2）。

表 20.2　2016 年美国适用于已婚夫妇共同申报个人所得税的税率表

收入	税率
0~18 550 美元	10%
18 551~75 300 美元	15%
75 301~151 900 美元	25%
151 901~231 450 美元	28%
231 451~413 350 美元	33%
413 351~466 950 美元	35%
466 951 美元及以上	39.6%

基于以上的税率表，我们可以看出来，就算没有其他收入，按照前面的账户余额预测，到了 90 岁，我的最低强制领取金额是 154 719 美元，这

就足以把我推入 28% 的个人所得税率级别。这个结果还是在我们假设年满 70.5 岁时这个账户上只有 100 万美元的基础上算出来的。本书的很多读者可能会在 20 多岁、30 多岁、40 多岁时就开始运用我总结的这些简单投资基本原则，我们完全可以预测，等到这些读者年满 70.5 岁时，账户上积累的财富不止 100 万美元，可能有好几百万美元。

这里有件事挺重要，值得注意，它把很多人都给搞糊涂了。最低强制领取金额 154 719 美元，把我们纳税申报适用的税率推高到 28% 的级别，但这并不代表这 154 719 美元都要付 28% 的税，而是说达到 151 901 美元这个 28% 税率起征点的那些所得，即 3 819 美元，要付 28% 的税。其余的个人所得按照税法从低到高分成几个级别，分别对应不同的税率，级别越高的所得对应的税率自然就越高。

假设我们还有别的收入，让我们达到了 33% 税率对应的起征点，即便只是 231 451 美元，这多出的一美元也需要缴 33% 的税款。

如果你们还有其他收入，已经达到目前这个税率级别的上限了，再多一美元就要上升到更高的税率级别了，而这笔最低强制领取金额是你们达到上限后增加的一笔所得，那么这笔收入就得按照你们现在达到的最高税率级别来缴税。比如，你们其他收入已经达到了 75 300 美元，到了适用 15% 税率的区间的上限了，再增加一美元，税率级别就要提高到 25% 了，那么你们按照最低强制领取金额从账户里领取的养老金，就会按照 25% 的税率来缴税，如果领取得相当多，你就会有一部分收入需要按照更高级别的税率缴税。

以上所有推算，都没有考虑任何其他的税前扣除和免税优惠。它们可以使你应纳税的收入减少，从而令你最终要缴的税款金额减少。尽管各种各样可能的变化情况超出了本书的讨论范围，但我们可以通过下面这个案例来理解税前扣除是怎么一回事。

比如，在2016年，有一对夫妇，可以享受的标准税前扣除的金额为12 600美元，每个人免征所得税的收入金额为4 050美元，两个人合计就是8 100美元。有了这两项优惠，夫妇两人的调整后总收入即使达到了9.6万美元，其适用的税率等级也不会升高至25%（因为96 000美元 – 8 100美元 – 12 600美元 = 75 300美元）。

那么，除此之外，我们还有可能再做些什么吗？

可能有。

假设你60岁退休了，你的工资收入没了，收入水平档次降下来，自然你对应的所得税率级别也降低了。

等到后来你年满70.5岁，按照最低强制领取金额领取养老金，你的收入又一下子高了，适用更高的税率等级了。这样从你一退休收入大幅下降，到你年满70.5岁，中间这10.5年正好是个窗口期。该如何好好利用这个窗口期呢？

我们来举个例子。假设有一对夫妇，和你是相同的情况，60岁退休，有10.5年的窗口期。他们选择了共同纳税。

第二部分　如何使用世界上最强大的财富积累工具？

2016年，夫妇两人的纳税相关信息如下：

- 75 300美元以下的收入所得，适用的最高税率级别是15%。
- 个人所得税的免征额是4 050美元，夫妇两人合计为8 100美元。
- 符合规定、可以享受税前扣除的金额是12 600美元。
- 将以上所有金额加在一起，我们可得出夫妇两人如果不想进入25%的税率等级，那么他们的税前收入最高可达9.6万美元（75 300美元 + 8 100美元 + 12 600美元 = 96 000美元）。

如果他们的收入合计在9.6万美元以下，他们也许应该认真地考虑一下，从个人养老金账户或者401（k）账户里领取出来一些养老金，然后缴纳15%的所得税。15%是很低的个人所得税率了，这是个值得把握的机会，特别是约10年之后，他们到了70.5岁之后必须开始按照最低强制领取金额领取养老金，那时的税率级别可能会比现在的15%再上两个级别甚至更多。没错，他们缴税的钱从此再也回不来了，以这笔钱为本金能赚到的投资收益也跟着没了，就像我们上一章在讨论罗斯个人养老金账户和可以享受税前扣除的个人养老金账户时说的那样。但是我们现在讨论的投资增值的时长只是从60岁到70.5岁的这10.5年，而不是上一章说的好几十年。如果他们夫妇现在算下来应该申报纳税的所得总额只有5万美元，那么他们可以从账户中领取出来4.6万美元，这样才会达到9.6万美元这个适用15%税率等级的收入上限。他们夫妇可以把领取出来的4.6万美元放到自己的罗斯个人养老金账户里，或者他们应该纳税的投资账户，也就是没有税收优惠的一般篮子里，或者干脆花掉这些钱。我更建议从享有税收优惠的账户里领取出来这 4.6 万美元，放入自己的罗斯个人养老金账户，而且事实上我也正在这样做。

你想要这样提前领取养老金以享受更低的所得税率，并不是非得等到你年满 60 岁才行，你甚至不用等到完全退休就可以这么做。当你离开一份高薪水的工作，收入水平下降时，你就可以考虑采取这个策略，从有税收优惠的账户里提前领取出来一部分养老金，充分利用现在收入下降可以享受的低所得税率。不过请记住，你现在的年龄距离 70.5 岁的差距越多，你因为选择提前领取养老金而缴税的钱继续为你赚钱的时间就越少。

有得必有失。这件事没有好的解决方法。如果你已经相当接近 70.5 岁了，你的 401（k）账户和个人养老金账户积累的财富金额相当低，那么你也不用考虑太多了。如果你这两个享受税收优惠的篮子里的长期投资积累的财富市场价值很高，你就应该提前规划好，假如有机会享受 15% 的低税率，就提前领取出来，有时甚至对于 25% 的税率也值得这么做。关键是，你要清楚地认识到，年满 70.5 岁，你就要按照最低强制领取金额领取养老金，你要按照自己的情况，尽可能地做出合理的安排。

和上一章一样，这一章我们又提到了一些税法的内容，参照的都是 2016 年的相关规定。但是当你读到本书时，可能已经过了好几年了，这些规定可能都变了。所以，你一定要看看你读到本书时税法最新的具体规定，判断一下上面提到的标准是否还适用。

第二部分　如何使用世界上最强大的财富积累工具？

21
健康储蓄账户——不只是支付医疗费的方式

美国的医疗保险领域已经发生了很大的变化。关于这些变化，大家的看法分歧很大，但是有一点我可以相当肯定地说，可以参加并且确实选择参加高自付额的医疗保险计划的人数会不断增加。

这种医疗保险计划，基本上就是允许你为自己的一部分医疗成本提供"自我保险"，作为交换，你能得到的利益是，可以支付更低的保险费。

在过去，大部分健康医疗保险计划，自费支付的金额很低，其余每一项医疗费用支出账单，几乎都是由医疗保险来支付。过去那样的好日子已经一去不复返了。

最近这些年来医疗费用飞涨，所以水涨船高，我们需要缴纳的医疗保险费用也跟着大幅上涨。为了让被保险人承担一部分风险，现在推出了高自付额的医疗保险计划。它通过让人更能负担起的保险费率，来吸引人们参加重特大疾病医疗保险。作为交换，被保险人每年先要掏出一笔钱来支付第一批医疗账单，一般是 5 000~10 000 美元。美国政府为了让更多人付这笔医疗费，吸引更多人参加重特大医疗保险，专门推出了健康储蓄账户（HSA），帮助参加这个医疗保险的人攒出来这一大笔保险费。

健康储蓄账户基本上就像是个人养老金账户，只不过个人养老金账户里攒的钱是用来支付你晚年养老各项生活费用账单的，而健康储蓄账户里攒的钱是专门用来支付你的医疗费用账单的。而且你接下来将会看到，美国政府关于健康储蓄账户的相关规定，为我们创造了一些非常有意思的机会。

按照2016年的规定，一个人每年最多可以往健康储蓄账户里缴费3 350美元，一家人合计缴费最高限额是6 750美元。如果你年满55周岁，缴费金额可以增加1 000美元，这样个人缴费最高限额为4 350美元，家庭合计缴费最高限额为7 750美元。

就像个人养老金账户一样，你给健康储蓄账户缴费可以用税前收入。换一个方式来说，你的缴费是可以在纳税申报个人所得时税前扣除的。也就是说，这些缴费在限额之内不用缴个人所得税。不管你的收入水平如何，也不管你是不是正在给其他有税收优惠的账户缴费，你都可以开一个健康储蓄账户。

关于健康储蓄账户缴费，你要把握以下重点：

- 你必须参加一个高自付额的医疗保险计划，才能开设健康储蓄账户。
- 你给这个健康储蓄账户的缴费，是可以在纳税申报时税前扣除的。
- 如果你通过企业以工资扣款计划的形式给你的健康储蓄账户缴费，那么你这些缴费既不用扣社保，也不用扣医疗税。
- 你可以从自己的健康储蓄账户取现，用它来支付符合账户条款规定的医疗费用，任何时候都可以，这么做既不用缴税，也不用支付罚款。

• 每个年度你没有花掉的钱可以累积，在任何你需要的时候都能用。

• 你可以用账户里的钱支付的医疗费用包括牙齿和视力方面的治疗费用，而这些费用往往不在医疗保险报销的范围之内。

• 你可以用自己的健康储蓄账户来支付配偶和孩子的医疗费用，即使他们不在你的医保计划涵盖的范围之内。

• 如果你从健康储蓄账户中取钱的原因不是去支付医疗费用，那么你就得缴税了，还要付 20% 的罚金……

• 如果你年满 65 周岁，或者永久残疾了，你就不用交罚金了，但还是得缴税。

• 如果你去世了，你的配偶将会继承你的健康储蓄账户，它就会变成你配偶的健康储蓄账户，各种福利待遇不变。

• 如果你的健康储蓄账户继承人不是配偶，账户里的资金就会变成普通收入，要按照适用的个人所得税率缴税。

在这里我们有必要提一下，尽管健康储蓄账户经常跟灵活支出账户（FSA）搞混，但二者根本不一样。最主要的区别是在灵活支出账户上你当年存进去但是没花掉的钱，过期就作废了，而对于你的健康储蓄账户，只要是你存进去的钱，一直就会是你的，直到你用光为止。

我们在这里谈的健康储蓄账户，是个非常有用的工具。你要是有资格开设健康储蓄账户，就值得往里面缴费。但是，正如前面保证过的那样，也正如深夜电视广告购物节目常常会说的那句话："别急，还有更精彩的内容！"

你还需要关注的一些重点是：

• 没有规定要求你必须用健康储蓄账户里的钱来支付你的医疗费用账单。

• 你也可以选择用现金来支付你的医疗费用账单，让你健康储蓄账户里的投资继续升值。

• 只要你能够留存好你的医疗费用付费收据，你就可以从你的健康储蓄账户里取钱，与这些收据总额相当就行，不用缴税，也不用缴罚金。即使已经过了好多年，你也可以凭收据来取钱。

• 要是你计划用健康储蓄账户里的钱来支付现在的医疗账单，你最好把这笔近期要花出去的钱存在联邦储蓄保险公司（FDIC）承保的储蓄账户里面，而不是去投资，这样才能确保花钱的时候你那笔钱一分不少。你近期打算花出去的钱，最好也这样存到银行里。

• 但是，如果不是最近需要花出去的钱，你可以选择把你健康储蓄账户的钱投到任何投资产品上。比如投资股票指数基金，就像我选择的先锋全市场股票指数基金。

• 在你年满65岁之后，你可以从你的健康储蓄账户中取钱，不管用于什么目的，都不用缴罚金，但是要缴个人所得税，除非你是用这笔钱来支付医疗费用。

第二部分 如何使用世界上最强大的财富积累工具？

现在我们坐下来，好好想想以上这些内容，有一个有趣的选择突然冒出来了。要是我们给健康储蓄账户缴费达到规定的上限，用满免税额度，然后用账户里的这些钱投资低成本的指数基金如何？对于实际看病需要支付的医疗费用账单，我们就从自己口袋里掏钱，然后把所有因看病而支付的诊疗费的发票都仔细收好，这样就可以完全不动用健康储蓄账户的钱，在往后几十年中，只管用它来投资，实现复利增长，而这些投资收益都是免税的。

这样一来，我们其实相当于有了一个罗斯个人养老金账户，从中提取现金是完全免税的；也相当于有了一个常规的个人养老金账户，往账户里缴费是可以享受税前扣除的，集这两个账户的优势于一身。

如果我们确实需要用账户里的钱来支付医疗费用，钱就在账户里，我们随时可以用。但是如果我们不需要用账户里的钱来支付医疗费用，那么这些钱投资股票指数基金产生的收益是免税的，几十年下来它们将有潜力变成相当大的一笔财富。将来当我们准备好要从健康储蓄账户中提取现金时，我们就可以拿出来过去保存的自己支付医疗费用的发票，把过去花掉的钱从我们的健康储蓄账户中提取出来，重新装回我们的钱包，这样提取现金也是免税的，而健康储蓄账户中的余额可以留到以后再用。

如果我们十分幸运，一直健健康康的，到65岁之后，我们就可以从健康储蓄账户中提取出现金，想怎么花就怎么花，就像从我们的个人养老金账户和401（k）账户中取钱一样，只需要给这笔钱缴上所得税即可。

那么上一章讨论的烦人的最低强制领取金额怎么办？到目前为止，法律还没有提到过这一点，以后可能会继续放任不管，也可能会开始强制领取。希望老天继续保佑吧。

我想说的最基本的原则是，任何人只要参加了高自付额医疗保险计划，就应该往健康储蓄账户里缴费。这个账户的好处太大了，你不能浪费它。

一旦你这样做了，你就可以把这个健康储蓄账户变成一个特别强大的投资工具。我建议你这样做。

第二部分 如何使用世界上最强大的财富积累工具？

22

实战案例：实践你学到的简单致富方法

到现在为止，我们已经讨论了好多概念和策略，足够你为自己量身打造出一条简单致富之路。有少数读者是年轻人，刚刚工作，刚刚开始积累财富，这条简单致富之路对他们来说，最容易走，也最容易成功。但大多数人可能已经在投资理财这条路上走了相当长一段时间了。也许你犯了一些错误，持有了一些不该持有的资产，你在想要是从来没有持有过这些资产该多好。也许你过去持有太多不同的资产，现在才认识到，投资组合简简单单就好，根本没必要搞得那么复杂。不管怎么样，你的账户里已经持有一些基金投资了，你需要仔细考虑一下。你也许会问我："我怎么样才能把你书里讲的这些方法转化成自己的实际行动呢？"

很明显，一千个人有一千种不同的情况，一千个人读到本书有一千个不同的想法。我没法逐一回答各位读者提出的问题。但是，我可以举一个典型的真实案例供大家参考。在这一章，我会分享一个来自我个人网站的真实案例。

为了写成这一章，我适当删减了读者来信中提出的问题以及他的一些个人情况，做了适当的编辑和整理，使内容更加流畅清楚。除此之外，我引用的都是这位读者在我网站上留的原话。

这位读者是这么说的：

"我叫小金，今年26岁了，最近刚刚从大学毕业，我决定要规划好我一生的投资理财。幸运的是，我大学毕业后找到了一份很好的工作，也没有债务。我正在努力工作、攒钱，对于我每个月的工资收入，我会专门拿出来24%左右存起来，以逐步积攒出来我的应急金。现在，我专注于努力搞好投资。

"我的爷爷奶奶给我提供了一笔投资的种子基金，他们所有的孙子孙女一人一份，只要一出生就有这样一份人生大礼包。这笔资金过去一直是由一个投资顾问管理的，有好多年了。你在博客上发的文章证实了我的想法，我自己来管理这些资金其实会更好。现在爷爷奶奶送给我的这份人生大礼包，有3.5万美元左右，投资在12只不同的基金上。

"我的奶奶也记不清楚了，我刚出生时他们一开始赠送给我多少钱来启动我这个投资账户。只要有一个孙子或孙女出生，奶奶就会给这个孩子开一个投资账户，放入一笔启动资金，为了公平，一般跟前一个出生的孩子金额相同。奶奶最早给后代开设投资账户的时间是1994年。那年开设账户时账户里有6700美元左右。我的爷爷奶奶每年都会往账户里加1000美元，直到这个投资账户里的钱累计达到2.5万美元为止。1994年，爷爷奶奶用给孙子孙女设立的投资账户里的资金，买入了基金，其中一半是股票基金，一半是债券基金。（我的爷爷奶奶是在大萧条那个年代长大的，不太信任股票。）

"我在一所大学工作，单位提供403（b）计划，它为我匹配的缴费最高能到我工资收入的2.5%。现在我把个人工资收入的3%都投到403（b）账户中了。先锋全市场股票指数基金是这个投资账户提供的其中一个基金选择。

"我每年能够赚7万美元，是税前收入。现在我把我的工资收入的24%都存起来，我的目标是保持存钱比例能在20%或者更高一些。但是我认为，如果其他方面要用钱的地方多了，以后我也许应该把工资储蓄的比例降低到15%。我刚参加工作，还没有想过我要什么时候退休。当然，能够早早退休是最好不过了，但是我并没有正式设定自己的目标退休年龄。

"我想我也会去搞一个自己的罗斯个人养老金账户。

"如果我摆脱我的投资顾问，换掉所有的主动型基金，全部换成先锋全市场股票指数基金，你觉得会怎么样？我并没有完全搞明白这样转换下来，会涉及哪些税收问题。如果我说的不对，请你纠正我一下。我理解是这样操作的，只是把5500美元放到罗斯个人养老金账户里面，把其余的资金放在一个常规的个人养老金账户里。把403（b）账户、罗斯个人养老金账户，还有常规的个人养老金账户里面的钱都拿去投资先锋全市场股票指数基金，这样可以吗？

"我投资基金的最好方式是什么？我的个人应急金要是打造好了，我就把这些钱都投资先锋全市场股票指数基金，我大概每个月能攒出来1 000美元去投资。我是应该每个月往股票指数基金中投入这1 000美元，还是应该等到以后攒到更大的数额再拿去投资股票指数基金？我听说过基金定额、定期投资计划，但是还没有仔细研究过。

"谢谢你的建议，谢谢你为给我提建议花费的时间。"

我的回复开头是这样写的：

"在我们开始讨论之前，按道理我要先致敬。不是向你致敬，我要向你的爷爷奶奶致敬！！他们是长期投资、积累财富的高手，绝对配得上整个足球场的人一齐为他们两个鼓掌、欢呼、致敬。请告诉你的爷爷奶奶，我向他们致以最高的敬意！

"你爷爷奶奶提供了种子基金，给你还有其他孙子孙女一人一份，这个事实告诉我一些信息：第一，他们两个有资源；第二，他们挺懂积累财富这件事的，对子孙后代负责，安排得挺好；第三，他们对子孙后代非常慷慨大方；第四，你刚毕业就能如此周全地考虑你一生的财富积累和理财规划问题，很明显，你爷爷奶奶把投资理财的智慧传下来了，影响到你们第三代人了。赶紧带他们去吃一顿大餐，好好表示感谢。你爷爷奶奶在积累财富这件事上，既为你出钱出力，又对你言传身教，做得太好了。你要是已经带他们吃过大餐了，那就再吃一顿。"

第二部分　如何使用世界上最强大的财富积累工具？

看看小金的情况，他已经打下了很好的基础：

- 有 3.5 万美元的起步资金。

- 每年有 7 万美元的年薪，他每年存下来 24%，相当于 1.68 万美元。

- 小金的目标是将来发了工资存下来 20% 左右，也就是每年存大约 1.4 万美元。你后面会看到，我会劝他提高工资的存钱比例。

- 小金已经搞定了一份很好的工作，工作单位提供 403（b）计划。

- 零负债。

- 他还不能确定目标退休日期，这也难怪，他现在才 26 岁。但是他已经认识到，有一笔独立自由保证金非常重要。

- 他想知道投资基金的最好方式是什么，他还想了解一下定期定额投资。

让我们先来看一看他应该选择什么样的投资方式。

幸运的是，他工作的那个大学提供的员工养老投资计划的基金选项中包括先锋领航集团的指数基金。小金倾向于选择先锋全市场股票指数基金，这个投资观就对了。事实上，我正要建议他应该把所有投资都放在先锋全市场股票指数基金上。小金正处于积累财富阶段，先锋全市场股票指数基金正是帮他积累财富的最合适的工具。

在第 17 章，我们已经学到了，先锋全市场股票指数基金有三种基金份额可以选择：A 类份额，I 类份额以及 ETF。A 类份额的基金代码是

VTSAX，基金费率最低，但是有 1 万美元的最低购买金额限制。I 类份额的基金代码是 VTSMX，它持有的股票投资组合与 A 类份额完全相同，但是基金费率略高一点，不过只有 3 000 美元的最低购买金额限制。小金只要手上的钱超过 1 万美元，就应该购买 A 类份额。他在一开始起步时要是手上资金不到 1 万美元，就只能购买 I 类份额了。一旦账户里投资金额达到了 1 万美元，先锋领航集团会自动为你转换成更低费率的 A 类份额。

我们前面的章节已经分析过了，只买先锋全市场股票指数基金这一只基金，其实就能得到一个非常分散的股票投资组合，可以说能让你一下子同时持有美国股市所有上市公司的股票。因为很多美国上市公司的业务已经高度全球化了，所以只买这一只指数基金，已经能让投资者拥有覆盖全球市场的配置了。只持有这样一只追踪整个美国股市的全市场股票指数基金，你就拥有了最强劲有力的财富积累工具，而且还能让你的股票投资足够分散、多元化。这样满仓配置股票，可能在别人看起来非常激进，而这正是我们在财富积累阶段希望做到的。但是丑话说在前头，其实你读了前面的章节之后也肯定早就知道了，未来的长期投资旅程肯定像坐过山车一样大起大落。有了充分的心理准备之后，这位年轻的投资者应该坚持长期投资计划不动摇，一直持续不断地往基金里面投钱，保持过硬的心理素质。小伙子才 26 岁，将来还有几十年的投资之路要走，路还长着呢。

在未来，到了某个时间段，小金就会开始考虑退休的事了。

也许小金会等到美国法律规定的 65 周岁才退休，也许他会选择提前退休，估计到35岁左右他就攒够一笔独立自由保证金了，想退休随时就可以退休。当他退休时，他就会进入保住财富阶段，就会考虑投资多元化，开始配置一些债券。但是现在他才26岁，才开始积累财富，所有的钱只管全部投资股票，而先锋全市场股票指数基金是投资股票的最好的投资工具。

接下来，让我们看一看他现在能够用哪些不同的投资篮子来放置这些基金投资，一起讨论一下在不同的账户之间如何分配他的先锋全市场股票指数基金更合适。你可能还记得下面这些篮子，就是我们的投资账户。小金可以按照下面这个排序来安排他的投资：

（1）403（b）账户，即以用人单位为支柱的员工养老投资计划账户。

小金在一所大学工作，所以他有一个403（b）账户，而不是一般常见的401（k）账户。小金打算把每个月工资的3%拿出来，缴存到账户里，单位会匹配缴费2.5%。这是免费的午餐啊！所以这个账户是排名第1的投资篮子，有钱就先往这个账户里放。

（2）可以享受税前扣除的个人养老金账户。

这个个人养老金账户与403（b）账户很像，他往这个账户里面缴费，在纳税申报时都是可以享受税前扣除的，而且用这个账户的钱去投资，获得的投资收益是可以递延纳税的。这个账户最大的好处是，小金可以完全控制自己的投资选择，而工作单位提供的员工养老投资计划中的选择往往十分有限。小金可以开一个能够享受税前扣除的个人养老金账户，然后选择投资先锋全市场股票指数基金，首选 A 类份额（VTSAX），次选 I 类份额（VTSMX）。

由于小金的 403（b）账户提供的基金选择非常好，所以上面说的这件事其实对小金来说影响不大。但是很多以用人单位为支柱的员工养老投资计划提供的基金选项并不是最佳的。如果你工作的单位提供的员工养老投资计划是这样的，你就用我们在第 19 章讲的指导原则，在可选择的基金范围里，找到一只最接近先锋全市场股票指数基金或者标普 500 指数基金的低成本基金进行投资。很多用人单位提供的员工养老投资计划的选项里都有这类指数基金。

具体的操作方法一般分成下面三个步骤：

第一步，先向你工作单位提供的员工养老投资计划账户里缴费，缴到能让你的单位匹配缴费达到上限为止。

第二步，向你个人养老金账户缴费，缴到能缴的上限。

第三步，如果你手上还有钱，最后再重新回到你工作单位提供的员工养老投资计划账户，缴到能缴的上限。

现在可以享受税前扣除的个人养老金账户年度缴费上限是 5 500 美元，小金应该尽可能地缴到上限。这个账户提供的税收优惠太好了，要是不享受实在太可惜。

（3）回到 403（b）账户。

现在的法律规定了 403（b）账户年度缴费的上限是 1.8 万美元，也就是说，小金一年最高可以往里面缴费1.8万美元。

现在小金每个月拿出来3%的工资收入存入自己的403（b）账户。小金一年工资收入有7万美元，按照3%的缴费比例，他一年只是放进去2100美元，还有1.59万美元的潜在缴费空间。

小金现在打算每年把工资收入存下来20%，按照小金一年工资收入有7万美元来算，也就是说，他能攒下来1.4万美元。按照这个计划，他一年还能再拿出来6400美元存入403（b）账户（2100美元+5500美元+6400美元=14 000美元）。

但是，正如我说过的那样，我想要劝说小金提高存钱比例，把更多工资收入攒下来，拿去投资，这样他能够缴到403（b）账户的上限1.8万美元。

现在是每个月工资收入直接扣款3%来缴费，一年下来是2100美元。小金再多缴费1.59万美元，一年下来合计就是1.8万美元。

再加上他给自己个人养老金账户里缴费5500美元，合计就是2.35万美元。按照小金一年工资收入7万美元来计算，存钱比例大约是33.57%。

在这里需要说明的是，我计算这个存钱比例用的基数是税前收入。有些人会争论说，用税后收入更好，因为税后收入才是他实际能够随便花的钱。但是税收的事非常复杂，任何一笔具体的税前收入，要计算出来对应的税后收入是多少，在不同情况下结果差异很大。用税前收入计算就简单多了，这样还会鼓励你存下来更多的收入，这正符合本书一直倡导的基本原则。

你要是严肃认真地想要获得财务自由，那么你必须充分利用你所有的递延纳税的机会。为此，你需要尽可能地多投资，多往你的投资账户存钱。这就又需要你多攒钱，提高存钱比例。我们不能因为要多存钱、少花钱，就在这一步止步不前了。

（4）没有税收优惠的一般篮子。

这些投资账户是我们平时经常用的，是不享受任何税收优惠的一般篮子。你在这个账户中的基金投资的分红和收益每年都要纳税。但是有得必有失，有失必有得。与有税收优惠的账户不同，这些普通账户里的钱，你想什么时候取出来花都行，不需要因此而支付任何罚金。小金他爷爷奶奶给了他3.5万美元，并且用这些钱买入了12只不同的基金，放在普通的投资账户里。就算小金后来把这些基金都卖掉了，把资金都转移到先锋全市场股票指数基金这一只基金上，用来投资这一只基金的账户也属于普通投资账户。

一旦小金把现在持有的这12只基金都卖掉了，假设这12只基金过去这20多年已经升值一些了，小金就需要缴纳所得税，也就是美国的资本利得税。由于小金的投资只有3.5万美元，以及事实上资本利得税的税率现在还挺低的，所以这也没什么好纠结的。不过，如果这笔钱数额相当大的话，分析决策就会变得复杂多了。在这种情况下，你就需要做一个全面深入的分析，你要弄清楚现在持有的投资市场价值是多少，投资成本是多少，投资盈利是多少，年底要缴的资本利得税是多少。

我们来做个简单的总结：小金的存钱比例现在是24%，目标是逐步积累一笔应急金，在攒够这笔钱之后，他打算把工资收入的存钱比例降低到20%。相对于美国人的整体平均储蓄水平，小金每年能存下来自己工资收入的20%，已经是相当高了。但是相对于小金本人想要达到的投资理财目标来说，他应该储蓄更多的钱。我建议他把存钱比例提高到50%，但是其他更加渴望能够快速拥有一笔独立自由保证金的人，一般会把工资收入的存钱比例提高到70%~80%。

小金大学毕业，根本没有外债，还能多储蓄、多攒钱，用攒下来的钱去投资，这让小金已经遥遥领先于大多数年轻人了。小金现在有工作，很年轻，又没有孩子。他现在这个情况，太有利于提高工资收入的存钱比例，再上一个新台阶了。至少小金应该避免"生活方式通胀"，换句话说，小金应该把所有增加的薪水都放入投资账户，追加投资。如果他现在开始这样做的话，将来年老退休的时候，问题就不是没钱花了，而是钱攒得太多了，不知道怎么花。

现在我们手上的数据都齐了，让我们来看看有哪些选择，具体是怎样的情况。

选择1：24%的存钱比例

小金原来想的是，积攒出来一笔应急金后，就把存钱比例降到20%。忘掉这个打算吧，这可不会让他达到他想要实现的目标。

小金的起步资本是3.5万美元，那是他的爷爷奶奶留给他的，原来是找投资顾问管理的，分散投资在12只基金上。小金工作之后打算自己管，卖掉原来这12只基金，把所有资金都转移到先锋全市场股票指数基金这一只基金上。但有投资收益，就得交资本利得税。我们在前面的章节里，已经看到了，美国股市的平均年化收益率，在1975年1月到2015年1月的40年间，是11.9%。按照11.9%的年化收益率水平，爷爷奶奶留给小金的钱全部买成先锋全市场股票指数基金之后，应该差不多每过6年就会翻一番，那么等到再过36年，小金62岁的时候，这些钱应该能翻上接近六番，就是2^6倍，即64倍。3.5万美元的本金，翻上64倍，累计下来已超过了200万美元，尽管小金一分钱也未追加。再过6年，小金到了68岁的时候，又翻了接近一番，这些资产会增长到大约390万美元。这就是复利的力量。我前面说没说过，小金应该带他的爷爷奶奶去吃大餐。

要是小金在这3.5万美元的基础上，每次有了余钱就再追加一些投资（这其实就是他本人的打算），那么最后积累出来的财富结果会更惊人。即便按照小金目前24%的存钱比例，他每年也能从7万美元的年薪里拿出1.68万美元去追加投资。

小金的403（b）账户能够从他的工作单位那儿得到相当于他工资收入2.5%的匹配缴费，而他自己的缴费比例是工资收入的3%。按照小金每年7万美元的工资收入水平，他自己每年会缴2 100美元，而工作单位给他的匹配缴费就是1 750美元。此外，他的工资收入每年还能存下来24%，也就是1.68万美元。这些钱将会用来投资先锋全市场股票指数基金，这也是小金的工作单位给员工提供的养老投资计划中的基金投资选项之一。如果先锋基金不在这些基金选项之中，小金就会用这些钱投资最接近先锋全市场股票指数基金的选项。

小金的个人养老金账户可以享受税前扣除的年度缴费上限是5500美元。这些钱会被用于投资先锋全市场股票指数基金的I类份额（VTSMX），累计超过1万美元就会转换成A类份额（VTSAX）。

小金一年的工资收入有7万美元，他打算每年存下来24%，就是1.68万美元。小金的403（b）账户从他的工资中自动扣款，每年缴费2100美元，个人养老金账户缴费上限5500美元，二者合计是7600美元。从每年计划存钱总额1.68万美元中，去掉上面这7600美元，还剩下9200美元，就都放在403（b）这个账户里。

千万不要让这三步走的过程把你搞蒙了。这只不过是按照不同账户的吸引力来排序，依次在两个账户之间选择而已。一旦小金搞明白了，具体的执行就会变得非常简单了：

（1）给403（b）账户合计缴费1.13万美元（工资收入每月自动扣款3%，年度累计缴费2100美元，加上自己另外直接缴的9200美元）。

（2）个人养老金账户缴费缴到最高限额，即5500美元。

选择2：50%的存钱比例

现在我们来看看，要是我们能够劝说小金更加严肃认真地考虑把更多的钱存下来并用于投资，结果会怎么样。

小金的起步资金还是 3.5 万美元，是他爷爷奶奶留给他的。但是现在我们每年手上又会多出来 3.5 万美元去投资，这是因为小金现在把存钱比例提高到了 50%。

小金的 403（b）账户从每个月工资收入里自动扣款 3%，每年缴费合计 2 100 美元。小金在个人养老金账户中的缴费到达了上限 5 500 美元。以上两个账户缴费合计是 7 600 美元。

现在小金一年的工资收入是 7 万美元，他如果把存钱比例提高 50%，就能存下来 3.5 万美元。减去存入前面两个账户的 7 600 美元，还剩下 2.74 万美元可以拿来投资。我们为了充分利用 403（b）账户的税收优惠，可以再缴费 1.59 万美元，加上平时从工资中自动扣除的那 2 100 美元，缴满 1.8 万美元的上限。

这时小金手上还剩 1.15 万美元可以投资（35 000 美元 – 2 100 美元 – 5 500 美元 – 15 900 美元 = 11 500 美元）。

我们把这 1.15 万美元都放在没有税收优惠的普通账户里，都投资到先锋全市场股票指数基金上，再加上他爷爷奶奶非常慷慨地提供的那 3.5 万美元种子基金，合在一起继续积累财富。

这样一来，我们不难看出小金的财富增长速度会大幅提高。现在小金充分利用了所有享有税收优惠的投资账户，同时在没有税收优惠的普通账户里继续投资，积累财富，这些普通账户可以随时取现，不用缴纳任何罚金。

第二部分　如何使用世界上最强大的财富积累工具？

当然了，投资用的钱越多，小金要存的钱就越多，小金必须为此安排好自己的生活，把日常开销控制在 3.5 万美元以内。有些人也许会觉得这样的生活支出水平简直太惨了，但是另外一些人也许会觉得这样的生活支出水平简直太高了。是高是低，都是相对而言的。不管生活支出水平是高是低，都是你完全可以做得到的。这其实就是你的三观问题：选择什么，优先选择什么，把财务独立看得有多重要。

告诉你一个统计数据让你开心一下：年收入 3.5 万美元，你就能进入全球人口收入排名前 0.81%。祝贺你了！想知道你现在的收入在全球所有人口中排名多少吗？你可以上 globalrichlist 网站上查看。

最后，让我们简单看一看这些缴费会带来什么样的结果。

像大多数人一样，小金会用自己投资赚到的钱继续投资。我们一般称之为基金红利再投资。小金会在他的 403（b）账户和个人养老金账户上做这样的红利再投资。此外，在他的普通投资账户中，小金也会在原来爷爷奶奶给的 3.5 万美元种子基金的基础上做红利再投资，并且不断追加投资。对于这些账户，先锋全市场股票指数基金都是它们的首选。

小金每个月从工资收入中存下来一半的钱，并通过以上三个账户投资先锋全市场股票指数基金，这实质上就是定期定额投资，简单地说就是把一笔钱长期分散开来，分期、分批去投资。对于定期定额投资，我们会在第 26 章再深入探讨。

工作单位提供的 403（b）账户和 401（k）账户一样，美妙之处在于，一旦设定好了，所有账户缴费都会从工资中自动扣除。而个人养老金账户和投资先锋全市场股票指数基金的普通投资账户则需要小金多花一点儿工夫。要么自己记住每个月定期往账户里加钱，就像要记住每个月定期付水费、电费账单一样，要么在先锋领航集团的网站或者手机应用程序上提前设置好，最后自动扣款、自动转账。我现在就是这样设置的。这很容易操作，这样自动扣款和转账也更容易让人长期坚持下来。

好了，需要知道的都知道了。如果小金能够沿着这条简单致富之路一直走下去，他在不知不觉中就会积累起一笔独立自由保证金。有了这么一大笔钱，他就可以自由选择了，想工作就工作，不想工作就不工作，这笔财富也足以让他一直维持他工作时的消费水平。等小金年纪大了，到了当爷爷奶奶的年纪，他也将有能力为自己的孙子孙女提供种子基金，把财富传承下去。到那时，他也许会考虑学习了解一下"如何像亿万富翁一样做慈善"，我们会在第32章讨论这个主题。

说明：

你如果对这个案例的原始版本感兴趣，可以在我的个人网站上搜索标题为《更加顺畅的财富积累之路》（The Smoother Path to Wealth）的文章。在我的网站上，你还可以看到其他更多的案例，每一个都展现了独特的个人情况。只需要在页面右栏点击分类中的案例研究（Case Studies）就行。对于各种各样更加简单的问题，你如果想知道我的回答，点击页面最上方的"问问柯林斯"（Ask jlcollinsnh）即可。

第二部分　如何使用世界上最强大的财富积累工具？

23
我为什么不喜欢投资顾问？

管理他人的钱，是一门大生意，而对那些干这一行的人来说，这是一门肥得流油的好生意。

很多人一听投资和投资管理，都吓坏了，觉得太专业了，自己根本不懂，但是没办法，你非得投资不可。很明显，你需要打理好自己的钱。投资理财的事看起来实在太复杂了，所以，毫不奇怪，很多人就认为，专业的事交给专业的人去做，肯定比自己干的要好得多。

可是和家电维修、美容美发、看病等日常生活中的其他专业领域不一样，大多数投资顾问帮客户管钱却并没有让客户获得更好的投资收益。投资为什么看起来非常复杂呢？都是那些金融投资机构故意搞的，它们尽最大努力把投资搞得看起来非常复杂，这样你就会感觉它们有充分的理由为其提供的投资管理服务收取高昂的费用。事实上，很多投资确实很复杂。但是你现在读到这里，应该已经明白了，简单的指数投资不但更容易，而且更有效。

投资顾问不只是收费很贵而已，还会想尽办法掠夺你的财富。你搜索一下"伯尼·麦道夫"就知道了。你惦记的是人家的利息，人家惦记的是你的本金,有时不是一部分本金,可能是全部本金。如果你选择寻求投资建议的话,最好是小心地寻找,永远不要放弃你对自己的资金的控制权。这是你的钱,没有人会比你更关心你自己的钱。有很多人都在想尽办法把你口袋里的钱变成他们口袋里的钱。小心防范啊,千万不要让他们得逞。

我说的投资顾问,指的是范围很广的一大帮人,其中包括:基金经理、投资经理、证券经纪人、保险销售代理人(他们经常伪装成投资理财规划师)等等。简单地说,通过帮你管钱来赚钱的人,都属于投资顾问。

现在,我可以肯定,这些投资顾问人数非常多,其中有很多人确实很优秀,诚实可靠,忠诚尽责,工作勤奋,大公无私,总是把客户的利益放在自己的利益前面。但是说实话,人嘛,参差不齐,差异很大,我根本不能肯定所有的投资顾问都这么优秀。为了以防万一,避免碰到其中占少数的品行低劣的投资顾问,有些话我得在这里说一下。

• 从产品结构和公司结构的设计来看,投资顾问的利益和他们客户的利益是对立的。对于那些设计得很复杂、收费又很高的基金产品和投资产品,投资顾问拿到的管理费和销售提成都非常高,而卖那些非常简单的、只是无脑复制市场指数的低成本指数基金,他们能拿到的管理费非常低,甚至根本没有销售提成,基本赚不到什么钱。对客户最有好处的事对那些投资顾问没什么好处。只有那些万里挑一的大圣人才会做这样的事。投资管理这个专心和钱打交道的行业,看起来不大会召唤这类大公无私的大圣人。

第二部分 如何使用世界上最强大的财富积累工具?

• 意图很好，但是实际效果很差的建议，在投资行业非常普遍。投资顾问把客户的利益放在他们自己的利益之上，这种事就像乔·兰斯代尔在他的小说《暗水》中说的那样，"比响尾蛇放下毒牙立地成佛那种事还要稀罕"。你得睁大眼睛可劲儿找，才能找到一个多少能给客户做点儿好事的投资顾问。

• 投资顾问不会让客户买长期最赚钱的基金产品，而会让客户购买能使自己收到最多基金管理费和销售提成的基金产品。经常是基金公司逼着基金经理多卖管理费最高的基金产品，银行和券商逼着投资经理多卖销售提成最高的理财产品。所以，那些买入成本和持有成本都很高的基金产品，不用说都是很烂的基金产品。

• 毫不奇怪的是，投资管理这个行业能让人接触到客户一辈子攒的一大笔钱，所以像个超级大磁铁一样强烈吸引着那些骗子和小偷，还有那些想方设法要从你身上揩一把油的家伙。

我们来看看那些投资顾问是怎么赚到很多钱的，每一种赚钱方法都是如何专门针对你们这些基金投资者来设计的。这里你要记住，我们谈论的只是那些合法的赚钱手段，而未提及那些不合法的欺诈手段。通常来说，投资顾问的赚钱模式有以下三种。

1. 佣金

每次你买入或者卖出一只基金，投资顾问就会拿到一笔提成，这些提成在业内称为手续费，也叫佣金（loads）。

不难看出来，在买卖过程中投资顾问可能会辜负客户的信任，为自己多谋私利，而且这种利益冲突非常明显。客户要是购买先锋领航集团的指数基金，投资顾问在中间根本拿不到销售提成。但是，销售其他基金公司的基金，他们都可以收一笔非常高的销售提成。一般来说，提成占比平均在 5.75% 左右，它们会直接进入卖基金的那些投资顾问的腰包。这意味着，你要是拿着 1 万美元去投资，真正投资在基金上的钱只有 9 425 美元，其余 575 美元都作为佣金进到你的投资顾问口袋里了。哼，他们会推荐什么样的基金，你明白了吧？

有些基金会给销售基金的投资顾问提供 1% 的尾随佣金。这意味着你不只是在第一次买基金时要付一笔佣金，每一年下来只要你继续持有这只基金，你都要再付一笔佣金给投资顾问。毫不奇怪，投资顾问喜欢第一次卖出基金时很高的销售提成，也很喜欢之后细水长流的尾随佣金。通常这些高销售提成和高尾随佣金都会出现在同一个基金产品上。

此外，由于这些基金很多是主动型公募基金，所以费率很高。它们大多数注定跑不过简单复制全市场指数的低成本指数基金，而要购买这样的指数基金，我们根本不用找那些投资顾问，自己直接去买就行了。

我们来算一下这些基金投资的费用成本加在一起有多高。给基金销售机构投资顾问的提成是 5.75%，加上 1% 的尾随佣金，再加上给基金公司的投资管理费，就按 1.5% 算吧，以上三项费用占比加在一起是 8.25%。

第二部分　如何使用世界上最强大的财富积累工具？

也就是说，我们一开始买基金，就要付给别人自己投资本金的 8.25%。你这 8.25% 的投资本钱就从此永远消失不见了，转到别人的口袋里了。这些本钱以后几十年能给你赚到的钱也从此永远消失不见了，也转到别人的口袋里了。相比之下，买先锋全市场股票指数基金，不会给那些卖基金的投资顾问销售提成，也不会给他们尾随佣金，先锋领航集团只向你收取 0.05% 的基金管理费。我的天哪，先锋领航集团简直是投资管理行业里的大圣人。

那些保险产品的销售提成是最高的。无利不起早，提成越高，激励作用越大，销售人员越是会积极主动地推荐，所以保险产品才成了世界上那些投资顾问最强烈推荐的产品，所以保险产品肯定是对你来说费用成本最高的投资产品。年金险和终身险、万能险这些人寿保险产品的销售提成比例会高到 10%。更糟糕的是，这些销售提成不是摆在台面上的，你这个买保险产品的人根本看不到。这种虽然表面合法合规，但实质上欺骗客户、为个人牟取私利的行为究竟有多少，我说不准。但是，肯定有。反正羊毛出在羊身上，那些卖保险产品的人赚的钱，不是天上掉下来的。

那些做对冲基金和私募投资基金销售和管理的人，都赚了大钱，都发了大财。这些基金的投资者呢？也许有一部分人，在有些时候，确实赚了大钱。但是长期来看，大部分人，大多数时候，并没有赚到大钱。

还记得那个私募基金管理人麦道夫吗？人们几乎是求着麦道夫把自己的钱拿去管理的。麦道夫的学历、经历、头衔非常完美，无可挑剔。他的基金长期业绩和业绩排名也是一流的，无可挑剔。只有"最优秀的"投资顾问才能够把你领进麦道夫管理的这个基金投资圈子。麦道夫付给这些投资顾问相当高的销售提成，让他们引荐客户。而那些老客户又会引荐新客户，麦道夫也会为他们提供相当高的提成激励。哎哟，麦道夫真是大方啊。

如果你觉得这些基金投资费用在你这个基金投资者身上吸的血还不够多，如果这还不足以引起你的重视，投资顾问还会通过频繁地买进、卖出股票来获得更多的交易佣金。投资顾问建议你，甚至有的顾问得到了你这个客户授权，折腾你基金投资账户里的钱，他们频繁地买进、卖出，给他们创造更多销售提成。这些本质上完全不必要的频繁交易是不合法的，但这很容易掩盖住，美其名曰"调整资产配置"。

2. 挂钩资产管理规模（AUM）模式

由于过去多卖高提成产品多赚钱的模式太泛滥了，臭名远扬了，客户都怕了，所以最近几年按照客户账户资产规模只收取固定比例管理费的模式变得相当流行。投资顾问的管理费一般是按照客户账户里资产规模的 1%~2% 来收取。这种收费模式显得更加客观，更加公平，更加"专业"。但是你还得小心，草丛里也会有毒蛇。

第一，每年 1%~2% 的账户管理费，短期看起来不多，但是长期复利累积下来非常多，会大大拖累你的财富增长，你退休后为了维持生活能从这笔投资中领取的钱也会因此而大大减少。你的投资本钱是牛奶，经历很大的风险才得到的投资收益如同上面那一层宝贵的奶油，在这种管理费与账户资产规模挂钩的模式下，你的顾问会从最上面把厚厚的一层奶油刮走。

不信吗？我来给你算算账。假设你的账户上有投资本金10万美元。一般最少需要有这么多钱，才会让投资顾问感兴趣，小钱人家根本看不上。我们进一步假设，你投资了20年，每年平均下来年化收益率能达到11.9%，和1975年1月到2015年1月40年间美国股市的年化平均收益率一样。你的投资最终会升值到947 549美元。经过20年，10万美元变成95万美元，还不错，是吧？

现在假设你这11.9%的年化收益率，每年要拿出来2%交给投资顾问作为人家的投资顾问管理费，你实际的年化平均收益率现在就只有9.9%了。还是过了20年，你的资产只能升值到660 623美元。一对比，少了286 926美元。你丢掉的不只是每年支付的那2%的投资管理顾问费，这只是本钱，你还丢掉了这些本钱本来可以在这20年间利滚利赚到的所有投资收益，这才是大头。我把话说明白了吧——你亏大了，简直是亏了一套房。

第二，在这种模式下，还有利益冲突的问题。在挂钩资产规模、按照固定比例收取投资顾问管理费的模式下，利益冲突问题不像佣金/销售提成模式下那么普遍了，但是仍然存在。比如，也许你在考虑还掉你的10万美元住房抵押贷款，或者你在考虑是不是应该拿出10万美元去交孩子上大学的学费，这样可以避免孩子还没工作就因为借助学贷款而欠一屁股债。通常，投资顾问会建议你这两件事都不要做，继续投资。对于你来说，这也许是个好建议，也许是个坏建议，这要取决于你个人的具体情况，确实不好说。但是对你的投资顾问来说，这是让他赚钱最多的唯一可行建议，必须让你把这 10 万美元留在账户里，只有这样，他每年才能稳稳拿到你 1 000~2 000 美元的投资顾问管理费。

第三，大多数投资顾问注定会让你付出更高的代价，因为他们帮你做决策选择购买的基金，多数是基金经理主动管理的基金，长期下来它们大多数都跑不赢追踪全市场的股票指数。你并不知道，未来二三十年你是不是很幸运能选到一只可以跑赢市场的基金，这是小概率事件，非常罕见。

3. 按小时收费

很多投资顾问并不太喜欢这种按小时收费的模式，他们抱怨说这样经常使客户不愿意花更多时间，跟他们共商投资大事。

这是真的，投资顾问按小时收费，时间越长，收费越多，客户都会选择把服务时间尽量缩短。但同时，投资顾问要工作很多个小时，才能赚到靠销售提成和挂钩资产管理规模收固定比例管理费那两种收费模式轻松赚到的钱。

投资顾问也会指出，客户不太可能会反对销售提成和挂钩资产管理规模收固定比例管理费那两种收费模式，他们往往不会注意到这样会让投资顾问从投资收益的牛奶最上面刮走厚厚一层奶油，因为收费是从投资账户上自动扣款完成的。按小时收费的话，尽管这样付出的投资成本其实单位产出效率更高，但是这样就得要求客户实实在在地输入密码、付款，他们就会亲眼看到这些钱从自己手上溜走了。客户肯定会心疼，感觉不太舒服，投资顾问赚到的钱当然会更少。不过在我看来，这对客户来说并不是什么坏事。

也就是说，如果你真的需要人家的建议，最直截了当的方式就是你花钱去买投资建议。但是你花钱买建议，很值啊。你找个按小时收费的投资顾问买他的投资建议，一个小时两三百美元，这并不是什么高得离谱的收费。想要骗你这点儿钱，也不太可能啊。不过，对于这些建议，你要和听保健医生给你的健康建议一样，听归听，最终还是要自己辨别。人家给的建议对你的财务健康来说是好还是坏，这必须你自己拿主意、做决断。

4. 综合前面三种收费模式

这是我们最后一个选择。如果你的顾问综合前面三种收费模式来收费，原因可能并不是为了你好。

那对于挑选投资顾问，我有什么好的建议吗？这可难倒我了。挑到一个好的投资顾问，甚至比选到一只能够跑赢市场的大牛股或者选到一只能够跑赢市场的主动型大牛基还要难。相比看股票、看基金，看人更难。

什么才是好的投资顾问？只有当他们推荐的基金是跑赢市场的好基金

时，他们才能称得上是好的投资顾问。既然投资顾问多数都推荐主动型股票基金，跟本书推荐的指数基金完全相反，那么这些顾问之中能够跑赢全市场指数的能占多大比例呢？

就像我们在第 8 章看到的长期统计数据表明的那样，非常少。你可以回顾一下那个研究报告，只看一个年度的话，能够跑赢全市场指数的基金经理占比为 20% 左右，但是从 30 年期限来看，能够跑赢全市场指数的基金经理占比不到 1%。从统计学上来看，这跟化零为整形成的偏差差不多，可以说大部分都是噪声，没有什么统计学上的显著意义，说白了，几乎都只是运气而已。

你花了大价钱，找了专业的投资顾问，他们卖给你的这些主动型基金，业绩水平却如此平庸……

如果你是一个投资新手，你有两个选择：

（1）学会选投资顾问。

（2）学会自己做投资。

对于这两个选项，你都得花时间研究分析，还得不断总结、不断改进。但是第二条路会更容易一些，费用更低一些，起码省了一大笔明里暗里的投资咨询费。希望本书能够告诉你如何自己走一条既正确又简单的投资之路。

要长期投资成功，非常让人意想不到的一点是，越简单的反而越便宜，而且越赚钱。对你这个买基金的人来说，越复杂的费用越昂贵，而且只会让那些卖基金的投资顾问和做基金管理业务的基金公司更赚钱。

你要记住,没有人比你自己更关心你的钱。看股票难,看基金难,看人更难。与其花很多的工夫学习挑选好的投资顾问,不如只花很少的工夫学会如何管理自己的钱,这样成本会低得多,长期收益反而会好得多。

第三部分

魔 豆

"智慧来自经验,而经验经常是缺乏智慧的结果。"

——特里·普拉切特

24
约翰·博格与指数基金遭受的非议

要是有人问我，过去这么多年来阻碍我个人财富增长最大的因素是什么（尽管从来没有人问过我这个问题），我给出的答案肯定是：我个人顽固、倔强地排斥指数基金这个被动投资理念好多年，年头长得让我十分尴尬。

事实上，在我第一次听说反对指数基金的那些说法时，我觉得说得太对了，说出了我心里最真实的想法。我这样反对指数基金投资理论的次数太多了，反对的年头太久了，中毒太深了，觉醒太晚了。

那么，指数基金这个被动投资理念在某些方面受到如此强烈的反对，背后的原因到底是什么呢？

首先，我们来稍微回顾一下指数基金的历史。

约翰·博格在1974年创立了先锋领航集团，他是现代低成本指数基金之父，也是我个人非常崇拜的投资偶像，他就是我的投资之神。要是你希望能够变得富有，能在财务上独立自由，约翰·博格也应该会是你的投资偶像、投资之神。

你别不信，连著名投资大师巴菲特也公开说，约翰·博格对个人投资的历史贡献排名第一。

在博格先生之前，整个金融投资行业的结构设置，几乎可以说都遵循这样的潜规则：让那些购买投资理财产品的客户多花钱，让那些销售投资理财产品的人多赚钱。现在整个金融投资行业大体上还是这个样子。

后来博格先生横空出世，揭露了金融投资管理行业这个潜规则，暴露了行业的黑幕。投资顾问建议我们选的基金，往好了说其中只有极少数长期表现能追上市场，但其实没有提供什么超额收益，实质上根本没有存在的价值；往坏了说其中大多数基金的长期业绩都落后甚至大幅落后于市场，而且这些基金经理主动管理的股票基金总会收很高的管理费，会大大拖慢你的财富积累速度。所以，金融投资管理行业那些基金公司、证券公司、银行等众多机构叫嚣着反驳约翰·博格先生，持续不停地诋毁他，这毫不奇怪。

约翰·博格先生的回应是，用行动说话，用产品回击。他创立先锋领航集团并发行了第一只标准普尔500指数基金。这些谩骂指责、咬牙切齿的攻击，一直持续不断，尽管随着时间的推移，约翰·博格用他新设立的这只指数基金渐渐证明他的投资理论在现实世界完全行得通。

日积月累下来，证据越来越多，越来越有力，那些批评博格的声音开始弱下来了。我想主要原因是，指数基金的长期业绩，这铁一般的事实和数据，就摆在眼前，再像原来那样大声批评指数基金的被动投资理念就只会显得自己太愚蠢了。其他基金公司也认识到了，基金投资者开始变得越来越不愿意买那些由基金经理主动管理的股票基金，他们也不再愿意为基金经理承诺的令人怀疑的业绩目标而支付高额的管理费。这些基金公司甚至开始为了满足客户需要，推出了它们自己的低成本指数基金，这也是为了基金公司自身的利益，努力留住客户，不然客户都跑掉了，去买别家基金公司的指数基金了。

我个人从来没有相信过这些基金公司是真心为了维护客户的利益，想要搞好指数基金。所以，我的钱一直都全部放在先锋这一家基金公司里。我只信先锋。

先锋领航集团的股权架构设计理念是，一家基金公司的利益应该与购买基金的基金持有人的利益保持一致。1974年，在先锋领航集团成立时，这是一个让金融投资行业震惊的想法，现在仍然如此。先锋领航集团至今还是唯一一家由基金持有人通过投资的基金来持股的基金公司，所以先锋领航集团是唯一一家我这样强烈推荐的基金公司。我的钱都放在先锋这一家基金公司里，我建议你也这样做。

指数基金背后的投资理念是，既然选择个别股票跑赢市场的概率非常小，那么要获得最好的投资结果，就应该模拟全市场股票指数，构建相对全面和多样化的投资组合。这样简单无脑的做法，在1974年约翰·博格推出第一只指数基金时，听起来非常荒唐可笑，现在在有些方面仍然如此。

但是从1974年到2016年这40多年来，博格的指数基金用长期业绩持续不断地一再证明，指数基金背后的被动投资理念是对的。指数基金用事实说话，用长期业绩说话，基金投资者看得见，摸得着，做得到，所以这 40 多年来指数基金的规模越来越大，市场份额占比也越来越大。甚至有史以来最伟大的选股高手巴菲特，也开始一再公开推荐指数投资。此外，巴菲特对自己离世后由妻子所继承的信托基金的投资方式做了规划，他推荐将大部分资金投资于指数基金。

在 2013 年度致伯克希尔股东的信中，巴菲特先生这样写道：

"我的投资建议……再没有那么简单了，把 10% 的资金放在短期国债上，剩下 90% 的资金放在成本非常低的标准普尔 500 股票指数基金上。(我个人推荐先锋标准普尔 500 股票指数基金。) 我相信，一个人如果完全遵照这个简单的投资原则，其长期的业绩将会超过大多数听从高收费投资管理顾问建议的投资者的业绩，不管是养老基金投资者、机构投资者还是个人投资者。"

那么既然这些指数基金长期跑赢主动型基金的证据堆积得越来越多，不容反驳，为什么现在还会有人继续猛烈攻击指数基金的被动投资理念呢？正如我们在第 11 章中看到的，这基本上要归结到人类的贪婪欲望、心理因素、金钱情结这三个方面。

简单地说，对于主动型基金，基金公司和基金经理能赚到手的钱实在太多了，同时能利用的人性的弱点也实在太多了，他们根本舍不得这么一大块肥肉。

事实上，即便指数基金越来越为投资者所接受，在2016年我写这本书时，美国市场上也还可以买到4 600来只股票基金。而2016年美国股市上共有3 700来只可以投资的股票。没错，你读到的数据是完全正确的。正如我们在本书第二部分看到的那样，股票基金的数量远远多于这些股票基金可以购买的股票的数量。

资本市场那些金融投资管理机构，一直在无休无止地创造新的产品、新的投资计划，与此同时，他们有条有理地、静悄悄地清理掉那些失败的基金。这样一来，剩下来的都是业绩表现好的基金，这能让基金公司的整体业绩记录更好看。你看，我们现在管理的基金可以说个个都是长期业绩非常出色的好基金。

但是，你不要搞错了，基金公司的最高目标是往它们自己口袋里多装钱，而不是往你们这些基金持有人的口袋里多装钱。

我的建议是：只买指数基金，只信任约翰·博格先生创建的先锋领航集团，保证你的钱还在你的口袋里。

25
为什么我选不到能跑赢市场的股票，你也根本选不到？

不要因此感觉很糟糕，不只你，也不只我，正如我们前面看到的那样，大多数专业投资人也选不到能跑赢市场的股票。

关于被动投资和主动投资两大投资策略的争论总是很有趣。至少对我们这些痴迷于选股的股票极客来说，再没有比这更好玩的事了。过去几十年我在主动投资和被动投资两边都站过队，先是站主动投资，后来转变成站被动投资。一开始，有很多年，我是站在主动投资那边的。我找了很多的理由，后来转变立场后又找了更多理由。毕竟，选股这件事吧，说简单也简单，你只要避免那些很明显的烂企业、烂股票，就肯定可以超过市场所有股票的平均水平，是不是？但正如我们在上一章看到的基金经理长期业绩统计数据证明的那样，选股跑赢市场这件事没那么容易。然而，在1989年的夏天，我年轻气盛，还特别自信，相信自己能够靠选中好股票跑赢市场。

那一年，有一次我去出差，在回来的航班上，挨着我坐的那个人正好是一个股票分析师，他在一家证券投资研究所工作。一路上我们两个聊得挺投机。等到飞机落地的时候，这个股票分析师跟我说，你这么痴迷分析股票，应该加入我们研究所，专门分析股票。我说，我好好考虑考虑。我问他，你是分析股票的专家，能给我推荐几只好股票吗？他一听就给我推荐了三只股票。我从中随机选了一只股票，然后马上就下单买入了。过了几个星期，我看到这只股票涨了三倍。天哪，太神了吧！

结果到了那年年底，我情愿接受大幅降薪，毅然决然地加入了这家证券投资研究所。这可以说是我一生职业生涯中的大转变。谁还关心薪水是高是低呢？搞证券研究分析，从此置身于股票信息河流之中，那里赚大钱的机会有的是。

确实如此，我进了这家证券投资研究所之后，身边都是一些聪明过人的股票分析师。每一个股票分析师按照分工，主要关注一个或两个行业，重点研究一个行业中的6~10家上市公司及其股票。

对专门研究一个行业的股票分析师来说，最大的荣耀就是凭自己发的研究报告在投资交易专业媒体上获得这个行业的"年度股票分析师"称号。

我身边的这些股票分析师，都是同行竞争比赛中顶级的选手。他们各自熟悉自己关注的行业，了解这个行业里每一家上市公司及其股票，里里外外门儿清。他们也熟悉这些上市公司的高层管理人员、中层管理人员和底层一线人员的具体情况。他们甚至熟悉这些企业的下游客户、上游供应商以及这些企业总部办公室的前台接待人员。他们经常到企业调研，与这些人打电话沟通，一来二去的，全都混得脸熟了。这些股票分析师每个星期甚至每天都跟自己研究的上市公司方方面面的人沟通交流。

但是尽管如此勤奋努力,我们那些顶级水平的股票分析师还是不能够在其他所有人之前得到至关重要的信息。(要是知道了,就属于内幕信息,要是根据这些内幕信息去交易,肯定稳赚,但这是非法的。被查出来的话,是要判刑坐牢的。)但是只要至关重要的信息一公开发布,我们研究所这些股票分析师就会马上知道,而且知道得一清二楚。当然了,全球所有关注同一行业的股票分析师也会马上知道,而且知道的和我们一样多。所有新的信息,在短短几秒钟之内,全球所有机构投资者和个人投资者都会接收到。他们会结合股票分析师发布的研究分析报告,马上做出自己对这家企业股票的投资交易决策。这些交易综合在一起形成的股价波动,就完全反映了最新披露的信息的影响。

我们这个证券投资研究所的股票分析师会定期或临时发布研究分析报告,花大价钱买我们研究分析报告的是那些机构投资者。但是,尽管如此,准确地预测股价涨跌表现依然是虚无缥缈的事,这让这些顶级股票投资分析师一次又一次很受打击。

如果你在一家大型企业工作过,你就不难搞明白这究竟是为什么了。这家公司的首席执行官和财务总监先要搞出来企业内部的财务预测,这是由他们整个团队合作搞出来的。整个财务预测过程看起来大致是下面这样的情形:

第一步:最基层的销售人员提交个人预测。

公司总部要求基层销售人员预测他们负责的客户会花多少钱采购。因为这些客户的购买订单通常很少是提前锁定好的，而且即使有采购预案，也是可以随时取消的。其实根本没有什么确定无疑的购买计划。已经签订的销售合同也根本不是真正确定无疑的事。公司的要求基本上相当于让底层一线销售人员预测未来的销售业绩。一般来说，他们也不能洞察遥远的未来。所以，自然而然，这些底层一线销售人员也只能估摸着写一下了。

第二步：中层人员汇总并调整后做出部门预测并上报。

底层一线销售人员把估摸着写的对未来销售业绩的预测汇报给更上一层的部门经理人。部门领导也是人，同样也不能洞察遥远的未来，他们现在得决定如何看待自己下面这些人的预测，如何在此基础上对自己负责的这一块销售业绩做出一个大致的预测。这些底层一线销售人员的预测我能全部当真，照单全收吗？我是不是应该根据他们每个人的具体情况做一些调整呢？比如说我知道，苏西是个乐观主义者，总是喜欢说大话，哈利却是一个悲观主义者，总是过度低估自己的业绩。当然了，这些部门经理最后也只是在底层人员估摸着写的业绩预测报告的基础上自己再估摸着综合一下，然后把对自己负责这一块业务的预测，报给更上一层管理人员。

第三步：最高层汇总部门预测后做出整体预测。

底层一线销售人员估摸着写的销售业绩预测，就这样逐层汇总之后，变成了整理得井井有条的财务预算和业绩预测数据表格，呈现给公司最高管理层。最高管理层往往也是只看了一眼，就大声说："这样的业绩预测数据根本不行，我们怎么能把这么差劲的业绩数据披露出来，给股票分析人士看呢？那些股票分析师、基金经理、个人投资者看了之后会怎么想呢？我们需要更加乐观积极的业绩预测结果。你们给我回去好好改改，给我重新预测。"于是这个流程又得重新走一遍。就这样来来回回，折腾好几次，每多折腾一次，业绩预测数据就离真实情况更远一些，离最高管理层想要的业绩预测数据更近一些，直到最高管理层满意为止。

预测未来是一件冒险的事，即使是最有才华的企业经理人、股票分析师、基金经理，也很难准确预测未来，更何况还有组织内部能折腾死人的业务管理流程。

突然之间，我一下子看明白了，我非常自信地认为我选的股票比别人选的股票更强，肯定能跑赢市场，这种想法实在是太傲慢、太自大了。我只是读了几本书，看了几份 10-K 报告[*]，凭这些我就有了别人没有的优势吗？我们这个证券投资研究所里紧盯着这一个行业的股票分析师，就是靠这个吃饭的，一天到晚看的、想的、算的都是这个行业里的企业，但其他同行不也是靠这个吃饭的吗？不也是一样拼命、一样努力吗？可是那些经营管理这家企业的企业最高管理层，对自己的企业再了解不过了，能够直接接触到最及时、最原始的企业业务数据，他们做出来的企业业绩预测都不靠谱，值得怀疑，凭什么我们这些股票分析师作为外部人士反而能够更

---

[*] 10-K 报告是美国证券交易委员会要求上市公司每年必须提交的有关其财务表现和运营情况的综合性报告。通常，10-K 报告比年报包含更多的细节。

简单致富

准确地预测企业未来的业绩？凭什么我这个股票分析师能比其他关注同一行业、同一企业的股票分析师更准确地预测企业未来的业绩？

我突然明白了，为什么那些比摇滚明星还要有名的基金经理会承认，长期下来，基金经理几乎不可能战胜最简单的指数基金。

我突然也明白了，为什么为股票交易提供服务的证券公司赚了大钱，而做股票交易的股票投资者长期下来却很少真正赚到钱。

我经常看到、听到这样的明示、暗示：投资者只要下功夫，读几本讲价值投资的书、讲股票估值的书，就能复制巴菲特的投资业绩。按照巴菲特的说法，这些投资书中最好的就是本杰明·格雷厄姆写的《聪明的投资者》。格雷厄姆是巴菲特的投资导师。这绝对是一本伟大的投资书，如果你对股票分析感兴趣的话，无论如何一定要花时间好好读一读。

但是，你要知道，格雷厄姆于1949年写出了《聪明的投资者》，这时距离约翰·博格推出第一只指数基金还有25年呢。在当时的美国股市上，即使是主动型股票基金也极其少见。20世纪50年代，随着美国股市的持续上涨，公募基金才火了起来。当时的美国股市可以说是新兴市场，不规范，也不成熟。分析和选择个股，在当时是一项重要得多，也有用得多的投资管理技能，会分析股票就能明显多赚钱啊。但是，早在20世纪50年代，格雷厄姆先生就开始热情欢迎指数投资的理念，到20世纪70年代他去世前接受采访时，他完全肯定了指数投资的巨大价值。

个人投资者可以轻松战胜市场，这个想法，借用一下我老爸经常说的

第三部分　魔豆

那句话，就是"胡说八道"。在投资这件事上，相信这种胡说八道，是很危险的，可能会让你输光多年积累的养老钱。

数以万计的股票投资者，花了几十年，模仿巴菲特选股，但是直到现在，还是只有一个巴菲特。

这件事你这样想，就容易明白了：

还记得拳王穆罕默德·阿里吗？1964年，22岁的阿里击败索尼·利斯顿，首次夺得世界重量级拳王的称号。到1978年退出拳坛，阿里在20多年的时间里22次获得重量级拳王称号。在那个时代，阿里就是拳击界的巴菲特。你和我可以按照阿里的训练日程安排来训练，也许甚至能请到阿里的教练安吉洛·邓迪来指点两下。我们可以练出一流的体形，完成所有的日常训练，学会拳击这门"甜蜜的科学"。经过这么一番努力，你觉得你付出的和阿里一样多，那么是不是你就能登上拳击台，和阿里一样挑战乔·弗雷泽、乔治·福尔曼、索尼·利斯顿，夺下他们的拳王金腰带，成为新的拳王？

我可不会这么想，我并不是阿里，这一点我很清楚。我和阿里用一样的方法、一样的日程表刻苦练习，确实可以提升我的拳击技能和竞赛水平。但是，这并不能保证我能成为第二个拳王阿里。

同样的道理，我也成不了巴菲特。当然你也不会成为巴菲特。除非你就是巴菲特，如果真是这样，感谢你读我写的这本书。

读了上一章，你已经知道了，巴菲特推荐个人投资者买低成本宽基指数基金。巴菲特的导师格雷厄姆，如果他现在还活着的话，肯定也会推荐购买低成本宽基指数基金。

如果你选择自己选股、努力争取跑赢市场，愿老天保佑你在投资之路上一路平安，保佑你的本钱一路平安。你也许比我聪明、有才多了。你肯定比我看起来帅多了。我期待在不久的将来，能看到你的名字在排行榜上紧挨着巴菲特。

这个逻辑思维框架也可以拓展到我在拉斯维加斯赌场里遇到的那些人身上，他们都向我保证说他们肯定可以战胜赌场。我认真听着，同时睁大眼看着比古代帝王宫殿还要豪华、堆积着几十亿美元财富的赌场。为什么长期下来开赌场的老板比来赌场的赌客明显赚得多得多呢？

我开始反思：这成千上万的赌客里面有多少人比我聪明得多，有才得多，看起来帅得多，我凭什么觉得我稍微一研究分析，就可以轻松战胜这些赌客呢？

时间长了，你就多少有点儿谦卑之心了，它能在很大程度上保护你和你的钱。

第三部分 魔豆

26
我为什么不喜欢定投策略？

当你的人生到了某个时点时，你会发现，自己陷入了幸福的烦恼，有一大堆需要投资的钱，好烦人！也许你继承了一大笔财产，也许你卖掉了一套房，也许你把你投资创办的企业的一些股权卖掉了。不管来源是什么，这么大一笔钱，马上要一下子投资出去，确实也是一件挺难办的事。我们在第5章讨论过这件事。

如果股票市场当时是疯狂大牛市，股价指数每天都在创历史新高，那么它明显是估值过高了。也许市场正在一路下跌，恐怕你在投资的时候根本都不知道这波下跌还能跌多久，还能跌多深。你感觉风险很大，这种感觉捆住你的双手，让你不敢动，想等到局势明朗了再说。既然你都读到这里了，你肯定已经知道了，局势永远不明朗。

最常被推荐的解决方案就是基金定期定额投资，简称基金定投。你一路下来慢慢地分期、分批买入，即便遇到股市突然大跌，你也能少受好多痛苦。我并不是基金定投的粉丝，我马上会解释为什么。我们先来看看基金定期定额投资到底是怎么一回事。

基金定期定额投资，就是把你拿到的一大笔钱，分成固定金额的小份，把未来一个相当长的时间段分成固定的小段时间分批投资。你的钱分成几份，时间就分成几份，在一份时间里投入一份钱买基金，这就是基金定期定额投资。

比如，我们假设你有12万美元，你想投资买入先锋全市场股票指数基金。你读到这里肯定已经知道，市场波动性很大。股市有时会直线暴跌。可能就在你用这12万美元买了基金之后，第二天市场突然暴跌。当然了，这种事不大可能会发生，万一发生了，你就真的是最悲惨的一天里最悲惨的那个人了。所以你决定采用基金定投的方式，分期、分批投资，以此来分散、消除风险。

第一步，时间分散。你要选择一个时间段，在这段时间里你会把这12万美元逐步投入。为了简单，我们假设就是未来12个月。

第二步，资金分散。你把你的钱也分成12份，一份1万美元。

第三步，定期定额投资。每个月投入1万美元，那么你未来12个月就会分期、分批累计投入12万美元。

用这种基金定投的方式，即使第一个月第一份1万美元投下去了，市场突然大跌，那也没多大关系，你后面还有11个月定期投资的11万美元呢。听起来挺不错的，是不是？

是的，基金定期定额投资，确实消除了全仓买入后市场突然大跌，让你一下子账面大亏的风险。但问题是，只有在你买入后市场一路下跌，并且你这样把钱分成12份在未来12个月定期定额投资的平均成本比你第一

第三部分　魔豆

天一下子全部买入的成本低的情况下,你的定期定额投资策略才能发挥作用。

但是市场也可能会涨啊。要是你第一个月买入之后,市场是牛市,一路上涨,你后续的买入成本就更贵了,会少赚很多钱。

你买入后,股市下跌,让你亏损,这当然是风险。你没有买入,市场却上涨,让你后面再买入成本更高,因而收益降低,这也是风险。你选择基金定投的方式,其实就是风险二选一。那么哪一种风险出现的可能性更大呢?

要是你用心阅读了本书的第一部分和第二部分,你就会知道股票市场总体是呈上涨趋势的,但并不是直线上涨,而是在大起大落中不断上涨。还有一件事你也知道,那就是股票市场上涨的年数往往会多过下跌的年数。从1970年到2013年这43年里,有33年都是上涨的,占比为77%。

读到这里,你可能已经开始明白为什么我不喜欢基金定投了,但是我们还是来罗列一下具体原因吧:

(1)如果你采用基金定投的方式,你实质上就是在赌股票市场会下跌,这样分期、分批投资买入能让你在市场下跌期间减少买入成本,亏损少一些,痛苦少一些。但是,在任何一个年度,股票市场下跌的概率只有大约23%。

(2)股票市场上涨的概率是77%,在股市上涨的情况下,采用基金定投的方式,反而会让你错过早早买入更便宜基金的机会,也会让你错失更高的投资收益。因为随着股市持续上涨，你后来每一个月用那一份固定金额的资金，买入同一份额基金的价格会更高。

（3）你做基金定投的时候，基本上就是用行动在表达，你认为现在市场上涨得太高了，不适合一下子全部买入。换句话说，你进入了预测市场短期涨跌、选择时机高卖低买的世界。我们前面已经讨论过了，预测市场涨跌、选择时机低位买入高位卖出，这是一个谁失误少谁才能赢的比赛。你参加这种比赛，只会少输，很难多赢。

（4）基金定投会搞乱你的资产配置。一开始，你只是投入股市一小份钱，把大部分现金拿在手上，这样你就相当于超配现金，坐在一边等着以后再用这些现金。如果这就是你的资产配置策略，你就是想要将大部分资产配置在现金上，只求绝对的低风险，那么这完全没问题。但是如果大部分仓位都是现金，把很少资产配置在股票上，并不是你的目标，你实际上想要高配股票，那么你需要明白的是，你选择的基金定投策略，其实从根本上改变了你的资产配置目标。

（5）你选择了基金定投，你就必须选择在多长的时间期限里分期、分批投资。因为时间越长，股票市场越可能会上涨，所以如果你选择的是很长的期限，比如说超过一年，你就是把大多数资金安排在后面陆续买入，而风险就是后面买入的基金每一份额的价格都可能会上涨，这将增加你的投资成本，自然会让你落后于市场。如果你选择了一个较短的时间期限，低于一年，那么你这样其实跟一次买入并没有太大差别，因为期限短，市场波动幅度一般来说会更小，你再细分成更短的时间段也没什么用。

（6）当你到了基金定投时间段的末期，你的钱已经全部投入股票市场了，如果你满仓配置股票之后第二天市场大跌，岂不是和你第一天全部买入，第二天市场大跌的风险一模一样？早也是一刀，晚也是一刀，何必要基金定投，多此一举呢？

那么不用基金定投，用什么方式买入基金更好呢？

好了，如果你遵循我在第二部分规划的投资策略，你肯定已经知道，你现在是在积累财富阶段还是保住财富阶段。

如果你像我女儿一样，二三十岁，工作时间不长，正处在积累财富的阶段，正在非常激进地投资股票，每个月一发工资就攒出来一半甚至更多，去买全市场股票指数基金，这其实就是从你每个月固定时间发放的工资收入中拿出来固定比例，也就是固定金额的资金，去买股票指数基金。毫无疑问，这也是定期定额投资，而且这样分期、分批投资确实能够平滑你的整个的投资旅程。但是它和一般的基金定投有一个巨大的区别，那就是从每个月的工资收入中拿出来固定比例买入股票基金，你会持续这样做很多年，甚至好几十年。当然了，你的工资也根本不可能一下子发下来很多，你的工资都是一个月一个月发下来的。

但是，既然我们相信股票市场未来几十年的大趋势肯定是不断上涨的，那么你一发工资，除去生活必需的开支后能攒下来的钱，你就应该马上投入股市，买股票指数基金，让这些基金尽可能地为你多工作、多赚钱。要是我一下子拿到一大笔钱，我也会采用同样的做法，马上全部投入股市，买入全市场股票指数基金。

如果你和我一样处在保住财富阶段，你就需要对你的资产进行合理的配置了。你需要在投资组合中加入一定比例的全市场债券指数基金来平滑你的投资旅程。在这种情况下，你要是突然手上拿到一大笔钱，就按照你确定下来的资产配置比例去分配，比如股票和债券八二开、七三开甚至五五开，通过混合投资来中和组合的整体风险就行了。

如果你太紧张了，不愿意听从我上面的投资建议，非常害怕碰到把钱一下子全部投进去，不久之后市场就大跌的情况，并且会因此而整晚睡不着觉，那么你就只管采用定期定额投资的方式好了。健康比赚钱更重要。别太担心，世界末日不会来临的。

但是这就意味着你是根据你的心理感受而不是你对基本面和市场面的理性分析来调整投资组合的资产配置的。心安未必理得。你承认自己并不是理性投资者就行。

第三部分　魔豆

27
如何成为能上电视的股市专家？

有好些年，路易斯·鲁凯塞主持了美国公共电视网的一档节目，叫作《每周华尔街》(*Wall Street Week*)，每个星期五晚上播出，这成了我每周必看的节目。

节目一开始，路易斯·鲁凯塞会麻辣点评一下过去这一个星期市场上发生的怪事、蠢事、趣事，让节目气氛热起来，然后转到三位投资大咖的嘉宾席，请三位嘉宾轮流发言，发表自己关于股市未来走势的看法。我最喜欢的两个嘉宾，观点正好完全相反，一个是永远坚定看多不动摇的看涨"死多头"阿比·约瑟夫·科恩，另一个是永远坚定看空不动摇的看跌"死空头"马蒂·茨威格。

每一个嘉宾都是大名鼎鼎、大有来头。路易斯·鲁凯塞总是巧妙地把嘉宾安排好，搞成观点完全对立的两派，双方对于市场当下情况和未来走势的看法完全相反。这样一来，总有一方的看法会是正确的。

路易斯·鲁凯塞作为主持人，有时点评，有时提问，有时解释。他总会在讲话的时候眨眨眼，笑一笑，幽默一把。他的表情既让你开心，又让你开智，会传递给你更深一层的意思。

非常遗憾的是，我喜欢的股市节目主持人鲁凯塞在2006年过世了，现在这一代的投资者再也没有机会学习他的睿智、洞察和智慧了。

主持人鲁凯塞的股市节目，还有他的节目嘉宾，教会我的最关键的一点是，在任何一个时点，专家预测的未来可能发生的事件，其实本来就会发生。既然可能发生的情况只有三种，上涨、下跌或者持平，而三个人都说到了，那么肯定有一个人的预测会是对的。

每年1月，鲁凯塞都会让作为嘉宾的三位投资大咖一个一个预测今年股市走势的三个关键点：最高点、最低点和年底收盘点。

我忘了鲁凯塞具体是怎么说的了，但是在这些专家一一给出自己对今年的股市走势预测之后，鲁凯塞会说一段话，大致意思是："……这些专家有的看涨，有的看跌，他们的预测正好相反，肯定有人是错的，你懂的。"然后鲁凯塞一边说一边冲着镜头眨眨眼。呵呵，你懂的。我们等着年底揭晓答案，看好戏。

到了12月，鲁凯塞会晒出三位投资大咖股市预测的成绩。预测和结果最接近的是大赢家，鲁凯塞会把他夸成一朵花；预测和结果最偏离的是大输家，鲁凯塞会把他批评成豆腐渣。这些都是调侃，为了开心和好玩，不用过于严肃认真。

我甚至会纵容自己也试一把，做一下我对今年股市走势的预测，但就是那么简单地想一下，从来没有很严肃认真地搞过预测，也从来没有想靠预测股市上电视。即使我后来真有机会上电视，我也不可能靠股市年度预测登上 CNBC（美国消费者新闻与商业频道）。可能是我的预测太谨慎保守，不够大胆，不够极端，所以不够戏剧化，没那么吸引眼球。当然了，靠发表很极端、很刺激的股市预测上电视，也不是我追求的目标。如果你很想要上 CNBC 最火的电视节目，你只需要七步就能做到。（我在这里也会像主持人鲁凯塞一样眨眨眼，你懂的。）

第一步：做出一个预测——股市短期会有大幅震荡，至于上涨还是下跌，无所谓，但是下跌比上涨更吓人，吓人就会吸引人，要是你蒙对了，后面你就有更多戏份了。

第二步：记录你做出预测的具体时间。

第三步：如果你预测的股市下跌并没有发生，没关系，再耐心等一等。你知道的，市场总会下跌的。

第四步：重复前三步，直到有一天，股市终于下跌了，你的预测成真了。

第五步：发布新闻通稿——股市暴跌！！！某某某（在这里插入你的名字）近期预测神准！！！

第六步：安排好你的日程表，准备接受各大媒体的专访。

第七步：从此你出大名了，成为电视上的名人了，你就能发大财了。记得分给我 15%！这是我发明的股市预测出名七步法，你得付我 15% 的专利使用费。

记住，一定耐心等待时机，时机不到，坚决不发新闻稿，等到市场真的狂跌到证明你的预测是对的，你才能发布你的新闻稿，让天下人都知道你早就预测到这场暴跌了。

还有，一旦你的股市预测专家身份确立了，大家就会期盼你继续做出正确的股市走势预测。你现在不一样了，是电视上的股市预测大名人了，未来几个月，甚至未来几年，你说的每一句话都会受到媒体关注。每一次你预测得不准时，媒体都会白纸黑字地记录下来，骂你、拿你寻开心，直到你受尽侮辱，身败名裂，变成人人都知道的只会胡说八道的小丑。但是不管怎么样，你出过名了，你赚到钱了。你的名声是臭了，但是你的钱包鼓了，毕竟你也辉煌过一段时间了。

第三部分　魔豆

28
你也可能会上当受骗

不久之前，我又多了一个敌人。

这位女士是我一个老朋友的遗孀。老朋友去世之前，我答应帮他多照看他妻子。

有一次我跟这位女士聊天。她说她不开心，因为我说的一番话，让她觉得自己很渺小、很愚蠢，而且边说边哭，一把鼻涕一把泪的。听了她的话，我感觉内心非常愧疚，我这个人平时说话并不总是很圆滑、很世故的。但是我说的这一番话，的确是出于好心，我真的很想帮她保住200万美元。

这位女士的丈夫，也就是我的朋友，去世有一段时间了。过去这些年里他工作非常努力，积累了一大笔财富。他非常爱妻子，而且他知道自己肯定会早走，留妻子一个人生活下去。所以他拼命努力工作，想要留给妻子一大笔钱，用行动表示自己对妻子深深的爱意。他希望能够确保自己走了之后，妻子在财务上有足够多的钱，可以安安稳稳地过一生。

但是他知道他妻子有三件事让他很不放心，就算他上了天堂也会担心害怕：

（1）他妻子相信大家通常所说的免费的午餐，也就是说，他妻子经常会接受送上门来的东西。免费的手机就是一个例子。每一次他们家的手机话费套餐合约到期了，电信公司总会提供绑话费套餐送手机的优惠活动。他妻子总是很高兴可以抓住这个机会拿到一部免费的手机，但她只看到了免费的手机，却没有看到前提是必须签订绑定两年的话费合约，他们得付出非常多的话费才能换来这一部便宜的手机。尽管这是一件小事，但却是一个很坏的信号，从中能够看出他妻子这个人爱贪小便宜。

（2）这个世界充满了擅长掠夺他人财物的家伙，专门诱惑像他妻子这样爱占别人小便宜的人上钩。

（3）有很多钱，又容易轻信这种免费的午餐，这会吸引过来很多"大鲨鱼"，它们会把他妻子这样的猎物撕成碎块、饱餐一顿。

那天我找这位女士聊天，正是想聊聊这个话题，让她不要轻信这种陷阱，不要贪人家的小便宜。也正是因为听了我这一番话，她很生气，一把鼻涕一把泪的。我希望能够温和地说服她，不要轻信这种免费的午餐，这背后都是那些擅长夺人财物的家伙精心设置的骗局，他们故意抛出这种诱饵来引诱猎物上钩呢。

她是一个非常聪明的女人，看起来听我说完就明白了。但是她接下来说了一句话："不要担心了，我不可能上当受骗的。"

我一听就急了，这个时候我的声音马上就提高了八度："你当然会上当受骗了，你这样说正好违反了不上当受骗的第一大原则！"

不要搞错了，你会上当受骗，我也会上当受骗。

下面我要讲的就是我很多年前遇到的一个股票投资骗局，幸运的是我看出了这里面深藏的套路。那个时候，我还年轻，很有可能会因为咬住送上门来的鱼饵而上钩的。这个股票投资骗局大致是这样的：

有一天，你收到了一封信，在现在这个时代也许是一封电子邮件、一条短信，是一个股票投资顾问发过来的。他介绍了一下自己并推荐给你一只股票，比如ABC公司的股票。他预计未来一两个星期之内这只股票的股价会大涨。他警告说，千万不要一听我说就买入，股市有风险，投资要谨慎，我们的股票投资建议仅供参考，你得自己认认真真做了功课，自己很有把握才行，否则你就不应该轻易购买。但是根据他自己多年的股票分析专业经验，按照所有的股票分析指标来看，对于ABC公司这只股票，他强烈推荐买入。

你又不是傻瓜，送上门来的建议很多都是骗局。但是你决定留意一下这只股票，先看看再说。"说不定是一只好股票呢，我可不想错过。"后来你就等着看吧，十有八九，你越是一开始根本不相信，这只股票反而越可能在一两个星期之后真的就大涨了。你要是当初看完信，马上就买，本来可以赚到50%、60%，甚至100%，只要一两个星期就能赚到这么多，我的天哪！

这时，股票投资顾问的第二封信来了。这封信说的是BCD公司，未来一两周之内股价走势面临大跌，按照股票分析指标来看，应该卖空这只

简单致富

股票。也就是说，他赌这只股票会下跌。你这个人做事谨慎，你再次决定，还是看看再说，不过这一次你的兴趣更大了。

不用说了，正如第二封信预测的那样，过了一两周，BCD公司的股价确实大跌，如果你当初一收到信就马上照着行动，融券卖空，你就肯定会赚到一大笔钱。

这时，股票投资顾问的第三封信来了。再接下来是第四封信、第五封信，甚至第六封信也来了。每一次都说得很准，他说这只股票会涨就会涨，他说这只股票会跌就会跌。

也许你甚至大胆冒了一两次险，拿了一些小钱去试了，照着信上说的跟了两把，还真的赚了两把。到这个时候，你很难不相信这个股票投资顾问的预测了。

后来你收到了一个晚宴活动邀请函，就在你附近一家相当豪华的五星级酒店。只有你和其他少数"超高端投资者"受到了邀请。参加这次非正式的会晤，你就能见到线上闻名已久但是线下一直没有见过面的那个著名股票投资顾问。在晚宴之前，这位股票投资顾问将会专门分享他经常使用的股票投资分析主要指标，以及他是怎么运用这些指标选到大牛股、发大财的。

还有这种好事？到附近的五星级酒店吃上一顿丰盛晚餐，还能见到那个多次预测神准的股票投资顾问，你肯定会去啦。

这位股票预测大神这么厉害，在晚宴时说话却十分低调谦和，一点儿

第三部分 魔豆

也不装。他很热情，很友善，也很关心你。一看他的穿着打扮，浑身上下都是顶级品牌，看起来很有品位、很高级，有种低调的奢华感。他展示了各种图表，但并未详细说明具体的投资方法。这是人家独有的核心技术，相当于是有专利的，要保密的。你懂的，这很正常。

后来，这位多次预测神准的股票投资顾问只是简单地提了一下就一带而过的是，他发行了一个私募基金产品，只针对少数超高端客户，名额有限，本来已经提前约满，不过最近由于种种原因，忽然空出来两三个名额。当然了，肯定是没有要求你必须购买的，不过"基于我们过去多年的经验"，估计这两三个名额最多保留到明天就会有人抢走了。所以，如果你有兴趣的话，最好……

就像所有魔术一样，这里面当然有花招了。你能看出来吗？如果你能看出来这些人玩的花招，而且这还是你第一次遇到这种事，那么这表明你的眼光比我要敏锐得多。但是不要过于骄傲自大了。如果这一次你没上当，下一场骗局还是会来找你的，在你的雷达下面悄悄飞过来，你根本就看不出来这件事是骗局。这很正常，也根本无法避免。这就是第一条铁律：每个人都会上当受骗，你也会上当受骗。

下面是我总结的投资理财上当受骗五条铁律。我之所以称之为铁律，是因为这些方法铁定会让你上当受骗。

第一条铁律：每个人都会上当受骗。

当然了，那些非常愚蠢的人明摆着是骗子的目标，但是那些特别聪明的人也是骗子的目标。你开始认为，上当受骗这种事根本不可能发生在你身上，这种过度自大的想法就会让你成为对骗子来说最有吸引力的目标。特别容易上当受骗的人，就是那些觉得自己特别聪明、特别见多识广，根本不可能上当受骗的人。说的就是你，老兄。

第二条铁律：你可能会在你特别擅长的专业领域上当受骗。

原因很简单，骗子的目标就是你这种专业人士，你越专业，越容易自大。这些骗子搞了一个骗局，他们会寻找这种骗局能吸引到的那些人。那就是正好在这个领域工作的人。这些人觉得这是自己最熟悉、了解的领域，很安全、很稳当，肯定不会出事。他们在这个领域干了很多年，相信自己太精通这一块了，根本不可能在没有意识到的情况下就被人骗了。聪明的人知道有些领域他们根本不了解，在自己完全不懂行的领域反而会特别小心，因此，他们不容易上当受骗。在伯尼·麦道夫金融投资诈骗案中，买了他的基金、上当受骗的人很多，其中很多人都是金融投资行业的专家。

第三条铁律：骗子往往看起来根本不像个骗子。

这可不是像你看的电影那样，那些骗子特意把帽檐压得很低，遮住他们飘忽不定的眼神，以免让人看穿。成功的骗子看起来最不像骗子，反而很像是你觉得最可靠、最值得信任、最诚实、最稳重、最让人觉得舒服的人。你能想象到的好人有多好，这些骗子就能让你觉得他们有多好。你根本看不到骗子冲你走过来了。甚至你看到他们，不但不会跑开，还会很热烈地欢迎他们、拥抱他们。

第四条铁律：这些骗子说的话99%都是真的。

最好的也是最有效的谎言就是很多真实的东西夹杂着一点点小小的谎言。那一点点谎言深埋在很多真实的东西之内，所以你才难以发觉。有的骗局能让你上当受骗，损失巨大，倾家荡产，让你后悔得要死，哭得死去活来。那些谎言会被非常小心地包裹在很多真实的东西里，深藏在很多说起来高大上、让你内心非常感动的好话里。

第五条铁律：如果看起来简直好得不像真的，那就确实不是真的，就是骗你的。

因为天底下没有免费的午餐，过去没有，现在没有，未来更没有。你妈妈在你小的时候就教过你了，妈妈是对的。好好听你妈妈的话。

尽管我上面说了这么多，但并不是所有的骗子都那么聪明。非洲尼日利亚的一个陌生人给你发来一封电子邮件，说是一个你很少联系的老朋友，有事需要给你转账100万美元，请你务必接收。这很明显是骗局，对不对？

有个陌生人敲你家的门，报给你一个非常低的房屋维修的价格，因为"我们正好在附近干活，顺便多接一单"，但是你得用现金提前支付全款，这肯定是个骗子。你知道的，对不对？

以上这些简单的骗局，是我朋友的妻子能想象到的，而且她一看就知道是骗局，不会轻易上当受骗的。她是对的，她这么聪明，这么简单低级的骗局，她才不会轻易上当受骗呢。但是这些简单低级的骗局，并不是我朋友担心害怕的骗局。他担心害怕的是那些更加聪明的骗子，专门找的欺骗对象就是他妻子这样聪明、富有又孤独的女人。

你要像我朋友一样担心自己的另一半会上当受骗，就要提前告诉对方我上面说的这些东西。千万不要把这种深度谈话留给像我这样的朋友，尽管人很诚实可靠，但是说话不太圆滑，往往说了也没用，还会伤感情。

看看人口死亡年龄统计表，再看看我妻子良好的基因，我妻子应该会活得比我长几十年。因为平时是我在处理我们家的投资，我们两个经常定期做这样的深度交流。我们两个一起回顾分析我们拥有什么投资，为什么要拥有这些投资。幸运的是，我妻子理解我在本书里写的基本原则，也理解它们的重要性。

顺便说一下，除了指数基金会让我稳稳地获得更好的长期收益，这也是另外一个让我成为指数基金的超级粉丝的原因。我希望留给我妻子一个超级简单的投资组合，让她完全可以"自动驾驶"。

到现在为止，我们夫妻之间的这些谈话还没有导致我成为我妻子的敌人。是的，至少我觉得是这样的。

噢，差点儿忘记揭穿那个用连锁信件进行股票投资诈骗的骗局了。那个著名股票投资顾问是怎么做到连续预测股票神准，让你非常想见一面的呢？

这就像一个倒着放置的塔尖向下的金字塔。他一开始会选择一个波动性非常大的股票，未来一两周大涨和大跌的概率各占一半。他会向1 000个目标客户发出1 000封信。在一半的信上预测这只股票会大涨，在另一半的信上预测这只股票会大跌。结果应该是有一半的信预测对了，也就是说，1 000封信里有500封信的预测是对的。

收到预测正确的信的客户有500个，他们会收到第二封信，不过这一次换成了另外一只波动性非常大的股票。还是一样，投资顾问在一半的信上预测这只股票会大涨，在另一半的信上预测这只股票会大跌。结果应该也是有一半的信预测对了，也就是说，500封信里有250封信的预测是对的。

收到预测正确的第二封信的客户有250个，他们会收到第三封信，不过这一次又换成另外一只波动性非常大的股票。

收到预测正确的第三封信的客户有125个，他们会收到第四封信。

就这样不断循环下去，每一次只筛选那些收到预测正确的信件的客户。

收到预测正确的第六封信的客户只有十五六个人。

这些人才会收到骗子的邀请，去五星级酒店参加晚宴。骗子已经精心准备好演讲了，只等你过来，主动落入他们的圈套。

第四部分
在实现了财务自由后,你该怎么做?

"有钱了你就可以选择不去做你不喜欢做的事。

因为我几乎不喜欢做任何事,所以我手上必须有钱。"

格劳乔·马克斯

29

取现比例：我退休后究竟每年能花多少钱？

每年取现 4%，花掉 4%。也许更多。

也许退休前这几十年你一直在沿着本书讲的简单致富之路行动：

- 花的钱不能比赚的多。
- 用盈余投资。
- 避免负债。

现在你退休了，坐在你过去几十年投资积累的这一大笔资产上，正在琢磨你每年取现多少，才不会过早把这笔钱花光。一旦把钱花光，你就惨了。思考花多少钱才好的事，会让人感到有压力，但是也应该有乐趣，花钱总比赚钱容易多了，是不是？你也许甚至会急不可耐地厚着脸皮问："写这本书的吉姆，他退休后自己积累的资产每年花掉的比例是多少呢？"别急，你后面很快就会知道了。

你并不需要读很多投资养老的文章和书，才会听到这条"4% 原则"。我们平常经常听到的那些投资理财建议，大部分都经不起我们擦亮眼睛、认真细致地审查，但是这条退休后每年取现 4% 的基本原则，却表现得非常好，尽管其实很少有人明白这个原则是怎么来的。

那是1998年，美国三一大学有三个教授坐下来，研究分析了一大堆数据。从根本上讲，他们研究的核心问题是：不同的投资组合用什么样的取现比例未来30年的长期表现最好？不同的投资组合股票和债券的配置比例不同，未来30年是指从开始取现的那一年起的30年。他们做了两种情况的对比分析，即根据通货膨胀率调整取现比例的情况和不根据通货膨胀率调整取现比例的情况。2009年，他们又更新了数据，发布了他们的最新研究结果。

这篇研究报告对不同的选项进行综合评分，那些财经媒体只选择其中最抓人眼球的取现模式进行了报道：每年取现4%，投资组合配置比例是股票和债券各一半，取现比例根据通货膨胀率进行调整。结果表明，在96%的时间里，30年期限满了之后，这样的投资组合的实际购买力整体还能保持不变。换个方式来说就是，这个每年取现4%的投资策略，只有4%的概率会失败，让你晚年陷入贫穷境地。事实上，从历史来看，在过去55个起始年份里，这个投资策略只在两个年份中失败了：1965年和1966年。除了那两年，其余53年里，这个每年取现4%的投资策略不但有效，而且很多时候每年取现后投资组合剩余的资金会升值到高得让人惊叹的水平。

好好想一想这个每年最多取现4%的投资策略。

在大多数情况下，人们持有这些投资组合，每年取现5%、6%、7%，你剩下的投资增值也表现挺好的。事实上，如果你根本不管通货膨胀，每年取现7%，在85%的时间里，你组合里的投资也会表现得挺好。在大多数时间，只取现4%，就意味着，最终等到你离开人世之时，你会留下一大篮子钱给你的继承人。（很多继承人都恬不知耻，根本不懂感恩。）如果留下大量遗产正好是你的目标的话，这真是特大好消息，人没了，钱还在，而且钱很多。如果你预计，在你退休之后你还要依靠你投资组合积累的财富活上超过30年，这也是特大好消息，人还在，钱也还在，而且钱还挺多。

但是那些财经媒体相信大多数人根本不会想这么多，也根本不愿意这么累地去想，所以尽量只说最简单、最好懂、最好听的东西。通过只报道每年取现4%的结果，它们告诉大家一种几乎可以说必然会成功的做法。

要是把每年取现比例降低到3%，我们得到的投资结果就可以说是一件百分之百确定无疑的事情，就像死亡和税收一样确定无疑。每年取现3%，你就可以抵御每年通胀导致的物价增长。

1965年和1966年，是每年取现4%的策略唯一失败的两个年份。请记住，如果你最近这些年才开始取现，那么要经历过30年周期，我们才知道整体结果会如何。我估计，如果你在2007年或2008年早期刚刚开始取现，这正好处在次贷危机引发美国股市大崩盘之前，你会受到两年股市暴跌的打击，在这两年里你每年取现4%的计划铁定会失败。你也许会想，股市跌了这么多，我的投资组合浮亏这么多，要不然我今年取现少一些，少花些钱。反过来，如果你开始从自己的养老投资组合里每年取现4%的时间点，正好是在2009年3月美国股市跌到最低点的时候，后来看到股市一路大幅上涨，你可太开心了，取现4%？小菜一碟！再取4%也没事。

第四部分　在实现了财务自由后，你该怎么做？

这里我们来简要总结一下：

- 每年取现 3%，甚至更少，我们可以确定，你的养老投资组合肯定会保值增值。

- 要是每年取现比例高得太离谱了，远超 7%，将来你人到晚年有可能会活得很悲惨，人还在，钱早没了，可能你得和流浪狗抢食物才能填饱肚子活下去。

- 你的投资组合能否存活下去，股票这个大类资产的配置比例，至关重要。

- 如果你极其积极主动地想要得到一个确定无疑的投资结果，而且你想要用投资升值抵销掉通货膨胀、物价上涨导致的货币贬值，那么你就要保持你每年取现的比例低于 4%。而且你的投资组合要重仓股票资产，75% 配置股票，25% 配置债券。

- 要是你根本不管不顾这些年来通货膨胀、物价上涨导致的货币贬值，那么你可以把每年取现的比率提高到 6%，你的投资组合可以一半配置股票，一半配置债券。

- 事实上，三一大学这篇研究论文的几个作者建议，你可以把每年的取现比例提高到 7%，只要你能够保持警惕，及时灵活调整就行。也就是说，你退休后投资赚得多，你就可以取得多、花得多；相反，你退休后投资赚得少，你就得少取一些，少花点儿。如果市场大幅下降了，你就相应地大幅降低每年的取现比例，大幅减少日常支出，熬到股市大幅反弹再提高取现比例，提高日常支出水平。

如果你看了前面提到的研究论文，你会发现一共有 4 个表格：

表 29.1 分析的是股票和债券不同配置比例的投资组合随着年数持续增长在不同取现比例上的表现。

表 29.2 和表 29.1 相同，只不过每年取现比例按照当年的通货膨胀率进行了调整。物价涨得多，取现比例就高一些；物价涨得少，取现比例就低一些。

表 29.3 告诉我们的是 30 年之后投资组合里还会留存下来多少钱。

表 29.4 和表 29.3 相同，只不过每年取现比例按照当年的通货膨胀率进行了调整，同样，取现比例会跟着物价上涨而提高。

让我们来看看这 4 个表格。

你看看表 29.1，投资组合资产配置比例是股票和债券各一半，每年取现比例 4%，这样的投资组合 100% 能够存续 30 年。

表 29.2 告诉你的是，如果你的投资组合采用同样的资产配置比例，即股票和债券各一半，每年取现比例也是 4%，但要是通胀率上升导致物价上涨，你就多取了一些钱，那么你的投资组合能养活你 30 年的概率就从 100% 降低到了 96%。因为可以说每年都会有通货膨胀，你取走的钱就会比 4% 更多了，留下来的本金相对而言就更少一些了，这导致成功的概率有所降低。这合情合理，对吧？

表 29.1　不同取现比例、投资配置和持有期的投资组合成功率

持有期	3%	4%	5%	6%	7%	8%	9%	10%	11%	12%
100% 股票					成功率（%）					
15 年	100	100	97	97	94	93	86	80	71	63
20 年	100	98	97	95	92	86	77	66	55	51
25 年	100	98	97	93	90	80	67	55	48	40
30 年	100	98	96	93	87	76	62	51	40	35
75% 股票 /25% 债券										
15 年	100	100	100	100	97	94	90	77	66	56
20 年	100	100	100	97	95	89	74	58	49	43
25 年	100	100	98	97	92	78	60	52	42	32
30 年	100	100	98	96	91	69	55	38	29	20
50% 股票 /50% 债券										
15 年	100	100	100	100	100	99	93	73	57	46
20 年	100	100	100	100	98	88	63	46	32	20
25 年	100	100	100	100	95	67	48	28	18	13
30 年	100	100	100	98	85	53	27	15	9	5
25% 股票 /75% 债券										
15 年	100	100	100	100	100	100	86	53	34	30
20 年	100	100	100	100	100	68	35	26	22	14
25 年	100	100	100	100	68	33	25	17	13	10
30 年	100	100	100	96	38	24	15	9	5	2
100% 债券										
15 年	100	100	100	100	100	73	56	44	29	19
20 年	100	100	100	92	54	49	28	20	14	9
25 年	100	100	97	58	43	27	18	10	10	8
30 年	100	100	64	42	24	16	7	2	0	0

简单致富

表 29.2 不同取现比例、投资配置和持有期的投资组合成功率
（取现比例随通货膨胀率调整）

持有期	3%	4%	5%	6%	7%	8%	9%	10%	11%	12%
100% 股票						成功率（%）				
15 年	100	100	100	94	86	76	71	64	51	46
20 年	100	100	92	80	72	65	52	45	38	25
25 年	100	100	88	75	63	50	42	33	27	17
30 年	100	98	80	62	55	44	33	27	15	5
75% 股票/25% 债券										
15 年	100	100	100	97	87	77	70	56	47	30
20 年	100	100	95	80	72	60	49	31	25	11
25 年	100	100	87	70	58	42	32	20	10	3
30 年	100	100	82	60	45	35	13	5	0	0
50% 股票/50% 债券										
15 年	100	100	100	99	84	71	61	44	34	21
20 年	100	100	94	80	63	43	31	23	8	6
25 年	100	100	83	60	42	23	13	8	7	2
30 年	100	96	67	51	22	9	0	0	0	0
25% 股票/75% 债券										
15 年	100	100	100	99	77	59	43	34	26	13
20 年	100	100	82	52	26	14	9	3	0	0
25 年	100	95	58	32	25	15	8	7	2	2
30 年	100	80	31	22	7	0	0	0	0	0
100% 债券										
15 年	100	100	100	81	54	37	34	27	19	10
20 年	100	97	65	37	29	28	17	8	2	2
25 年	100	62	33	23	18	8	8	2	2	0
30 年	84	35	22	11	2	0	0	0	0	0

第四部分 在实现了财务自由后，你该怎么做？

表 29.3 在取现比例固定的情况下最终投资组合价值中位数
（假设最初的投资组合价值为 1 000 美元）

年提取金额占初始投资组合价值的百分比

持有期	3%	4%	5%	6%	7%	8%	9%	10%	11%	12%
100% 股票						最终价值（美元）				
15 年	4 037	3 634	3 290	2 978	2 564	2 061	1 689	1 378	1 067	563
20 年	6 893	6 083	5 498	4 640	3 821	2 907	2 059	1 209	610	51
25 年	10 128	8 466	7 708	6 094	4 321	2 936	1 765	459	0	0
30 年	17 950	15 610	12 137	9 818	7 752	5 413	2 461	41	0	0
75% 股票 /25% 债券										
15 年	3 414	3 086	2 682	2 293	1 937	1 528	1 169	888	623	299
20 年	5 368	4 594	3 933	3 177	2 665	2 062	1 339	574	0	0
25 年	8 190	5 724	4 732	3 889	2 913	1 865	500	0	0	0
30 年	12 765	10 743	8 729	5 210	3 584	2 262	1 424	800	367	105
50% 股票 /50% 债券										
15 年	2 668	2 315	2 015	1 705	1 398	1 097	785	470	187	0
20 年	3 555	3 018	2 329	1 926	1 462	940	420	0	0	0
25 年	4 689	3 583	2 695	1 953	1 293	624	0	0	0	0
30 年	8 663	7 100	5 538	2 409	1 190	466	136	16	0	0
25% 股票 /75% 债券										
15 年	1 685	1 446	1 208	961	731	499	254	14	0	0
20 年	2 033	1 665	1 258	882	521	136	0	0	0	0
25 年	2 638	1 863	1 303	704	130	0	0	0	0	0
30 年	3 350	2 587	1 816	647	0	0	0	0	0	0
100% 债券										
15 年	1 575	1 344	1 102	886	651	420	211	0	0	0
20 年	1 502	1 188	926	537	132	0	0	0	0	0
25 年	1 639	1 183	763	41	0	0	0	0	0	0
30 年	1 664	1 157	670	0	0	0	0	0	0	0

简单致富

表 29.4 在取现比例随通货膨胀调整的情况下最终投资组合价值中位数
（假设最初的投资组合价值为 1 000 美元）

持有期	3%	4%	5%	6%	7%	8%	9%	10%	11%	12%
100% 股票					最终价值（美元）					
15 年	3 832	1 760	3 005	2 458	2 018	1 427	859	483	44	0
20 年	6 730	5 808	5 095	3 421	1 953	1 215	361	0	0	0
25 年	8 707	6 304	5 103	2 931	1 683	0	0	0	0	0
30 年	12 929	10 075	7 244	4 128	1 253	0	0	0	0	0
75% 股票/25% 债券										
15 年	3 139	1 601	2 163	1 773	1 290	943	612	275	0	0
20 年	4 548	3 733	2 971	2 051	1 231	450	0	0	0	0
25 年	5 976	4 241	2 878	1 514	383	0	0	0	0	0
30 年	8 534	5 968	3 554	1 338	0	0	0	0	0	0
50% 股票/50% 债券										
15 年	2 316	1 390	1 535	1 268	889	489	182	0	0	0
20 年	2 865	2 256	1 667	1 068	469	0	0	0	0	0
25 年	3 726	2 439	1 453	583	0	0	0	0	0	0
30 年	4 754	2 971	1 383	9	0	0	0	0	0	0
25% 股票/75% 债券										
15 年	1 596	1 011	777	456	56	0	0	0	0	0
20 年	1 785	1 196	778	268	0	0	0	0	0	0
25 年	1 847	941	67	0	0	0	0	0	0	0
30 年	2 333	633	0	0	0	0	0	0	0	0
100% 债券										
15 年	1 325	852	612	303	48	0	0	0	0	0
20 年	1 058	621	146	0	0	0	0	0	0	0
25 年	919	102	0	0	0	0	0	0	0	0
30 年	626	0	0	0	0	0	0	0	0	0

第四部分　在实现了财务自由后，你该怎么做？

> 注释：股票投资收益数据是按照标准普尔 500 指数的月度总回报率计算的。债券投资收益数据是按照高评级债券的月度总回报率计算的。以上两组数据期限都是从 1926 年 1 月到 2009 年 12 月，均来自晨星公司发布的 2010 年《Ibbotson SBBI 标准年鉴》（*Ibbotson SBBI Classic Yearbook*）。
> 4 个表格的数据均来自 2010 年的财务规划协会。
> 表 29.2、表 29.3 的通货膨胀调整依据美国劳工统计局在官网上公布的消费者价格指数的年度值计算得出。

表 29.3 和表 29.4 告诉我们的是，这个投资组合再过上 30 年里面还会有多少钱，这个结果对我来说确实是很有说服力。表 29.3 的假设是每年固定取现 4%，而表 29.4 假定你随着通货膨胀、物价上涨做相应的调整，多取出来一些钱。

我们来仔细看一些案例。

假设每年取现比例为 4%。投资组合开始取现初期市场价值为 100 万美元，这也是你过上 30 年想要剩下来的组合的市场价值。

从表 29.3（不根据通货膨胀调整取现比例）来看：

- 100% 股票 = 1 561 万美元
- 75% 股票 /25% 债券 = 1 074.3 万美元
- 50% 股票 /50% 债券 = 710 万美元

从表 29.4（根据通货膨胀调整取现比例）来看：

- 100% 股票 = 1 007.5 万美元
- 75% 股票 /25% 债券 = 596.8 万美元
- 50% 股票 /50% 债券 = 297.1 万美元

这是非常强有力的数据材料，应该给了你很多理由，让你为追随本书所讲的简单致富之路而感到温暖和陶醉。

你看了这些表格之后，对一件事的认识应该变得非常清楚了，那就是，在积累财富和保住财富方面，股票的力量是多么强大，多么必不可少。这也正是为什么在本书中讲的简单致富之路中，股票始终占据中心地位。

可能看起来不太明显，但是同样非常重要的一点，就是用低成本指数基金来打造你的投资组合。你一旦开始每年为主动型基金付 1%~2% 的管理费，或者是付给投资顾问咨询费，那么上面表格推算出来的这些令人陶醉的投资结果就都得扔进垃圾堆里了。

韦德·普福是在美国金融服务学院专门研究退休收入的教授，也是三一大学这篇研究论文最令人尊敬的评论者，他这段评论说得再好不过了：

"这篇研究论文里面举了这个例子，即股票和债券各一半的投资组合，持有30年，每年取现比率在通胀调整后保持在4%的话，有96%的成功概率。请注意，前提是股票基金是没有费率的，不需要给基金公司转管理费。你要是支付1%的费率，这个投资组合未来30年的成功概率就降到了84%。你要是支付2%的费率，这个投资组合未来30年的成功概率就降到了65%。"

换句话来说，只有当你用低成本指数基金来构建投资组合时，这篇研究论文的假设结果才行得通，否则这些模拟出来的30年的投资收益都是无效的。

我们前面间接提到的问题，我现在可以来回答了：我个人退休后实际的取现比例是多少？我得坦白承认，我很少关心取现比例这件事，所以你问我，我得花点儿时间才能够想出来，而且即使我想出来了我应该用什么样的取现比例，这个数据也并不精确。但是我个人觉得最好的想法是，从2016年回顾最近几年的情况来看，退休之后，取现比例应该保持在5%左右。这样一拍脑袋想出来一个大致的取现比例，可能会让你感觉有点儿吃惊——这也太不认真了吧。

但是这里要解释一下，有5个具体情况，让我在取现比例这件事上的压力减轻了不少。

（1）我的孩子上大学的费用是我家每年的一笔大开销，但是从2014年春天之后这一大块开支就没了，因为孩子大学毕业了。孩子上大学的时候，这笔用来交学费的钱，当然要从我的个人财富里面扣减。

（2）从我退休之后，我妻子和我更多地出去旅行，相关的支出大幅增长。我不是想显摆，也不是有什么消极的想法，只是我现在60多岁了，我更担心的不是我的钱花光了，而是我的时间花光了。如果将来股票市场大幅下跌的话，我的这些投资市场价值大幅缩水，我就得少花一些，旅行支出这件事很容易调整的。

（3）在未来几年里我们会有两笔新的现金收入，那就是我们两个人的社保。

（4）最重要的是，我知道，我必须把取现比例控制在明显低于6%~7%的水平。你要非常小心才行。

（5）基于以上考虑，如果情况需要的话，我估计会在必要的时候减少开支，把取现比例降到4%以下。

在3%~7%的区间里选择一个适合你的取现比例就行了，这与那些数据推算关联不大，更多地取决于你个人的收入和支出可以灵活调整的程度。如果情况需要的话，你可以很快地调整你的生活支出，比如找一份工作，让你能在养老投资账户取现的被动收入以外再多一份主动收入，或者说愿意而且能够搬到生活费用水平更低的地方去生活。这样灵活调整收入和支出，你就会拥有更加稳定、安全的退休生活，不管你的养老投资账户取现比例是高是低，都没关系。我想你那样做也会活得更加开心。

如果你这个人非常固执，你已经定好了，非要达到某种收入以满足你的需要不可，而且你也不愿意再出去工作了，或者你现在也根本没有能力出去工作了，你的双脚陷得太深了，无法离开这里去寻找更绿的草场，那么你在设定养老投资账户每年的取现比例时就需要更加小心谨慎了。就我个人而言，我更愿意努力想方设法来调整人生态度。态度决定人生，也决定你的取现比例。但是人的选择各有不同，我说的只是我自己。

退休后把养老投资账户每年的取现比例定为4%，这只是一个指导方针。根据具体情况进行合理的灵活调整，才是享有安全无忧退休生活的关键所在。

第四部分 在实现了财务自由后，你该怎么做？

30
我退休后每年如何取现4%？

如果你一直遵循本书讲的简单致富之路，复利发挥作用的年数够长了，到了某个时点，你就会发现，你的账户里攒的钱达到了能让你获得财务独立的水平。因此，你就能够自由选择是否去工作，你可以不再靠出卖劳动力获得工作收入来支付日常开支，而可以用你投资账户里积累的这笔资产每年投资升值赚的钱来支付你的日常开销。

那么你需要多少年才能积累到足够多的资本、获得财务独立呢？这在很大程度上取决于你的储蓄比例，以及你不再工作之后需要每年从投资账户中取现多少钱才能维持你想要的生活水平。不管什么情况，你投资账户中积累的资产规模，都需要达到一个临界点，就像上一章讨论过的那样，达到每年取现4%就可以满足你的所有生活开支的水平。换一个方式说就是，你积累的资产需要达到你一年生活开支的25倍。

既然你已经退休了，你就要把以前工作时以用人单位为支柱的员工养老投资账户［比如401（k）账户］中的全部投资都转到你的个人养老金账户中，合理配置股票和债券，使其风险和收益预期匹配你的个人风险概况，也就是你个人愿意承担多大风险，以及你个人有能力承担多大风险。

最理想的投资工具是先锋领航集团的两大低成本指数基金：要投资股票就买先锋全市场股票指数基金，要投资债券就买先锋全市场债券指数基金。

正如我们在第 19 章讨论过的那样，只买这两只指数基金就够了。不管是你享有税收优惠的账户（特殊篮子），还是你没有税收优惠的账户（一般篮子），都是这样，只买这两只指数基金就够了。到你退休之后，你就只剩下三个放投资的篮子，也就是投资账户了：一是个人养老金账户，二是罗斯个人养老金账户，三是没有税收优惠所以必须当年缴税的投资账户。

我建议你在用这三个篮子时按下面的方法放置先锋两大指数基金，以此来构建你的投资组合。我是这么说的，我个人构建投资组合时也是这么做的。

• 把先锋全市场债券指数基金放在个人养老金账户里面，因为投资这个债券基金得到的债券利息和投资盈利分红是必须当年缴税的，不具有税收优势。

• 把先锋全市场股票指数基金放在罗斯个人养老金账户中，因为这个账户里的钱会是我这辈子花的最后一笔钱，这笔钱很有可能会留给我的继承人。你要是去世了，你的罗斯个人养老金账户就是一个很有吸引力的遗产。罗斯个人养老金账户里的资产会是我投资周期最长的资产，所以应该在这个账户中放置长期最有增值潜力的大类资产，即股票。因此，先锋全市场股票指数基金是这个账户的首选。

第四部分　在实现了财务自由后，你该怎么做？

- 我也会把先锋全市场股票指数基金放在我没有税收优惠因而所有收入必须当年缴税的投资账户里，因为与另一个债券指数基金相比，股票指数基金的税收效率更高，也就是说，每付出一美元的税收费用创造出来的投资收益更高。

- 我也会把先锋全市场股票指数基金放在我常规的个人养老金账户里，这是因为在这个账户投资可以享受税收递延的好处，你可以在好几十年之后，到退休提现时再缴税，这相当于你可以多用几十年的政府无息贷款。

你可以看出来，如果你是单身，你可以把先锋全市场债券指数基金放在个人养老金账户里，把先锋全市场股票指数基金放在3个账户里，即罗斯个人养老金账户、个人养老金账户和没有税收优惠、必须当年缴税的投资账户。

如果你结婚了，你们夫妻两个的资产配置，可能会看起来很像我们夫妻两个的资产配置。

我持有的是：

- 先锋全市场股票指数基金——放在我的罗斯个人养老金账户和我常规的个人养老金账户里。

- 先锋全市场债券指数基金——我们所有的债券投资配置都是先锋全市场债券指数基金，放在我常规的个人养老金账户里。

我的妻子持有的是：

• 先锋全市场股票指数基金——放在她的罗斯个人养老金账户和常规的个人养老金账户里。

我们共同持有的是：

• 先锋全市场股票指数基金——放在我们没有税收优惠、必须当年缴税的投资账户里。

• 少量现金——够日常开支就行，放在我们在当地银行开的储蓄存款账户和支票存款账户里。

所以我们夫妻两个合在一起来看有5个投资账户：我们一共有两个罗斯个人养老金账户，两个个人养老金账户，还有一个没有税收优惠、必须当年缴税的投资账户。从我们两个这5个投资账户来看，只有一个账户投资持有先锋全市场债券指数基金，而这5个账户都投资持有先锋全市场股票指数基金。我们股票和债券两个大类资产配置的比例是75：25，其实就是先锋全市场股票指数基金占75%，先锋全市场债券指数基金占25%。

即使你已经完全接受了本书讲的简单致富之路，知道我在本书中建议你只持有两只指数基金，但是人嘛，总是会有自己的想法，非常有可能的情况是，你还持有其他基金。如果其他基金是放在你有税收优惠的投资账户里面的，你可以把这些基金转换成先锋全市场股票指数基金，转换是免税的。要是这些基金放在没有税收优惠、必须当年缴税的投资账户里，卖出这些基金所获得的盈利要缴一大笔个人所得税，就是资本利得税。一算账，你会觉得还是继续持有更划算。前些年我退休的时候，我们除了持有

第四部分　在实现了财务自由后，你该怎么做？

一股一债两个先锋指数基金，也有一些这种低价的零散投资，大部分是我在痴迷选股时买的个股，那时我还没有戒掉玩股票的坏习惯。

说到这个地步了，再详细讨论下去，退休后如何从这几个账户具体取现，情况就变得有点儿复杂了。因为几乎可以说有无穷无尽的账户和基金排列组合方式，都可以让你从你的这些投资中取现 4% 来支付日常消费。所以，让我们先来看看这样取现 4% 的技术操作流程，然后我会跟你分享一些指导原则，最后再告诉你我们夫妻两个退休后每年取现 4% 具体是怎么操作的，以及为什么要这么做。理解了我讲的内容之后，你就会有一套满足你需要的工具，你可以用它们去打造你自己的取现策略。

取现具体操作流程

如果你持有的基金是先锋领航集团的基金，或者其他类似的基金，那么你的基金投资取现可太容易了。你只需要打个电话，按照语音提示操作就行了，或者在网站上或手机上点几下，你就可以下达指令，让基金公司完成以下取现操作。

- 从你的任何一个投资账户上，按照你设定的日程（每周、每月、每个季度、每年）操作，取出固定的金额。
- 一旦获得基金投资盈利分红、股票股息、债券利息，就马上转账。
- 任何时候你都可以在网上或手机上转账。只要点击几下就能完成，非常方便快捷。

- 或者综合进行以上操作，具体如何综合由你来定。

取出来的钱，和你从银行存款账户取出来的钱一样，可以转到你选择的任何一个账户。操作过程再容易不过了，只要打个电话给先锋领航集团就行了，大多数其他基金公司也是这样。在此过程中，你会得到非常友好又非常有用的协助，让你在第一次操作的时候就能顺利完成各个环节。

指导原则

在我们这套取现方式背后有一套指导原则，接下来我们来一起看看。

第一，资产配置要看全局、算总账。请注意，我们构建的投资组合，股票和债券两个大类资产配置的比例是 75 ∶ 25。我们是把我们持有的基金加在一起来看股票和债券的配置比例的，不管这些鸡蛋放在哪个投资篮子里。

第二，用税收优惠账户中的所有基金红利再投资。我们在享有税收优惠的所有投资账户里持有基金期间收到的所有股票股息、债券利息、基金投资盈利分红，全都继续买入基金进行再投资。很多人都很迷恋这个想法：只靠投资获得的收入生活，包括投资获得的股票现金分红和债券利息。但我并不这样想。相反，我更向往的是每年只需要取现 4% 的生活，就像上一章说的三一大学那篇研究报告显示的那样，我这样用股票和债券两个全市场指数基金构建的投资组合，完全可以支撑我未来 30 年的日常开支。

第三，没有税收优惠的投资账户里投资的所有基金红利都转到我们在银行的存款账户中。这些账户里产生的收入，包括股票红利、基金投资盈利分红等，必须当年缴所得税。要是缴了所得税之后再投资买基金，过了一段时间我要花钱了还要再卖掉一些基金取现，这么折腾又何必呢？

第四，我希望有税收优惠的投资账户持有的基金投资享受到税收递延的年数越长越好。这些可以延迟到退休之后取现时再缴的税款相当于政府无息借给我用上好几十年的钱。不用白不用，用的年数越多越好。

第五，我在10年之内会达到70.5岁，按照规定，我每年从投资账户中领取的钱要达到最低金额，所以我想要尽量多地把资金从我们常规的个人养老金账户转到我们的罗斯个人养老金账户，这样充分利用我们退休后收入大幅下降、可能持续保持在15%这种低税率级别的窗口期，在转移资产、卖出基金时形成的收入就可以只缴15%的税。你还记得吧，这是我们在第20章讨论年满70.5岁取现必须达到最低强制领取金额时得出的最佳策略。

第六，一旦我们年龄达到70.5岁，就会面临最低强制领取金额的规定，那么我们按照规定从这些税收优惠账户中取出的钱，就会取代以前我们从应税账户里取的钱。应税账户里的投资就可以放在那里继续升值了。

取现4%的具体行动顺序

（1）先花退休后赚到的现金收入。我们认为我们退休之后还会有一些非投资收入。即使你退休了，如果你积极地参与生活中的方方面面，你也许还有很大的可能会创造一些现金流。我们都退休了，不再按照以前年轻时拼命赚钱、攒钱的模式生活了，现在退休后赚来的钱，马上就拿去花掉，也省得卖基金了。这样的话，我们从投资账户中取的钱就变少了，留在账户继续投资的金额就变多了，可以让我们的钱多为我们工作、多赚钱。

（2）处理历史遗留的低价零散投资。还记得我们应税账户上那些低价的零散投资吗？这些大多是我以前痴迷选股时买的股票。我们过上退休生活之后，这些就是我们要变现以支付生活开支的第一笔资产。我们会先砍掉其中长期收益最糟糕的零散投资。不管你会还是不会选择追随我们这个养老投资计划，如果你自己的投资组合也有这些历史遗留问题，我都强烈建议你退休后首先处理掉这些问题。别一下子全部砍掉，慢慢来，尽量把零散投资变现过程中需要缴纳的所得税总额控制在最小。当然了，如果你这些零散投资中有些是亏损的，你就可以马上割肉，全部砍掉。你也可以卖掉一些赚钱的零散投资，用这些盈利冲抵另外的零散投资造成的亏损。你每年最多可以用这些投资损失中的3 000美元来冲抵你的个人应税所得。你今年用不完的投资亏损，无论是多是少，都可以递延到下一年。

（3）一旦前面两笔钱都被你消耗光了，你就可以转到你的应税账户上。需要取现多少，就卖出多少先锋全市场股票指数基金。你可以一直从这个应税账户中取现，直到年龄达到70.5岁，那个时候就要开始领取税收优惠账户中烦人的最低强制领取金额了。

（4）由于应税账户里持有的先锋全市场股票指数基金只是我们所有基金投资中的一小部分，所以我们现在每年取现的金额要远远超过这个账户里面资产总额的4%。关键是看全局、算总账，不能只看取现金额占这一个账户资产总额的百分比，而要看占我们整个投资组合资产总额的百分比。

（5）我们本来可以在应税账户中投资的这只先锋全市场股票指数基金上设置一个定期自动变现转账计划，但是我们并没有这样做。我妻子负责处理我们家的日常开支，她需要用多少就取多少，什么时候看到银行存款账户上的钱太少了，就登录先锋领航集团的网站，卖出一些基金，钱很快就能到账。

（6）这种用多少就取多少的取现模式也许看起来有点儿太随意了，我想也是的。但是正如我们在上一章解释过的那样，我们觉得没有必要过度僵化地非要保持精确的4%的取现比例不可。不能把4%看成一条非要严格遵守的红线，它只是一个参考线而已。

（7）我们会用电脑上最简单的电子表格来分类记账，这样我们可以看看我们的钱到底都去哪儿了。好好想想如果市场暴跌而需要花的钱却增加了，那么我们可以从哪些地方开始把不必要的开支砍掉。

（8）每年我都会算我们这一年有多少收入，然后再看看如果要保持在15%的个人所得税率级别，我们还有多大的收入增长空间。我会尽可能充分地利用这个空间,把对应金额的资金从我们的常规个人养老金账户转到我们的罗斯个人养老金账户里面。这是早做准备,不然我们在70.5岁时就要按照最低强制领取金额取现,收入大幅增长,个人所得税率也会相应大幅提高。为什么不趁着退休之后收入大幅降低,能转移多少资金就转移多少资金呢?等到我们70.5岁时,我希望我们的常规个人养老金账户上的余额越少越好。

(9)一旦我们到了70.5岁,我们就会停止从我们的应税投资账户里取现,让这个账户里的基金继续升值。我们会开始用从税收优惠账户中按照最低强制领取金额取出来的钱过日子。如果未达到最低强制领取金额,不足的部分就会面临50%的罚款。

(10)尽管我现在可以非常确定,我们应税账户里的钱肯定能支撑我们夫妻两个活到70.5岁,但是如果应税账户里的钱消耗光了,我们也只需要从我们的个人养老金账户里取钱即可,大不了就在年满70.5岁之前开始取。从本质上讲,这些钱我们本来就会转到罗斯个人养老金账户里。再强调一次,我会努力追踪市场波动并灵活调整我们的取现比例,好让我们一直保持在15%的税率对应的收入区间之内。

(11)尽管我努力利用退休之后收入下降对应的低税率,尽量从我们的常规个人养老金账户里多取钱,向罗斯个人养老金账户多转钱,但是一旦我们夫妻两个年龄都达到70.5岁,开始必须按照最低强制领取金额,从有税收优惠的投资账户中取现,因为账户上积累的财富金额规模大,我们每年领取的金额就很可能会超过我们的日常消费开支需要。在这个时候，我们就会用多余的现金重新买入先锋全市场股票指数基金，放在我们的应税账户里。

就是这么多了。你并不需要非常死板地完全跟着我们的这套取现流程去做。你可以适当改进一下。怎么做最适合你的实际情况，又最适合你的性格特点，你就怎么做。

比如，如果取现会动你的本金，这违反了你的个人意愿，你不想动你的本金，只想花你投资赚到的钱，你就可以发出指令让你投资的那个基金公司做以下操作：

• 只要你投资的这只基金所有股票现金分红、债券利息、基金投资盈利分红一发放，就把它们全部转到你的银行账户里。

• 如果以上所有投资收入加在一起还是低于 4% 的取现比例，或者是你偶尔消费开支增加、需要用更多的钱，那么你可以偶尔在网上或者手机应用上登录你的基金投资账户，根据你需要用的金额，下达指令、赎回一些基金份额。你需要的那些钱很快就能到账，你只要把这些钱转到你的存款账户就行了。

• 或者把上面两步合起来。第一，只要你投资的这只基金所有股票现金分红、债券利息、基金投资盈利分红一发放，你就把它们全部转到你的银行账户里。第二，定期从应税账户中赎回基金，把这些钱转到银行存款账户中。二者合并计算，确保取现总额最高不超过 4% 就行。

举个例子，一算账，你就容易明白了。假如你的基金投资组合市场价值为 100 万美元，股票与债券两个指数基金的配置比例为 75 ∶ 25。

• 按照 4% 的取现比例，你这个市场价值 100 万美元的基金投资组合，一年最多可以取现 4 万美元。

• 75 万美元的先锋全市场股票指数基金每年持有股票的现金分红约有 2%，就是 1.5 万美元。

• 25 万美元的先锋全市场债券指数基金每年的利息收入约为 3%，就是 0.75 万美元。

• 以上两项现金收入加在一起有 2.25 万美元，如果这就够一年花的了，那你就到此为止，两个基金就放在账户中不动了。

• 但是如果你想要拿到手 4 万美元，那就还差 1.75 万美元，你每月赎回一些你应税账户里持有的基金份额就行了。赎回基金相当于把基金份额卖回给基金公司。12 个月摊下来，平均一个月赎回 1 500 美元就够了。

这套操作流程，对我来说有些太麻烦了。我举这个例子，只是为了描述一下，如果有人想只靠自己的投资收入来生活，可以怎么处理基金账户取现这件事。

取现时哪些是我不会做的事情

我不会设置一个每年固定取现 4% 的计划，然后就忘掉这件事，彻底不管了。

正如我们在上一章看到的那样，三一大学那篇取现比例研究报告，其出发点是为了确定一个投资组合未来几十年每年取现多大比例最好。按照通货膨胀调整后，历史数据证实每年取现4%，30年下来的成功概率有96%。这个研究成果后来广为流传，成了4%法则。它让你可以挺过大多数股市大跌，这样你就不用担心你退休后的生活开支了。

这当然是一个非常棒的学术研究，这个研究结论也让我们这些长期投资者大受鼓舞，因为研究中的历史数据表明，除了两个年度以外，投资组合能够持续挺过几十年。事实上，在大多数时间，即使每年取现，投资组合还是会有巨大的升值空间。

尽管有两年的特殊情况（在那两年中，这种长期投资方式可能会让你身无分文），但是在大多数情况下，它还是能够给你创造巨大的财富。假设你既不想变得身无分文，也不想错过让你投资的基金创造出巨额财富的大好机会，你就需要随着时间的推移，仔细注意市场的变化，相应地调整取现比例。

这也是为什么我会认为，只是简单设定一个每年取现4%的固定取现比例，然后不管现实世界和股票市场发生什么情况，只管每年取现4%，这是傻瓜+呆瓜式的做法。如果市场暴跌，导致我的投资组合市值减少一半，那不用说，我肯定会大幅削减我的消费支出。如果我还没退休，正在工作，我的年薪一下子少了一半，我当然会大幅削减消费支出啦。你肯定也会的。但是同样的道理，如果股票市场行情好，大涨了，甚至是大牛市，我肯定会选择调高取现比例，超过 4% 一点点，因为我知道股票市场都在上涨，一切顺风顺水，我的股票投资组合大涨的可能性非常大，多赚了我当然可以多花一点点啦。

不管股市行情是好是坏，基金投资组合是涨是跌，每一年我都会重新评估一下现实情况的变化。重新评估的理想时间，就是当我们调整投资组合的时候。我们要调整股票和债券两大资产的配置比例以保证我们在正确的轨道继续前行，这里首先要重新评估一下投资组合和市场现实情况的变化。对我们家来说，每年固定的评估时间就是我妻子生日那一天。当市场上升或下跌超过 20% 的时候，也就是大家经常说的大牛市和大熊市出现时，我们也会做出相应的调整。

真正的财务安全，并且让你积累的财富释放所有的增长潜力，只能通过灵活调整来实现。市场风向改变的时候，我的取现比例也要跟着相应改变。我建议你也采取这样的做法，及时追踪、观察市场变化，灵活机动地调整取现比例。

31
社保：我该什么时候领社保？

那是 20 世纪 80 年代，我记得我曾对着我老妈猛烈抨击社保这也不好那也不好。我老妈就是靠领社保来生活的。老妈小时候，最害怕看到一个流浪的小老太太，天天吃流浪猫吃剩的食物。这是真事，我老妈当时还是个只有几岁的小女孩。那个时代的老年人是美国最穷的群体。

我解释给老妈听，如果我和两个亲姐姐根本不领社保，完全与社保脱钩，我们三个孩子也不会让老妈过那种只能勉强填饱肚子的生活，除此之外，我们还有很多的财富，足够过好自己的晚年生活。老妈听了根本不信。

我也根本不信社保。

我从来没有指望能领上社保。我所有的投资理财规划都是基于这个想法——即使没有社保，我养活自己也根本没问题。如果退休了还能领一份社保，那真是一个大惊喜。

是的，大惊喜。现在是 2016 年，我再过上短短几年就可以领社保了，而且让我惊喜的是，这还是数量相当可观的一大笔钱。想想我们过去交了多少年社保，要是我们活的年数足够长的话，能一直领多少年社保。结果证明交社保、领社保这件事太划算了，赚大了。我并没有打算依靠美国退休人员协会（AARP）的力量，尽管它是美国历史上最强大的游说力量。

社保诞生于1935年，当时美国正深陷经济大萧条的深渊之中，这些艰难时刻可以说摧毁了几乎每一个美国人，但是再惨也惨不过那些老年人，他们年纪大了没有能力再去工作了，而且就是能工作也根本找不到工作，许多年轻人也没工作。很多老年人真的可以说是靠吃流浪猫吃剩下来的食物才活下来。

不过在那个时代，美国人的预期寿命要比现在短得多。要算出来具体的数据会相当复杂，因为当时儿童死亡率特别高，大大降低了平均预期寿命。但是我们如果看看活到20岁的成年人的预期寿命，就会得到更加有用的数据。1935年，男性的预期寿命是65岁，女性的预期寿命是68岁。从那之后，美国人的预期寿命持续增长。2013年，按照世界卫生组织的统计数据，男性的预期寿命是77岁，女性是82岁。

从这些数据很容易看出来，1935年社保刚刚诞生的时候，把领取社保的年龄设定在65岁，对整个社保体系来说太有利了。所有工作的人，都得交社保，相对而言，只有相当少的人能够活到65岁，就算活到65岁了，也领不了几年社保就要上天堂了。这一套社保体系运行得其实相当好，一路上只有一些相当小的调整。直到2011年，社保存入的钱开始少于社保支出的钱，从此之后没有增量资产流入了。所以，社保整体结余资金规模在2011年达到了顶峰——2.7万亿美元。

第四部分　在实现了财务自由后，你该怎么做？

但是后来的事你也看到了，现在社保结余资金的车轮转动的方向反过来了。婴儿潮时代出生的人口数量巨大，他们过去是交社保的主力军，社保资金结余量这么大，主要都是这些人贡献的，现在他们这些人都开始退休了。而且他们的预期寿命，要比社保诞生那个时代的人的预期寿命长一二十年。照这样发展下去的话，如果情况没有变化，美国整个社保体系支出的钱会超过存入的钱。大体情况看起来是这样的：

- 1935—2011 年：每年社保都有结余，越积累越多，到 2011 年达到顶峰，约有 2.7 万亿美元。

- 2012—2021 年：这几年每年社保存入的钱，低于社保支出的钱。但是因为原来积累的社保资金存量有约 2.7 万亿美元，每年能产生 4.4% 的利息收入，足够覆盖这个收支缺口。

- 2022—2032 年：利息收入不足以弥补收支缺口了，必须得开始吃老本了，就是动用 2.7 万亿美元的本金。

- 2033 年：2.7 万亿美元社保资金本金也要花光了。

- 2033 年之后：社保支出只能靠当年社保新存入的钱了。但是每年存入的钱少，按照社保计划，存入部分只能覆盖支出的 75%。

美国这 2.7 万亿美元社保资金到底在哪里？

这 2.7 万亿美元的社保资金结余，美国人一般称其为信托基金（Trust Fund）。说是社保基金，其实并不是真的一大堆放在金库里的钱，而是购买了美国国债，相当于政府打了一大堆欠条。我写到这一段话的时候，看了一下2012年美国国债共有16万亿美元，而2.7万亿美元买的国债就占到国债总额的约16%。美国政府向所有美国人的社保账户借了2.7万亿美元。美国政府是谁的政府？是所有美国人的政府。从实际意义上来讲，我们美国人其实是自己欠自己的钱。其实16万亿美元的国债里面，有4.63万亿美元实质上都是美国人自己欠自己的钱，占比约29%。这4.63万亿美元主要分为三大部分：社保资金结余、医保资金结余，还有军人和公务员退休保障金结余。中国买美国的国债最多，也就是说我们美国人欠中国人的钱最多，也只有1.1万亿美元，占约8.2%。排名第二的是日本，日本买的美国国债和中国接近。所以我们美国人欠日本人的钱也接近美国国债的8%。（2016年的最新数据显示，美国国债超过了19万亿美元。）

美国社保资金结余2.7万亿美元真的存在吗？

你可能听说过这种吓人的说法，美国社保基金其实根本不存在了。美国政府已经把这些钱都花光了。

是吗？

我得说：是，也不是。

先说一下，在某地藏着一个保险箱，里面装满了10万美元一张的大钞，这种说法完全是子虚乌有。这种钞票美国政府在1934年印过，通常称为黄金凭证，上面印的是美国总统伍德罗·威尔逊的肖像。它们只有在美国联邦政府在各州联邦储备银行之间进行官方正式交易时才会使用,从来都不会放到市面上公开流通。

美国社保基金并不是现金,而是一大堆美国国债,就是美国政府打的欠条。

美国社保基金结余 2.7 万亿美元,这些钱真的还在吗?要回答这个问题,你需要明白国债发行、购买、交易、偿还这一套体系和流程是如何运作的。

任何时候一个实体发行债券,也就是在市场卖债券,就是去筹资。有人买债券,自己就有钱花了,有钱去办自己想办的事了。其实和个人借钱打欠条本质上是一样的。今天借的这些债券的本金和利息,用明天的收入来还。个人能打欠条来借钱,公司和政府也能发行债券来借债。借债凭的是信用,按照信用评级来看,公司和公司不一样,国家和国家也不一样。美国政府发行的国债,也就是我们美国社保基金结余资金买的债券,被许多人认为是世界上最安全的投资。它的背书强啊,美国政府在债券上白纸黑字公开保证:以美国政府的诚信和信用担保。当然了,美国社保基金买的这 2.7 万亿美元美国国债,其实是美国政府欠我们美国纳税人的钱,也就是欠我们这些每个月交社保的人的钱。

所以从这个意义上说,美国社保基金那 2.7 万亿美元,真的存在,实体形式就是美国国债,这和中国人还有日本人持有的美国国债完全一样,也和其他无数债券基金、货币市场基金、数不清的机构投资者、个人投资者持有的美国国债完全一样。

<u>但我还是觉得，要是美国政府没有花掉我们交的社保钱，它们还是干干净净、整整齐齐的钞票，锁在一个巨大的保险箱里，放在一个巨大的金库里面，我想领社保的时候就直接去取钱，那样更可靠。</u>

确实如此，但是长期来看，现金这类资产升值能力最糟糕。不知不觉，通货膨胀就会一点儿一点儿吃掉现金的实际购买力。

非常重要的是，你要理解这一点，任何时候你把钱投资出去了，这笔钱也就花出去了。如果你在你们家附近一个银行网点开了一个储蓄存款账户，那么你存进银行账户的钱，就会一直放在这家银行的金库里吗？不是的。银行立马就会把你存的钱借给别的企业、银行或个人来赚贷款利息。所以说，你存的这些，确实是你的钱，但是并不是你想拿就可以马上拿到的。小额取款没问题，因为每天都有人取钱，也有人存钱。但是大额取款，需要预约，就是这个道理。

如果你觉得，银行存款也不是随时想取就能取的，这种风险你根本不能接受，你唯一的替代方案就是把钱放在你的床垫下面，或者找一个安全的保险箱放进去。要是美国社保基金也这样做的话，现在办公室里的钞票都要多到装不下了。

是的，美国政府印的这些钞票，和美国政府印的债券一样，上面白纸黑字写着：以美国政府的诚信和信用担保。

第四部分 在实现了财务自由后，你该怎么做？

至少你拿着美国国债是会获得利息的。你要是拿着钞票的话，一分钱利息也没有。

我什么时候开始领社保？

一旦你的年龄达到 62 岁，你就可以开始领社保了。那么多大岁数开始领社保最合算呢？关键就是记住：你开始领社保的时间越早，你能领取到的金额就越少；你开始领取社保的时间越晚（最晚可以推迟到 70 岁），你能领取到的金额就越多。当然了，你推迟领取的时间越晚，离你上天堂的时间就越近，你能花钱享受的时间也越短。

有数不清的文章讨论领取社保的策略这个主题，都想要回答你这个问题——什么时候开始领取社保最合算？有些文章讲的策略太空、不实用，有些讲的有点儿实用，但又太复杂，不好用。我读了一大堆关于如何领社保的文章，最终形成的观点是化繁为简，大道至简：听政府的，跟政府走。政府肯定不傻。政府社保的大账肯定算得比你精。既然政府能够拿到的人口死亡年龄精算统计表是最好的统计数据，政府支付社保的安排应该是最匹配人口死亡概率的安排。

大局观有了，大账算明白了，就该算算我们个人领社保的小账了。按照顺序，你应该问自己以下 4 个问题：

（1）我真的需要这笔钱吗？如果你现在就非常需要得到社保这笔钱，那么其他事情都不重要，赶紧去领社保。但是也要记住，你每推迟领取一个月，你以后每个月能领取到的社保就能多上一点点。

（2）你认为美国人的社保体系会崩溃，最终导致你以后再也领不到社保吗？如果你相信了，那么很明显，你理想的做法是尽快领取社保。不过，实事求是地说，我认为你这样想是错的，后面我会进一步解释为什么。

（3）你还能活多久？你活得越久，推迟领取对你越有利。年龄在62~66岁之间的人，领取社保的损益平衡点是84岁左右。也就是说，如果你能够活到84岁及以上，你推迟领社保的时间越晚，你能领到手的钱数就越多。你可以考虑推迟到过了66岁再领。如果你觉得你可能活不到84岁，那你还是一到62岁，就赶紧开始领社保吧。除非……

（4）除非你已经结婚了，而且你比你的配偶收入更高。那么你还得考虑你的配偶能活多大岁数。一般女性比男性活得久，所以我们以丈夫收入更高，但是丈夫先去世为例吧。如果你的妻子活得比你更久，等你过世之后，你妻子可以把她自己那份比较低的社保，换成你这份比较高的社保。

例如，我和我妻子现在健康状况都挺好的，但是看看我们家族历史中男人的平均寿命，再加上女性通常比男性活得久，我估计我妻子会活得比我久。我估计我能活到80~85岁就不错了。要是我是孤身一人，我会能领社保就马上开始领社保。但是我现在得为我妻子着想啊，我妻子肯定可以轻松活到95~100岁。所以等我去世了，我妻子会有个选择，可以把她自己能领的社保换成我能领的社保，因为我能领的社保金额比她高，所以我妻子肯定是会这样换的。为了让我妻子在我去世后每个月能够领到的社保

第四部分 在实现了财务自由后，你该怎么做？

金额最多，我会推迟到 70 岁再开始领社保。我妻子会选择从 66 岁开始领社保。

另一件事也值得你考虑：我们退休后年龄越来越大，我们思维的敏锐性也会逐渐退化。管理自己的投资，是件相当复杂的事。人越老越糊涂，越难做出高质量的投资决策。我们七老八十了，在生活上变得更依赖于别人，在投资决策上也会变得更依赖于别人。等到你老糊涂的时候，政府每个月发给你一份稳定的社保，这太有价值了，太有意义了，这可不只是钱的事。

当然了，等我们老了，未来会怎么样，谁知道呢？谁也没办法提前知道未来究竟会怎么样。我们能做到的最好的应对方式，就是推算一下大概率会是什么情况，早做准备。

但是社保体系注定要崩溃！我会尽快领取我的社保。

有些人一等到年龄满 62 岁，能领社保了，就会马上开始领社保，即使这样做，能领到手的资金总额会少一点儿。有些人真的就是老了没钱了，有了这笔钱才有饭吃，那他们也没有其他选择了只能马上领，管他是多还是少。但是有些人其实每个月不缺这些钱，纯粹只是因为害怕以后想领社保也领不到了。因为他们认为社保体系会在他们有生之年完全崩溃，想趁着他们能领社保的时候赶紧领。我不会担心这个。如果你已经年满 55 岁了，或者年纪更大一些，你大可放心，你会领到你的社保，一分钱也不会少。原因如下：

（1）社保背后有历史上最强大的游说群体来支撑：美国退休人员协会。

（2）脾气暴躁的古怪老头现在占美国人口的比例越来越高。

（3）脾气暴躁的古怪老头投票很积极。

（4）一大群人投票支持的东西，无论是什么，美国政客都很少会去碰。不然的话，后果很严重，丢掉选票，就是丢掉政治生命。

（5）这就是为什么美国政客建议的社保体制改革方案根本不会影响55岁及以上的老年人，只会影响55岁以下的年轻人和中年人。

好吧，你说的是挺好的，也挺有道理的，但是我还年轻，还不到55岁！我们怎么办？

对已经年满55岁的人，年轻时交社保，年老了领社保，这件事超级合算。但是我们这一代人，还有比我们更老的上一代人，可能是最后一批能够享受社保这个巨大国家福利的人了。美国社保体系陷入大麻烦了，肯定要大力改革才行。对那些55岁以下的美国人来说，年轻时交社保，年老了领社保，这件事就不像上几代人那样划算了。

你可以预期的是：

（1）你能领到美国政府答应给你发的全部社保福利，但是实际上美国政府承诺的金额会变少。

第四部分 在实现了财务自由后，你该怎么做？

（2）美国政府会让你交更多的社保钱。你的收入上限（扣社保的收入基数）将会继续提升。2003年美国需要交社保的收入上限是87 000美元。2013年美国需要交社保的收入上限是113 700美元。需要交社保的收入上限不断提升，这是个大趋势，将来肯定会继续下去。

（3）美国政府规定的"完全退休年龄"将会继续延迟。过去的完全退休年龄是65岁。我们这个年代出生的人的完全退休年龄是66岁。1960年或者以后出生的人的完全退休年龄则是67岁。在未来，完全退休年龄将会持续延迟。

（4）社保福利金也会变得更加"以个人收入状况为本"。也就是说，社保能领多少，是基于你个人的实际收入情况，取决于你还需要再领多少钱才能维持生存，需要得多就能领得多，而不是像过去那样基于你之前交社保交了多少。简单地说就是不再是交得多领得多了。

（5）美国国会将会继续出台政策对社保体系进行小修小补，最终美国社保还会继续存在。

那么我们继续交社保，以后退休了再领社保还划不划算？

这事因人而异，取决于你个人的具体情况。对于那些能在投资理财上对自己高度负责的人来说，比如好好读了本书、好好跟着做好投资理财的人，也许以后在美国交社保、领社保不太划算。2015年美国人扣社保的标准是7.65%，也就是说，你的工资收入要强制扣除7.65%交社保，你工作的企业或者政府部门也必须给员工交 7.65% 的社保。你要是不用这些钱去交社保，而是把它们投到美国股市好几十年，就运用本书推荐的策略，那么几十年复利下来，你赚到手的钱要远远超过你交社保后，最终能领到手的钱。此外，你的钱会一直放在你自己的手里，不会因为美国政府那些人瞎折腾社保政策而受到影响。但是只有极少数人会真正按本书的策略去做。

我非常现实，我知道的，大多数人其实总会乱花钱，根本攒不住钱，好不容易手上有点儿钱了，又会在投资上瞎折腾。没有社保的话，很多人就真的只能吃流浪猫吃剩下的食物才能活得下去。我们不但会在报纸上看到他们的悲惨处境，还要承担他们造成的恶果，政府肯定会出台比现在的社保规定严苛得多的措施来改善这种悲惨的状况。所以，是的，大多数人不能积累足够的财富给自己养老，甚至老了连吃饭的钱都没有了，对这些人来说，交社保能确保自己年老后有饭吃，确实是一笔非常划算的交易。这样的社保制度，对整个社会来说应该是好事，应该也是划算的。但是对践行本书投资策略的你们来说，这样的社保制度肯定不划算。对我来说，也不划算。

我的个人建议

要规划好你的投资理财，你可以做最坏的假设，即美国社保将来没了，你想领也领不到钱了。你可以按照本书建议的投资理财方式进行规划。

第一步：量入为出，花的钱不能比赚的多。

第二步：投钱，用盈余投资。

第三步：攒钱，努力攒够一笔独立自由保证金。

独立，一定要独立。在财务上独立，在生活的方方面面也要独立。

有社保了，能领社保了，添个酒，加个菜，你就偷着乐吧。

想知道你个人现在交社保和以后领社保的具体情况吗？

到美国社保的官方网站一查就知道了。

一旦你在美国社保官网上创立了你的个人社保账户，以后你就能持续追踪你个人社保的最新情况了。你也可以检查、确认社保局记录的你的个人收入数据是不是准确的。这个数据非常重要，因为你工资强制交款的社保金额在相当大的程度上取决于你这些年来的收入有多少。

32

如何像亿万富翁一样做慈善？

我知道你读到这句话时，心里正在想什么。

我知道你读这本书的时候，肯定这样想有一段时间了：写这本书的家伙，是不是和富豪比尔·盖茨有些共同点？是的！我们的共同点就是：

我们都有自己的慈善基金。

现在你一听肯定会想："我知道啦！吉姆这个家伙是个亿万美元大富翁！"如果你一定要这样想，很遗憾，我必须实话实说，你错了。还记得本书开篇时讲的那个穷和尚与富大臣的故事吗？我的财富数量更像那个穷和尚，而不是那个富大臣。恐怕我得说，你想多了。不是写股票投资书的人个个都是大富翁。别说亿万美元那么多的财富了，就连比尔·盖茨家住的那种湖滨别墅，我们家都没有。

我们已经谈了很多投资赚钱以及如何打造你个人的独立自由保证金的事了，但事实上有一件事我们可以说一句也没有谈，那就是，你努力攒了这么多钱，该怎么花呢？

因为我个人不太关心那些物质方面的东西，所以关于花钱购物方面，我也没有什么好多说的。我更看重的不是拥有而是体验。我们夫妻两个喜欢去旅行。我们确实在旅行上面花了好多钱。供女儿上大学，也花了我们挺多钱的。女儿非常喜欢大学这4年的体验，这学费虽然贵，但也值了。

我们上面花的这些钱，都是花在我们自己身上，花在孩子身上。但是能给我们带来纯粹的内心喜悦最多的，是我们有幸能够花在别人身上的钱。

其实，我可以说得非常具体，有一次我们花在别人身上的1 200美元，给我们带来了最满意、最舒心的回报。我有些犹豫，要不要把这件事讲出来，因为这很容易被误解成自我吹捧。其实我讲出来这个真实的故事，只是为了阐释我想要表达的观点。希望你能领悟其精髓。

很多年前，我们参加了我家附近一所小学举办的慈善拍卖活动，后来我女儿读的就是这所小学，也没什么不能说的。我们非常喜欢这所小学，学校里的老师和女校长人可好了。

我们小区附近有一家帕克餐厅，我和妻子最喜欢吃了。为什么叫帕克餐厅，因为老板名叫帕克。对于这次慈善拍卖活动，帕克捐献的是帕克餐厅的一顿豪华晚宴，10人套餐。我一激动，就和妻子商量，我们要拍下来作为圣诞大餐送给学校的老师。

一开始，大家都想要，竞价非常激烈。当拍卖价格达到平常的价格时，竞争热度一下子就降下来了。最终我们以1 200美元的价格成功拍下了这个套餐。

我上台后当场宣布，要把这个帕克餐厅豪华晚宴10人套餐送给小学的女校长，不过我也向女校长提出了两个条件：第一，这所小学一共有 15 个老师，由女校长本人来选择哪 10 个老师参加；第二，女校长本人必须参加。你看出来了吧，我们很了解这个女校长，我们必须在需要的时候想办法让她不那么无私。

没想到，我这番话引发了连锁反应。更意想不到的事情发生了。

餐厅老板帕克站出来说：我要把我捐赠的豪华晚宴 10 人套餐扩大成 15 人套餐，这样的话所有老师都能前来参加晚宴了。

另外竞标输给我的学生家长也站出来了，大气地说：晚宴喝的酒，我包了。

你知道的，我们这个地方的人是什么脾气，美食、美酒，还有 15 个小学老师，你要是喝不醉……

慈善捐赠，除了能让你发自内心地开心快乐，还有一个实实在在的好处，那就是你的捐赠支出能税前抵扣。当然了，要得到美国政府给你的这个福利，你必须在当年纳税申报时把你的慈善捐赠支出列到可以享受税前扣除的支出项目之中。比如，如果你已经结婚了，你们夫妻两个人共同纳税，按照 2015 年的税法规定，允许的标准税前扣除金额可以达到 12 600 美元。如果你可以税前扣除的支出项目比较少，还达不到这 12 600 美元的标准线呢，你就不用一一罗列那些费用项目了，直接采用标准税前扣除就行了，这样你报税更省事。

几年前，我生活里发生了两件大事，它们改变了我的生活，也大大影响了我个人的纳税情况。一是我们准备卖掉我们住的房子，二是我计划要退休了。没有了房子，和住房相关的费用支出也就没有了，这些以前能列入税前扣除项目的支出项目也就没有了，我需要缴税的收入就会相应地小幅增长。而我一退休，我的工资收入就没了，我的收入水平就会大幅下降，对应的个人所得税率就会下降到更低的税率级别。这两件事对我纳税的影响很大，它们都会使我们在慈善捐赠方面能享受到的税前扣除减少。

解决方案是：

成立 J. L. 柯林斯慈善基金。

你们已经知道了，我是先锋领航集团的超级粉丝。所以，我们家要设立慈善基金，选择使用的也是先锋领航集团旗下的慈善捐赠计划，对此你们一点儿也不会感到意外。

选择它的原因如下：

• 你不是亿万富翁，也能成立自己的慈善基金。只要个人财产有 2.5 万美元（不包括你家的豪宅）就行。

• 你为你自己的慈善基金捐的钱，纳税申报时可以列入年度的税前扣除项目。这样你既做了慈善，能帮助别人，让自己内心感觉更好，又能在报税时享受税收优惠，得到国家对你参与慈善捐赠的支持。

• 如果你投资了股票、基金或者其他资产，这些投资的市场价值上升了，你可以把这些投资直接转移到你的慈善基金里。你可以把这些投资的市场价值总额作为你的慈善捐赠总额，这样一来，你就可以享受税前扣除，你那些投资升值的部分就不需要再支付个人所得税，也就是美国人说的资本利得税了。你享受了税收优惠，你慈善捐赠的资金也因此变得更多了，这就是美国政府对慈善捐赠的鼓励政策。

• 要是你快要年满70.5岁，你享有税收优惠的养老投资账户里的基金投资，马上要按照最低强制领取金额的规定取现，就像我们在第20章讨论的那样，你可以根据你要捐赠的金额，把你享有税收优惠的养老投资账户里的（全部或部分）基金投资，直接转入你的慈善基金账户，这是完全免税的。

• 你的捐赠基金账户其实也是投资账户，你可以做各种各样的基金投资选择，这样的话你捐赠的资金就可以持续升值，升值部分免税，等你决定后再把钱分配到你选择的慈善捐赠项目上。

• 这个慈善基金账户里的资金，捐给什么慈善机构、什么慈善活动项目，捐多少，什么时候捐出去，完全由你决定。你可以提前设定好，然后先锋领航集团就可以帮你自动操作。

• 你可以把更多资金放入你的慈善基金账户中，时间和金额完全由你决定。（如果你的慈善基金账户余额低于1.5万美元，那么每个账户每年将会收取250美元的账户管理费。）

• 因为这个慈善基金账户也是由先锋领航集团来运营管理的，费率也是业内最低水平。

• 现在如果再有人来找我要钱做慈善，要是我一听就很讨厌，就可以

第四部分　在实现了财务自由后，你该怎么做？

非常大方得体地一口回绝:"抱歉,我们只通过我们自己的慈善基金来做慈善捐赠。请把你的书面申请发给我们。"到目前为止我们收到的书面申请数量是零。

• 有了慈善基金之后,当我们做慈善活动时,我们就可以隐藏我们个人的姓名,我们个人的姓名就不会出现在那些慈善组织忽悠其他人的捐赠人名单里面了。

通过先锋领航集团设立慈善基金账户,我能享受更多税收优惠,在做慈善捐赠时,也能更方便、更高效。具体用下来,我个人有了以下心得体会:

• 最好集中使用你的捐赠资金。我们只选择了两个捐赠项目。

• 把大笔资金拆散成小笔捐赠,分散给更多的慈善活动使用,也许会让你心理上很满足,但是太分散的话就起不了什么作用,而且一层层转手的操作过程就会耗掉你捐赠基金的一大块。

• 做很多小额捐赠意味着你要和很多慈善组织打交道,这些组织和机构会每个月都给你邮寄资料,让你捐款,十分烦人。

• 绝对不要捐款给打电话来申请的人。

• 我看到一个慈善组织打的广告越多,我越不大可能相信它会专注于把我捐的钱给到那些它声称自己服务的受助对象。反正肯定有一大笔钱用来付广告费了。

• 你需要自己做功课,好好用心选择靠谱的慈善机构。很多慈善机构的实际运作效率不高，无法快速、高效、直接地把钱交给那些真正需要这笔钱的人。

- 有些网站专门调查研究慈善机构和慈善活动。我会经常去这些网站上看看。

你不搞慈善基金也照样能去帮助别人

你出钱搞个慈善基金，出钱帮慈善机构搞慈善活动，这样操作能让你享受税前扣除，这是大家普遍认为非常正规、非常传统的做法。其实除此之外，你能出钱帮助别人的地方多的是。

出钱帮助你的朋友、邻居，虽然并不能让你享受税前扣除，但是能够直接给你周围的人带来好处。我现在60岁多了，未来这些年里，我想要多出钱、多做一些能直接帮到身边人的事，特别是我现在把房子卖掉了，可以税前扣除的费用项目少了很多，连每年1.26万美元的税前扣除标准线都达不到，根本不需要再另外增加慈善捐赠来享更多税前扣除了。

最终，说到底，出钱给予别人帮助，是好事，也是快乐的事，但并不是你必须履行的义务。要是谁的说法不一样，说你必须要做慈善，不做就不对，这些人肯定是图你的钱，想让你出钱来帮助他们，或者出钱资助他们搞的项目。

对于整个社会而言，我们作为个体，只有一个义务：确保我们自己和我们的孩子不会成为社会的负担。我们能够自己照顾自己，养活自己，能够自己攒钱给自己养老，不拖累整个社会，就够了。至于其他的事，我们个人愿意干什么就干什么，不愿意干就不干。只要不违法、不违规，谁也管不着。先努力保证你自己能活得好好的，有余力的话就再多出一些力，让世界变得更美好。

尾声

三个忠告

"你想要得到的每一样东西,都在恐惧的另一边。"

杰克·坎菲尔

33
我给女儿的忠告：追求财务自由之路，第一个 10 年怎么走？

现在是 2014 年，我女儿最近才大学毕业。这一章讲的就是我给女儿的关于人生投资理财之路的初期阶段如何走的建议。虽然你未必正好刚刚走出大学校门，也未必像我女儿一样才 20 多岁，但你照样可以跟着这个投资理财规划走，从现在开始行动起来。如果你年纪更大一些，想要做出改变，开始投资积累财富，就把这个作为你的第一个 10 年的投资理财规划好了。不管年纪大小，都得从第一个 10 年规划开始。

- 避免负债。再好的东西也不值得借债、付利息去买。

- 避免与在财务上对自己不负责的人共事，绝对不要跟这种人结婚，不然会拖累你一生，让你受穷、受苦又受罪。

- 未来 10 年左右，下大功夫，磨炼你的专业技能，积累你的专业经验，树立你的专业名声。从你找工作，逐步变成工作找你。从你找客户，逐步变成客户找你。从你找钱，逐步变成钱找你。

- 不要走极端，这并不是说，你必须成为天天加班、天天泡在办公室的工作狂。好好想想你的事业、你的工作，打开思路，开拓视野。心有多大，舞台就有多大。只要你能给客户创造真正的价值，你的可能性就是无穷的。

• 你上大学当穷学生时打磨了一套低成本生活技能，好好用起来，用它们展开各种各样的冒险之旅。

• 大学毕业了，工作了，有钱了，生活方式讲究一些，也正常，但是生活方式不要太夸张、太浪费了，陷入过度攀比就不好了，要是你已经陷进去了，赶紧想办法解脱出来。

• 发了工资，至少拿出来一半存起来，马上去买股票基金。只选先锋全市场股票指数基金或其他前面我们讨论过的选项。

• 你工作的企业提供的401（k）等员工养老投资账户，你缴费多少，企业就匹配缴费多少，这是天大的好事，这钱不要白不要，而且在这些账户中投资基金还有税收递延优惠，太划算了，一定要多缴费，达到上限。

• 给你的罗斯个人养老金账户缴费，你刚参加工作不久，收入水平低，所以适用的所得税率也低，充分利用这个机会，多往这个账户里缴费，这可以让你少缴所得税。

• 一旦你的工资收入提高了，适用的个人所得税率也提高了，你就往你的传统个人养老金账户里多缴费。

• 照我上面说的这样做，一直坚持10年左右，你就稳稳当当地走在通向财务独立的阳光大道上了。

• 你的工资储蓄率超过50%越多，你实现财务独立的速度就会越快。反过来，你储蓄的越少，你实现财务独立用的时间就会更长一些。

- 你攒的钱全部只投资一只全市场股票指数基金，所以你前进的速度在很大程度上取决于股市这条大船的前进速度。要是你运气好，正好碰到股票市场长期表现好，顺风又顺水，你当然会更早积累到足够多的财富，让你更早实现财务独立。不然的话，你就要多花上一些时间才能实现你的财富积累目标。

- 在积累财富阶段，每次股票市场下跌你就欢呼庆祝吧。这些股市下跌都是上天赐给你的买入良机，因为股市越跌，指数基金越跌，你买的价格就越便宜，同样的钱能买到手的份额就越多。

- 但是不要过于自信，以为你能预测出股市什么时候会下跌，能一直做到高位卖出，低位买入。也不要相信什么专业高手能做到。没有任何人能够做到。

- 你大学一毕业就按我说的这样做，那么过上 10~15 年，你三十五六岁了，就会遇到两件大好事（当然，如果你开始的时间晚，遇到这两件大好事的时间就自然会晚一些）。第一件大好事是你的事业会进入最强劲的加速上升期。第二件大好事是你的投资组合会大幅升值，你会非常接近你的财富积累目标，很快就能实现财务独立了。

- 一旦你的投资组合资产规模的 4% 能覆盖你的生活消费开支，你就可以说是实现财务独立了。

- 换句话说，当你的投资组合资产规模相当于你一年生活消费支出的 25 倍，足够支持你活上 25 年时，你就可以说自己实现财务独立了。

- 比如说，你一年只花 2 万美元就够了，那么你的投资组合升值到 50 万美元，你就实现财务独立了。

- 如果你像拳王泰森那样有钱时猛花钱，1 个月的开销就得 40 万美元，那你一年的生活消费支出就需要 480 万美元，那么当你的投资组合升值到 1.2 亿美元时，你才能实现财务独立。

- 要实现财务独立，和减肥时既要管住嘴又要迈开腿一样，既要扩大积累，多投资、多赚钱，又要控制支出，少消费、少花钱。

- 一旦你财务独立了，你就可以只靠你的投资生活了。

- 当你实现财务独立时，你就可以自由地决定是继续做目前的工作，享受这份工作的乐趣，还是去尝试一些新的东西。

- 如果你实现了财务独立，还选择继续工作，你就可以把你的全部工资收入都用来投资。你现在完全可以只靠投资来维持生活了。这样多一份工资收入，多一份投资本金，就能大幅度加快你的资产规模增长。

- 注意：你并不是必须实现上面说的最后这三条。更确切地说，它们只不过为你提供了一个角度来帮你综合考虑你的投资资产与工资收入。在执行这一理念时，你很有可能会把你的工资收入用于日常消费开支，不动用你投资组合里的基金投资，而且有了余钱就追加投资，买更多的基金。

- 你的基金投资组合不断升值，资产规模不断扩大，那么你退休之后每年固定取现比例 4% 对应的可取现绝对金额也会跟着增加。

- 在你工作期间，只买先锋全市场股票指数基金这一只基金就足够了，它可以满足你所有的投资需求。你每个月发了工资就追加投资、买入更多这只基金，这可以让你的投资旅程更加平稳、顺畅。

• 一旦你决定不再工作了，你就开始进入保住财富阶段了，要分散投资一些债券资产了。你配置的债券资产越多，你的投资组合市场价值波动性就越小，你的投资旅程就会越平稳，但是资产的增长速度也会变慢。

一旦你实现了财务独立，可以只靠你持有的基金投资维持生活，每年取现 4% 就能够一直活到老了，你就应该努力做好以下 4 件事：

• 活得更洒脱一些。不需要像以前那样活得那么憋屈了。只要你确保你每年的消费支出保持在你现在持有的基金资产规模的 4% 内就行了。

• 你可以想想如何像亿万富翁那样做慈善，就像我们在第 32 章讨论过的那样。

• 如果你打算要孩子，就赶紧去要。你现在还很年轻、很有活力，财务上又很安全，而且积累的财富让你已经实现了财务独立，你完全有条件安排好自己的生活和工作，花一定的时间陪伴孩子成长，他们值得你这么做。

• 如果你特别想买房子，就去买吧。但是买房这件事不要太着急。房子并不是投资品，房子是代价高昂的满足个人爱好的奢侈品。要买房子的话，你要注意以下两点：第一，你必须有足够多的钱，能轻松买得起；第二，这套房子必须能让你按照你想要的方式生活。

你还很年轻，头脑聪明，身体健康，意志坚定。沿着这条简单致富之路，坚定地走下去，过上 10~15 年，到你三十五六岁的时候，你的基金投资组合就应该能积累起来相当大的一笔财富，成为你的独立自由保证金。你应该好好享受这个过程。在你实现财务独立这个目标之后，你的投资组合会继续升值，你的财富规模会继续扩大，你个人的人生选择范围也会跟着扩大。你的未来如此光明，耀眼刺目得我简直睁不开眼。

这就是我给我女儿讲的投资理财建议，以后我还会继续跟我女儿讲的。

如果你还在上大学，还有几年才能出去工作，你想知道，非常友善、乐于助人的吉姆大叔，会给你什么样的投资理财建议，那么上面这些就是。就像我们前面讨论的那些内容一样，这些建议都是为了帮你实现同一个目标：让你的人生有更多选择的机会。

如果你已经岁数不小了，千万不要绝望。只要开始走正道，永远都不会太晚。你看看，我花了几十年才搞明白理财投资这些事，到四五十岁才摸索出这条简单致富之路。你可能像我一样，之前走了很多弯路，经历了很多坎坷，现在才摸索到投资正道。但是过去走的弯路已经过去了，重要的是你的未来。对我们所有人来说，未来始于现在，开始行动吧！

34

塔希提岛酒店老板给我的忠告：
追求财务自由，就要勇于活出自我

那是很多年之前了，有一天，我在工作上遇到了特别糟糕的事。到了下午，我的情绪糟糕透了。我就给我的女朋友打电话，她当时还不是我妻子，后来很快成了我妻子。

"这些事太讨厌了，我实在受不了。我要马上辞掉这个臭工作，然后搬到塔希提岛，天天在沙滩上听海浪、晒太阳。"其实我只是听说过塔希提岛而已，那个时候我连它在哪里都不确定。

我女朋友一听就说："听起来真好啊，我马上去订机票，我能拿到很优惠的折扣。"

两周之后，我们飞到了塔希提岛，一出机场，就有一个可爱的塔希提岛姑娘走上前来迎接我们，把花环戴在我们的脖子上，向我们表示热烈欢迎。我这时才明白过来，以后再向我身边这位我已经求过婚的女士提议什么时，我可得小心了。

慕克

塔希提岛是一群海岛，散落在南太平洋上，它们美得惊人，每一个海岛看起来都比上一个更美。在其中一个海岛上，我们在一个建在湛蓝清澈的海水之上的小屋里，住了一段时间。

有一天早上，我们走出房间，来到岸上的一个室外咖啡厅吃早餐。有个身材跟运动员似的帅哥，走了过来，坐在了我们旁边的小桌旁。他光着脚，衬衫都没穿，露出发达的胸肌。帅哥做了自我介绍，他叫慕克，是这个酒店的老板之一。

我们听出他有很明显的美国口音。

真是难得。我们马上请他坐下来，跟我们一起喝咖啡、聊聊天。慕克不愧是酒店老板，很健谈，很会讲故事。他说昨天就注意到我女朋友了，看到有个姑娘在沙滩上逛来逛去，什么活也不干，都忍不住想过去训她几句了。她长得实在太像本地的塔希提姑娘了。

我们一听哈哈大笑。又聊了几句，慕克真的很会聊天，让你越聊越开心。但是我心里有个很大的疑问，一直没有得到解答，我忍不住直接问了出来：

"慕克，你这个家伙怎么会从美国跑过来，在塔希提岛上开了这么好的一家度假酒店呢？"

原来，慕克和他的两个好伙伴是在美国密歇根读的大学，毕业于20

世纪 60 年代早期。他们毕业后就跑到加利福尼亚去找工作。他们中的一个无意中在报纸上看到一则很小的广告：塔希提岛上有一家专门种植菠萝的农场出售，价格贼便宜。你得知道，塔希提岛在 20 世纪 60 年代主要是搞种植，还没有成为全球著名的旅游胜地。

于是他们三个好伙伴凑了凑手上的钱，也没到实地看，就买下了这个农场。然后，他们收拾好行李就直奔塔希提岛了。

我问慕克："你懂怎么种菠萝吗？"

慕克说："完全不懂。"

"你们是从小在农场长大的吗？"

"根本不是，我们都是城市里的孩子。"

"但是你上中学或上大学的时候肯定在农场打过工吧？"

"从来没去过农场。"

就这样，慕克和两个好兄弟去了塔希提岛，开始搞他们的菠萝种植。干了一两个月，三个傻瓜才搞明白了，为什么这个菠萝种植农场转手的价格那么便宜。事实证明，在塔希提岛种菠萝根本不行，产量低，只会越种越穷，无法维持生计。三个美国小伙子在这个天堂里陷入了困境。他们开始思考有没有其他的出路。正在此时，塔希提群岛中有座小岛叫帕皮提岛，岛上面有一家当地的银行，这家银行邀请他们三个美国小伙子去参加一场会议。

三个人的菠萝种植农场在山上，顺着山坡往下到海边，海面上有一家明显还没建成的酒店。原来的开发商没钱了，扔下了这个烂摊子。

银行的经理就问慕克他们，愿不愿意接下这个酒店，把它建成？当然了，价格很优惠，贷款条件也很优惠。

"等等，"我忍不住插嘴问道，"你们三个有建筑经验吗？"

"没有啊，从来没有。"

"但是你们在之前开过酒店对吗？"

"没有啊，从来没有。"

"以前在酒店工作过吗？"

"从来没有。但是我们确实在之前出来玩时偶尔住过一两回酒店。"

"那我就想不通啦，在如此美丽的天堂海岛，如此好的位置，当地银行为什么会主动把一个建到一半的酒店和建造贷款送给你们几个呢？"

"那家银行也是实在没办法了，他们在当地找不到人接这个烂摊子。而且我们是美国人，美国人能够把事干成，那可是出了名的。"

慕克他们三个美国小伙子还真的对得起美国人这个好名声，确实把事办成了。尽管根本没有建筑经验，他们还是把这个半拉子工程给建设完工了。尽管没有酒店运营经验，他们还是把这个酒店给开起来了，而且赚了钱。接下来他们又建设、开发、运营了一个又一个海上度假酒店，其中之一就是我们现在住的这个酒店。

到遇到我们两个时，慕克已经变得很有钱了，光着脚，穿条休闲短裤，光着上身，天天走在沙滩上，而且一天比一天更富有。别忘了，他还住在天堂一般的塔希提岛上。

顺便说一下,在我写这本书、回忆这段往事的时候,我才想起来,我可以在网上搜索一下,更多地了解一些慕克的故事。结果上网一搜索,关于慕克的报道还真不少。慕克现在 80 岁了,成了老帅哥,也更壮了。

关于慕克从美国跑到塔希提岛建酒店的故事,网上那些新闻报道的细节,和我回忆往事在这里说的,也有所不同。但是很明显,慕克的故事不仅深深打动了我和女友,还给很多人留下了深刻的印象。

我们在塔希提岛上还遇到一些人,他们按照自己的想法过着自己想要的那种生活,慕克只是其中之一。

晚餐期间的故事

有一天晚上,我们沿着海边沙滩漫步,来到了一家小餐馆吃晚餐。窗外的海湾上有几艘漂亮的大帆船正在乘风航行。

我们一边吃晚餐,一边欣赏窗外的海景。忽然看到从大帆船上放下来一只小艇,它正划向海岸。有两个年轻人,看起来只有 20 多岁,和我俩当时的年龄差不多,他们从小艇上下来,走了过来,走进餐厅,正好坐在我们旁边的小桌旁。我们马上打了个招呼,开始聊了起来。大家越聊越开心,很快我们就开始拼成一张大桌子一起吃晚餐,一起聊天。挺遗憾的,我忘了他们两个的名字了,但我永远不会忘记他们讲的故事。

他们驾着大帆船,从美国洛杉矶出发,一路航行过来,整整 4 个月,就在南太平洋诸岛附近漂流。

我忍不住问:"我的天哪,你们是干什么工作的,怎么能让自己活得这么逍遥自在啊?"

原来他们还有一个合伙人,他们三个人共同合伙拥有两样东西,一样是这艘大帆船,另一样是一家在洛杉矶的企业。三个人商量好了,轮流管理企业,也轮流驾着帆船远航。两个人在洛杉矶经营、管理企业业务,另外一个人就会开着帆船去远航。

很明显,你需要有你完全信任的合作伙伴才能够这样,但他们这样的工作和生活模式真是我碰到过的最棒的合作。这三个合伙做企业也轮流开帆船的年轻人,和慕克他们三个合伙建设酒店的年轻人一样,是勇敢活出自我的好榜样。

尽管确实很少见,但也并非只有这两个案例。后来这几十年来,我还遇到过一些勇敢活出自我、按照自己的想法去活的人。他们努力打破债务、消费主义和自我设限思维的束缚,自由地生活。他们充满创意,也充满勇气。

对我来说,这种自由就是金钱能够买到的最有价值的东西,这也是为什么我要写这本书、告诉你获得财务独立的策略。

35
风险始终存在，放下恐惧、勇往直前

如果你现在决定努力追求财务独立，你就要选择把你的钱更多地用在投资上，而不是购物消费上。你知道的，美国现在特别崇尚消费文化，这样节俭，会让很多人觉得你很穷酸。但是我觉得这没什么大不了的。我愿意过这种节俭的日子，我的钱买到什么都不如买到独立和自由，或者说，我拥有什么都不如拥有一笔独立自由保证金。

有了这么一大笔独立自由保证金，你的选择范围将变得无限宽广，你如何生活，如何工作，都可以自由地选择和决定。唯一的限制就是你敢不敢想，敢不敢做。

实现财务独立之后的生活是美好的，但是在此之前努力争取实现财务独立的道路走起来绝对不会平坦。投资可能不会带来损失，但你必须承担一定的风险。

本书讲述的积累财富之路，完全依靠一直投资持有一只美国全市场股票指数基金，所以前提假设是美国股票市场总是会上涨。毕竟，这样的前提假设符合美国股市的历史，美国道琼斯工业平均指数100年间从最初的68点涨到了11 497点。你要知道，这期间，美国经历了两次世界大战、一次严重通货紧缩造成的经济大萧条、好多次高通货膨胀、数不清的小规模战争，还有财政灾难，但是，美国经济经受住了种种磨难的考验。

现在是21世纪，你如果想要成为一个成功的投资者，就需要建立正确的投资大局观。

有些人想要寻求绝对安全的投资，但那是做梦，绝对安全的投资这种事根本就不存在。

我能向你保证，美国经济肯定不会进入25年的下滑长周期（日本经济现在还没有走出这种经济下滑长周期），甚至更惨吗？

不能。我根本无法保证。

我能保证退休后每年保持4%的基金投资取现比例，肯定安全可靠吗？

不能。我根本无法保证。

这只有96%左右的成功概率，有4%的概率你会亏损。你需要及时追踪，根据情况灵活调整取现比例，甚至灵活调整生活支出才行。

会不会发生那种意想不到的超级大的灾难呢？比如小行星撞击地球，超级火山爆发，超级病毒大传播，外星人入侵，冰河世纪重来，地球磁场反转，AI机器人、纳米机器人、僵尸占领世界，让我们人类成为它们的奴隶？

放心，这些事不会发生的。起码在我们的有生之年，是不会发生的。

地球已经存在45亿年了。过去5亿年间，世界末日一般的生物大灭绝事件，如6 500万年前小行星撞击地球使恐龙灭绝一样，已经发生过约5次，所以平均下来，每过约1亿年就会发生一次生物大灭绝事件。

我们真的会非常自大地认为，在我们这一代人存活的这几十年间（从地球的历史来看，这就像眨眼的一瞬间），将会发生这种一亿年才会有一次的生物大灭绝事件吗？我们能亲眼见证这样的重大时刻？

不大可能吧。反正我是觉得不可能。

要是我错了呢？如果这种生物大灭绝事件，甚至人类文明从此灭绝的事件确实发生了，那我们如何投资都无所谓了。

这并不是说我们投资根本不会面临风险。你只要有资产，你就必然会面临风险。你根本不能选择不承担风险，你唯一能选择的是承担什么种类的风险。

- 一般人都认为股票是风险非常高的大类资产，股票投资收益率在短期内肯定波动性很大。但是持有期限一长（比如5~10年），股票投资收益的波动性就明显变小了，长期均摊下来的年化收益率就明显高于其他大类资产了。投资持有股票20年，几乎可以保证你会变得相当富有。至少从过去动荡的120年来看是这样的。

- 人们一般认为现金是非常安全的大类资产，但是每一天现金的实际购买力都会受到通货膨胀、物价上涨的侵蚀。只是短短持有现金几年，它的实际购买力还不会贬值太多。如果你有一笔资金，打算在短期之内就花掉，那么绝对应该存在银行或买三个月以内的短期国债。但是你要一直持

尾声 三个忠告

有现金资产10~20年,那就亏大了。

也许思考投资最有用的方式不是衡量、比较风险大小,而是衡量、比较波动性大小。股票资产市场价值的短期波动性要远远大于现金资产,你长期持有股票资产却能得到高得多的长期收益率。从长期积累财富的角度看,股票资产的潜力要大得多。现金资产价值的短期波动性要小得多,但是你为短期低波动性付出的长期代价却是资产的贬值、购买力的下降。

投资什么资产才是最好的?要回答这个外部问题,你必须首先回答几个内部问题:你实际需要的是什么?你的心理期望是什么?你的目标是什么?

我们必须计算、比较投资的胜率与赔率,我们必须在对可替代选择进行比较之后再做出合理的选择。但是在做这样的理性分析、理性决策的时候,我们必须认识到,我们往往会过度夸大恐惧和风险,而且我们一定要明白,让恐惧情绪控制我们本身就会带来一系列风险。

放下我内心的那种恐惧,我才能避免在经济危机、金融危机、股市危机出现时过度恐慌,比如2008年金融危机。

放下我内心的那种恐惧,我才能比别人早积累出一笔独立自由保证金,让我随时可以有底气说:去你的工作吧,我不干了。

放下我内心的那种恐惧,我才能享受这种冒险的激情。

我写这本书就是为了帮助你放下内心的恐惧,和我一样,勇往直前。

我们一起走了这么远,你现在已经非常扎实地搞懂了如何投资才真正有效，如何切实可行地积累你的长期财富。你现在也明白了，这条投资积累财富之路会崎岖不平，让你感到十分颠簸，这都是很正常的事。用这些投资知识武装你的头脑，以后再碰到这类事件，你就不会惊慌了，这样你就能一直专注于追求你唯一一个长期目标：持续积累足够多的财富，获得财务独立与自由。

这条通向财务独立与自由的投资之路就摆在你面前。你唯一需要做的就是迈出第一步，开始一步一步地坚定前行。旅途愉快！

尾声　三个忠告

致　谢

我是个非常贪婪的阅读者，我读过很多书，所以，我也读过很多书上的致谢。我总是不把作者感谢别人帮助的话当回事儿。我心想，这只不过是作者在客套罢了，也许确实有些人帮忙润色了初稿，在边边角角帮了点儿小忙，但是绝大部分重活、苦活，肯定都是作者干的。现在书出来了，作者要客气一下，感谢几句。

现在我写出了这本书，也终于有机会写致谢了，没想到我要感谢的人也多得写不完。

感谢编辑提姆·劳伦斯

要是没有我的编辑提姆·劳伦斯，我这本书绝对写不出来，这可不是我随口说的好听话。

多亏了编辑提姆·劳伦斯的专业指导，我这本书最终呈现出的内容和效果才能这么好。他对我坚定不移的鼓励，对我这本书真实价值与实际需求的坚定不移，一路推动着我冲过了终点线。他甚至坚定不移地逼迫我减少使用"坚定不移"这个词，我实在太喜欢用这个词了。趁他还没有编辑我这篇致谢，我又忍不住一口气连续用了4个"坚定不移"。

编辑我这本书的难度实在太大了，到了最后关头，提姆都要崩溃了，他逃到山里的一座寺庙去修行，以获得心灵的平和与宁静。我很高兴地告诉各位，半年之后，他又回来接着和我们一起工作了。

不过编辑、出版我这本书之后，提姆·劳伦斯就开始云游四方了。上一次，我听说，他在东南亚的一个地方，正在写一些关于逆境和韧性的东西。

太好了，他还是愿意和我聊聊天的。

感谢封面设计师卡罗尔

在这本书还是一个半成品的时候，我一分享出去，封面设计就得到了许多热烈的评论。我估计要是问你，你也会给出这样热烈的评论。所以我说封面设计师卡罗尔·朱干得漂亮。我这么说，根本不担心会有什么争议。

如此天赋，从何而来，有谁知道吗？我可以给你讲讲。卡罗尔在20世纪90年代曾在美国白宫做过实习生，比莫尼卡·莱温斯基那个时候还要早。卡罗尔用光过三本护照，她曾去过海地、印度、爱沙尼亚、日本、法国、丹麦、挪威、芬兰和意大利等。俄罗斯边境的巡逻队曾扣留了她，拿着她的护照说："盖了太多章了！"

卡罗尔做了20多年的专业设计师，此外，她还给三本书画过插图，写过两本书。同时，卡罗尔修复和出售中世纪古董家具，她还喜欢编织。

卡罗尔的这些经历和背景都挺好的，但是说到她与我合作、设计我这本书的封面并大获成功的原因，我是付钱的甲方，我说了算，关键原因就是卡罗尔有过跟俄罗斯人打交道的经验。

感谢封面插图作者特里莎

我超喜欢这本书的封面插图，作者是特里莎·瑞。我跟特里莎是老朋友，认识很多年了。那年我正骑着自行车穿越爱尔兰，遇到了特里莎和她当时的未婚夫开车旅行，两人把我拐到了车上，忽悠我到爱尔兰的戈尔韦参加音乐节，然后把我扔到了路边，我只好自己摸索着回去。她这么损，我们怎么可能不成为好朋友呢？

特里莎生活和工作的足迹遍布四大洲的12个国家，现在住在新墨西哥州，跟她的音乐合作伙伴在一起，还有一只总是愁眉苦脸的猫。现在特里莎卖掉了她的进出口贸易公司，有了更多的时间去旅行，背着登山背包，带着速写本，走到哪画到哪。特里莎有本书，名叫《回到洛斯兰乔斯》(*Back in Los Ranchos*)，里面都是她画的画和她写的短篇故事，讲述让她找到这些美景、画成这些画作的冒险旅程。"我被警察拘留过两次。一次是乱停车，一次是挖人家的墓。对于这两件事我都深感内疚。"

书中甚至还有关于我的一个故事，也配有插图，但不是当年她把我拐跑那个故事。

感谢内文设计师玛丽

玛丽·杰拉斯做专业平面艺术设计师已经有 15 年了。玛丽的图书设计、摇滚乐队 T 恤设计，还有她自制的奥利奥配方，都获得过大奖。

玛丽非常愿意接受新的挑战，学习过各种形式的艺术设计，包括玻璃吹制、木块雕刻、陶瓷设计、织物图案设计。玛丽跟他的丈夫非常享受地住在他们那幢建于 19 世纪末期的老房子里面，和他们的两个儿子在一起。

感谢两位校对凯莉和里奇

由于我个人有点儿偏执，所以我找了两个人帮我校对。这两个人才华横溢，不只是擅长校对，还有其他的特长。

◯ 凯莉·帕拉迪斯拥有原子物理学专业的博士学位，目前在美国中西部的一家大型医学中心担任医学物理师。

当时一听凯莉主动说愿意为本书校对，我就跟凯莉说："你的学历程度太低了，担任我这本书的校对还不够格。"

凯莉的毕业论文研究的主题是被俘获的原子在量子信息领域中的应用。现在她的工作主要是运用物理学原理通过放射疗法治疗癌症，她曾经多次在美国国内和国际上发表关于这个领域研究应用的演讲。所以，我想了想，回复道："嗯，也许你可以试试。"

除了校对文字，凯莉还校对了数字，检查了所有的数学计算，也许是因为她已经发现了，不能轻易相信我这个人的判断力。

凯莉平时经常在实验室里面用射线照东西、烧东西、搞爆炸，要是下班不搞这些事了，凯莉就回到家里陪陪丈夫还有他们家的老猫阿波罗，写写博客，分享一下他们追求财务独立的投资旅程。

○ 里奇·卡雷是个美国空军中校。当然了，一听说里奇主动申请校对我这本书，我就跟里奇说："你在部队的军衔级别太低了，也就是个中校，担任我这本书的校对还不够格。"

里奇在部队服役 16 年，大部分时间都待在美国之外的地方。在服役期间，他在工作中合作过的机构包括北约、联合国、许多外国军事武装组织与警察组织，还参与过国际和平谈判。里奇能讲流利的中文，还会讲日语。更重要的是，里奇的母语是英语，这倒蛮适合给我校对这本书的。

里奇的副业是追求财务独立。他摸索出来一套有效的投资理财方法，这让他在 6 年之内就还清了他上大学的助学贷款，也还清了他毕业后在华盛顿特区买的联排别墅房贷。里奇还买了好几套房子，专门用来出租以获得稳定的租金收入。里奇也会在他的网站上写写自己的经历。

感谢三位事实核对人：Mad Fientist、杰里米、马特

由于本书中提出的与投资理财相关的概念、看法、做法与大家平时经常听到的完全相反，我必须坚持实事求是，用事实说话，所以确认事实正确这件事对我来说特别重要。于是我找了三个人来核对书中引用的事实。

其中两个是非常聪明的博客作者，专门写如何获得财务独立的。

第一个是 Mad Fientist，他的个人网站上主要是理财的文章，偶尔也写一些旅行的游记。这个家伙现在还想保留自己的一些隐私，所以不愿意公开透露姓名。

第二个是杰里米·雅各布森，他的个人博客专门写他长期慢慢旅行的事，偶尔写写个人理财方面的事，他就不太在乎隐私，愿意说出自己的名字。

这些家伙写的东西经常能让我往椅子后面一仰，用手直拍自己的脑袋："我怎么从来没有想过这一点呢！""我怎么没有从这个角度想得这么深呢？"你要是在投资上经常遇到这样的事，让人家一次又一次当头棒喝的话，这可不是什么小事。

有个人的看法能让你猛然惊醒，提醒你重新回到正轨，多好啊！这次

我找他俩来审读我的书，就是出于这个目的。

马特·贝克尔是一位投资理财规划师，只按小时收取咨询费。你在我这本书中读到过的，我非常激烈地批评了投资理财规划这个行业和行业里面的很多投资理财规划师，但是马特·贝克尔是这个行业里面的一个"好人"，他的洞察力和视野让我获益良多。本书也因为他的付出而变得更好了。

感谢三位试读的读者：汤姆、凯特、布蕾妮

本书写出来之后，我想找几位读者试读，以确定本书对我的目标读者"真的有用"。

试读的读者要符合以下标准：人聪明，热爱阅读，几乎不了解个人理财的事，但是很有兴趣读这样一本书。我也希望这些试读的人并不认识我，因为这样评价会更客观，不会有什么个人偏见。

我找人帮我联系到了三位读者来试读本书。

○ 汤姆·马伦是个全世界到处跑的管理咨询顾问，还写过几本研究红酒、旅行、领导力的书。你可以到他的两个个人网站读读他写的博客文章和书的样章。

○ 凯特·斯古艾丁格是个贪婪的读者，也是中学生阅读专家，还是大学教授，选择她来阅读我这本书的初稿，再理想不过了。她负责确认，我这本书里讲的概念，即使是根本不懂投资理财的人也能够一读就懂。用她

的话来说就是:"非投资理财专家或教授"都能看懂。

○ 布蕾妮·康罗伊也写个人投资理财博客,是个经常自由投稿的作者。她的个人博客主要分享一些有用的理财忠告和理财技巧,大多数是关于如何增加日常储蓄和收入的。但是布蕾妮·康罗伊最近才进入投资领域,这让她非常适合试读本书。她很聪明,知道好的写作应该是什么样子的,也对个人理财这个主题比较了解,能够确认我的写作内容始终在正轨上。

感谢推荐序作者钱胡子先生

感谢皮特·阿德尼,也就是著名的钱胡子先生,慷慨大方地同意给本书写推荐序。皮特在追求财务独立这个领域非常有影响力,多年以来一直支持我写的投资理财博客,支持我提倡的投资之道。

我们在厄瓜多尔搞了一个一年一度的肖托夸项目,他是我邀请的第一个演讲嘉宾,从此之后他每年都来发表演讲。

这些理由足够让我去找他帮忙写推荐序了。事实上,皮特欣然同意,写出了非常精彩的一篇序言,不过,他把我夸得太好了,我都有点儿不好意思了。我欠了你一份很大的人情,皮特。

感谢我妻子在情绪上的支持

创作本书是一个很长的过程,有时会感觉压力特别大。我的情绪像过山车一样，有时向下猛冲，特别郁闷，有时又爬上顶点，高兴得要晕过去。我妻子简直厉害，能忍受我这么久，竟然没有趁我睡着了在背后捅我几刀。对此竟然没有专门的奖项，这真是我们这个文明的一大缺憾。

总而言之，有赖以上诸位的大力帮助，本书才能够达到尽善尽美的程度。任何缺点、不足、不准确，都完全是我个人的责任，很可能是我没有完全遵守以上诸位给我提出的好建议才造成的。

最后，感谢各位阅读我写的这本书。

本书所获赞誉

很少读到这样能真正改变你人生的书。J. L. 柯林斯说话很接地气,让我弄明白了很多之前云里雾里的投资理财知识。以前一提投资理财,我就感到压力很大,也经常犹豫不决,现在所有压力的冰山都融化了,我第一次在做投资方面对自己充满了信心。谢谢柯林斯,他的恩情我无以为报,但我会向更多的人传播、推荐他的投资之道。你如果在严肃认真地考虑自己一生投资理财的事,一定要好好读读这本书。

布拉德·巴雷特

注册会计师,Richmond Savers 和 Travel Miles 101 网站创始人

这本书提供了一条与众不同的投资之路,让人耳目一新,又切实可行。这本书不只讲了如何实现财务自由,还讲了如何打造更好的人生。这

本书讲的不是如何找到下一个热门股、热门投资品种，而是经历了时间的考验，可以为每个人所用的投资原则。如果你正在寻找一条投资之路，想要更聪明地用钱，早日实现你的目标，过上你想过的生活，那么这本书里讲的就是。

马特·贝克尔

Mom and Dad Money 网站创始人

这是我想推荐所有对投资感兴趣的人阅读的入门书。你需要知道的与个人投资理财相关的所有内容，这本书都讲到了，太厉害了。它读起来很轻松，很容易理解和应用，是目前我看到的最好的投资理财入门书。如果你刚开始想要做股票投资，那么读了这本书之后你会信心大增。如果你已经做股票投资有几年了，那么这本书会帮助你优化自己的投资策略，获得更好的投资业绩。书中讲的这些简单原则非常有效。我遵循了这本书中的股票投资策略，在不到5年的时间里，我的股票投资组合的资产规模从0增长到了6位数。

哈娜·凯恩·拉托尼克

畅销书《管好你的钱》(*Master Your Money*)作者

J. L. 柯林斯是一位超级稳健、专注于理性投资的投资专家，他很擅长用一种直截了当、平易近人的方式向我们讲解股市最基础的东西。柯林斯讲的东西全面深入，信息量大，而且最好的一点是实用有效。最重要的是,他是少见的那种不忽悠你买东西或欺骗你的投资理财专家。

弗鲁格伍兹夫人

Frugalwoods 网站创始人

嘿,00后,听好了,这本书是你书架上必备的一本投资理财书。当然啦,你可能已经想过自己要如何投资理财了,为什么还要重新学习呢?这些投资理财知识,本来应该在你高中时都教给你的。柯林斯会用有趣的个人故事,教给你一大堆价值非凡的投资常识,你要是不买这本书,就亏大了!

格温

Fiery Millennials 网站创始人

不管是谁想要学习有效投资,我都会推荐他去看 J. L. 柯林斯的投资理财博客。现在,在这本书中,柯林斯把我们这个时代所有人都应该了解却容易混淆的投资理财知识收集、整理好,将其浓缩和阐释为每个人都可以明白的内容。尽管这本书讲的策略非常简单,但结果却好得惊人,这是世界上最有效的投资策略,每个人都可以切切实实地应用,不管是新手还是专家。

乔·奥尔森

Adventuring Along 网站创始人,mrmoneymustache 论坛主持人

投资,并不需要搞得很复杂、很困难。其实把投资搞得很简单,反而很容易使投资的长期业绩更好。有些人故意把投资搞得很复杂,往往是

因为他们想把你的钱弄到他们自己的口袋里。这本书涵盖了要成为一个成功的投资者，你需要知道的所有东西，所以好好读读这本书，别理会其他的胡说八道了。有一天，你会发现自己有了很多钱，多得让你不知道该怎么花。

Mad Fientist

Madfientist 网站创始人

实话实说，我个人并没有遵循柯林斯在这本书中讲的策略。但是后来我花了好多年专门做投资研究，不断摸索，不断改进我的个人投资组合。你要是不愿意像我这样花这么多时间、精力做研究，我建议你好好读读这本书。如果你的目标是获得财务独立，你就需要选择适合你个人的投资能力、投资天赋、性格特点的投资策略。这本书会为你提供很大帮助。

雅各布·伦德·菲斯科

《极早退休》作者

吉姆讲的这个话题，看起来非常复杂，有时令人望而生畏，而吉姆却用任何人都可以理解的方式向我们分享了相关的知识。终于有这样一本书，能够用简单易懂的方式向我们讲清楚如何轻松变富了，我要推荐给大家。

杰里米·雅各布森

Go Curry Cracker 网站创始人

每当我想写一些投资方面的东西时,我就会想起 J. L. 柯林斯在这本书中的洞察和很有逻辑的建议,然后感叹其精彩,最后从打字机上一把扯下我写的那一页纸,把它揉成一团。还是去找我妈妈学道新菜吧,我不可能写得比他更好了。

安妮塔·达科

The Power of Thrift 网站创始人

J. L. 柯林斯有种天赋,能把很容易让人觉得枯燥无聊的投资理财那些事讲得又有趣又好玩。他把复杂的投资理财概念讲得既简单又好懂。你要是对获得财务独立感兴趣,那么我首推柯林斯的这本书。

迈克·莫耶

YouTube 视频博主

mikeandlauren 网站创始人

关于投资理财的书,成千上万,但是这本书值得你去读。它讲得全面深入、准确可靠,其中的策略也十分明智,内容有时还很有趣。毫不夸张地说,这些简单易懂的投资理财基本原则,改变了我的投资方式,也改变了我积累财富的速度,让我变得更加富有了。

1500 天先生

1500days 网站创始人

本书所获赞誉

这本书读起来根本不像投资理财书，但是它给你投资理财方面的启发要比其他投资理财书都大得多。

史蒂夫·法莱特

五大图书出版商之一的高级合同总监

这本书其实讲的是选择这样一种生活方式——实践应用"三步走"这一套投资理财体系，第一步花的钱不要超过你赚的钱，第二步用盈余投资，第三步不欠债，这将会改变你看待人生的方式，也会改变你度过人生的方式。这本书讲了一些简单易懂的故事，它们让你感到其实根本没有必要把股票投资想得那么复杂，也让你明白复利的神奇魔力——它可以让你早日实现财务自由。柯林斯的表达非常直截了当，说的都是大白话，重点突出，你很容易就能抓住要点。读这本书，会是你最聪明的一笔人生投资，也会让你清楚地知道人生真正重要的东西是什么。

T. 马伦

来自 Roundwood 出版社

J. L. 柯林斯写的这本投资理财书是以他在自己博客上写的股票投资系列精彩文章为基础的，它值得成为投资者手头必备的投资参考书。柯林斯删繁就简，砍掉了专业投资机构和投资专家经常说的那些专业术语、复杂概念，一下子把投资变得很简单，任何人都可以这样管理好自己的投资组合。非常关键的是,柯林斯既讲了很多投资管理实务方面的知识,又讲了很多投资过程中情绪起伏方面的内容,这是同类投资书中非常少见,也非常宝贵的。

The Escape Artist 网站

我真希望我年轻时就读过这本投资理财书。对于那些其他投资书讲得让人看不下去的概念和术语,柯林斯化繁为简,让学习、理解投资理财那些事变得轻松了,而且很吸引人。你一生应该如何开始投资理财,如何坚持,最终成功获得财务独立和自由,柯林斯在这本书里都告诉你了。关于人生如何投资、持续积累财富,你只读这一本书就够了。

朱莉·摩根兰德
Nest Egg Chick 创始人
juliemorgenlender 网站创始人

吉姆很享受财务独立的生活方式,经常写博客分享自己关于财富和人生的经验教训。他博客上的股票投资系列文章向大家讲了指数基金被动投资。现在你可以从这本脱胎于其博客文章的书中获得同样的智慧。吉姆会告诉你如何避免常见的投资恐惧、错觉、错误。他会教你资产的不同类别、资产配置的方法,以及关于退休计划的最佳安排。这本书不是空谈,而是真人真事,他用过去多年的实践应用,证明了这条投资之路既简单又有效。如果你是个投资新手，千万不要错过这门精品速成课！

达罗·柯克帕特里克

50 岁退休

caniretireyet 网站创始人

我是在美国经济大萧条时期出生的。和我的很多同龄人一样，我曾亲眼看到美国股市大崩盘，结果后来逐步形成了一种很不健康的对于股票市场的恐惧心理。当我终于认识到，投资是长期积累财富、帮我们战胜通货膨胀的最好方式时，我根本不知道如何做投资。后来我开始读柯林斯的书。他的这本投资理财书能让那些令人窒息的投资理财任务变得简单，同时令人兴奋。时间会让你明白股票市场并不会沿着一条直线一直上涨，柯林斯教会我们如何投资才能在股市的大涨大跌中不受伤害。他教给我们的方法轻松易行，不会让我们感到头疼。

布林内·孔鲁瓦

Femme Frugality 网站创始人

这本书系统地收集、整理了非常实用、有效的个人投资理财建议，这些建议能够产生好得让你吃惊的结果，长期应用它们能帮你积累出大量的财富。柯林斯用事实说话，通过学习他的投资理念，你可以不断强化你的投资理财能力。对任何想要获得投资理财上的平和、安定的人来说，这本书都是一本精彩的必读书。

希潘

Street Smart Finance 网站创始人

我们两个办了个小企业，我们最大的恐惧就是不知道如何做投资理财规划才能够安心退休养老。柯林斯这本书揭开了投资的神秘面纱，拿掉了它周围那些没有意义的枝节。我们学了之后，对于如何去投资就很有信心了。我们当然热爱我们的企业，但是我们更喜欢可以自由选择是否工作，而不是为了维持生活必须去工作。

杰伊·戴德蒙和瑞安·霍德森

Scavenger Life 网站创始人

任何一个投资理财新手，都应该先好好读读这本书！这里有你需要的综合性投资理财知识和技能、一些整理得简单明了的重点提示，以及一些有趣的投资故事，帮助你用好你的钱。柯林斯讲的这种积累财富的常识性方法让每个人都能轻松取得成功。

明迪·詹森

社区经理

来自 biggerpockets 网站